走近馮友蘭

馮鍾璞

臺灣商務印書館

薪傳文化，輔助教育

——新岫廬序

歷經歲月考驗與錘鍊的好書，歷久彌新，益智又益心。知識性的新書，雖然市場有限，仍然值得為社會奉獻。臺灣商務印書館在臺六十年，曾經出版了許多知識性、有益人心的好書，至今仍然流傳不已。當年社會物質條件不如今天，排版美編也不能與今天的水準相比。有鑑於社會需要好書，文化傳承必須奮勇向前，我們決定以新版本、新型式、新增修的方式，來重印許多好書，並增加知識性的新書。

先父王雲五先生曾經先後主持上海商務印書館與臺灣商務印書館五十多年，出版好書不計其數，甚獲社會好評。民國六十六年，當他年屆九秩之際，政大政治研究所受他指導過的學生，發起出版學術性、知識性的好書，邀請學者撰稿，編為「岫廬文庫」，嘉惠青年學子，提供社會各界參考。

今年正逢王雲五先生一百二十歲誕辰，舊游學子再度倡議重印好書、嚴選新書，使臺灣商務印書館繼承張元濟先生、王雲五先生等先賢倡導「薪傳文化、輔助教育」的遺志，繼續擔任「知識的領航員」，為讀者與社會作出貢獻。因此，我們決定精選好書與新書，列入「新岫廬」，由本人擔任叢書主編，繼承先父遺志，為文化傳承盡一份我們的心力。

臺灣商務印書館前董事長王學哲謹序

二〇〇八年三月廿五日

前言

馮友蘭先生是中國近現代著名哲學史家、哲學家、教育家，他的經歷與著述體現了近現代中國「傳統與現代」的交融與衝突。本書編者不顧年高體弱，親自將近幾年來海峽兩岸馮學專家所撰寫的研究文章和馮門弟子對恩師的記憶文字，以及一些歷史事件親歷者的回憶編輯成書，期望讀者通過本書集成的學術與生活兩個主題，進一步瞭解一代哲學大師馮友蘭先生的真實風貌與人生思考。

目次

上篇

下篇

上篇

一論馮友蘭

陳　來*

馮友蘭先生（一八九五～一九九〇）是二十世紀中國著名的哲學家，字芝生，河南省唐河縣人。幼年在家裏的私塾讀書，一九一〇年入開封中州公學中學班，一九一二年在上海入中國公學大學預科班，一九一五年考入北京大學文科中國哲學門，一九一八年畢業。一九一九年入美國哥倫比亞大學研究生院，系統學習西方哲學，一九二三年畢業，獲哲學博士學位。回國後歷任河南中州大學教授兼文科主任（一九二三～一九二五），廣州大學哲學教授（一九二五），燕京大學教授（一九二六～一九二八），清華大學秘書長（一九二八），清華大學哲學系教授兼系主任，並擔任清華大學文學院院長（一九二八～一九五二），西南聯合大學哲學系教授兼文

* 陳來，清華大學國學院院長，教授。

學院院長（一九三九～一九四六），清華大學校務會議代主席（一九四八），清華大學校務委員會主席（一九四九）。一九五二年後任北京大學哲學系教授，兼任中國科學院哲學研究所研究員。一九四八年被選為中央研究院院士，一九五四年當選為中國科學院哲學社會科學部學部委員。

馮友蘭的代表著作是他在抗日戰爭時期所寫的《新理學》《新事論》《新世訓》《新原人》《新原道》《新知言》。這六部書構成了他的哲學思想的完整體系，他也把這整個體系稱作「新理學」。這六部書的寫作正值日本帝國主義侵占中國大部分領土的時代，當時的政府機構和文化單位都遷到了西南地區，中華民族處於危急之中。中國歷史上曾有晉、宋、明三次南渡，南渡的人都沒有活著回來光復舊土，而馮友蘭在撰寫這六部書的時候，確信抗日戰爭一定會勝利，中華民族一定會戰勝困難，復興起來。他把當時中國的情形稱作「貞下起元」，把這六部書叫作「貞元之際所著書」，又稱「貞元六書」。《周易》乾卦卦辭「元亨利貞」，後代的人把這四個字解釋為一種週期發展的循環：元代表發生，亨代表成長，利代表成熟，貞代表消亡。事物從元發展到貞，接下去又從元重新開始，正如從春至冬，再從春開始一樣。貞下起元，就是冬盡春來，表示最大的困難正在渡過，新的發展即將到來，所以「貞元六書」的提法充分顯示出馮友蘭以哲學創作的方式參加民族復興大業的努力，表明愛國主義的民族立場是其哲學工作的根本動力。

一

一個哲學體系中關於宇宙、自然的理論在西方哲學傳統中稱為形上學，新理學有一個形上學的體系，這個體系中的主要內容是所謂共相和殊相關係的問題。共相又稱一般，殊相就是特殊式個別。如我們常說的「馬」就是共相，是一般，而這個具體的黑馬，那個具體的白馬就是殊相，是個別。在邏輯學中把「馬」的本質規定稱作「馬」這一概念的「內涵」，把世界上存在的這一個、那一個馬都稱作「馬」這一概念的「外延」。

在古代希臘哲學中，柏拉圖所代表的哲學認為，「馬」並不僅僅是人的頭腦中用來把握事物的概念，頭腦中的概念是主觀的，並不表示客觀存在，而「馬」是一種具有客觀性的、普遍性的存在，即共相。共相的說法表示一類事物共有的形式方面的規定。這種哲學又認為，事物都是模仿這些共相而成為實際事物的。如一個個美的事物之上有一個絕對的共相的

「美」，美的事物是模仿了「美」而成其為美的事物的。柏拉圖的學生亞里士多德進一步對事物進行了分析，提出事物的存在不僅有形式方面的規定，而且需要材料方面的基礎。如一塊磚，其形式為方，其材料為泥土，泥土又可以分析為形式與材料的結合，分析到最後不可再分析的那種無任何形式的材料，被稱作「質料」，所以整個宇宙萬物都是由形式與質料共同構成的。

中國傳統哲學中宋明時代的理學家也有類似的分析。他們認為宇宙萬物都是由「理」和「氣」共同構成的，理是事物的所以然，氣是事物的物質基礎。朱熹的理學還提出，理在氣先，即具體的事物都是理與氣的結合，但就世界的本源來說，未有氣時已先有理。就個體事物的產生來說，具體事物產生之先已有其理，這叫作「理在事上」。

馮友蘭的哲學思想體系，簡稱為新理學，它繼承了柏拉圖哲學、朱熹哲學關於共相、殊相與理、氣的看法。他學習哲學是通過邏輯學入門的，邏輯學內涵和外延的區分奠定了他思想的最初基礎。到哥倫比亞大學後，通過學習西方哲學史，他瞭解到這實際也就是哲學上說的共相和殊相的問題。他認識到，具體事物是可感可見的，而共相是不可見的，共相根本不是感覺的對象，人只能感覺具體，不能感覺共相，共相只能通過抽象思維和邏輯分析得來。如人見過一千棵樹而得到「樹」的概念，但這個樹的概念並不是第一千零一棵樹。對具體樹的感知是感性認識，樹的概念則是對樹的共相的認識，是理性認識。哥倫比亞大學的新實在論學派繼承了柏拉圖主義，肯定共相的客觀存在，並進而提出共相的存在與事物在時空之內的存在不同，是「超時空的潛存」。新實在論對馮友蘭有更為直接的影響。

新理學提出，任何一個事物總是屬於某一類的事物，而一類事物必有其所以為這一類的共相，其中包括這一類事物共有的規定性，有了這個規定性，此類事物才能與別類事物區別開來。新理學把一類事物所以為一類的規定性叫作「理」。如山有山之所以為山，而與水相區別，所以為山即山之理。山之所以為山的理不是這座山那座山所獨有，而為一切山所共有。新理學認為，宇宙中所有的共相共同構成了一個形而上的理世界，理世界是客觀的，是有，不是無，理的有是超時空的潛存。

新理學又提出，事物的規定性是使事物得以成為某類事物並與其他事物區別的本質，但僅有事物的規定性並不能導致事物的實際存在。事物的實際存在除了要有所以為該類事物的「理」外，還需要「所有以能存在者」，這個「所有以能存在者」近於希臘哲學的質料，新理學稱為「氣」。新理學強調，新理學的「氣」與傳統理學所說的「氣」有所不同。傳統理學的「氣」往往指實際流行或存在的物質實體，而新理學的「氣」則如質料一樣，是思維對事物進行邏輯分析的結果，只是一個邏輯概念。

新理學重點討論了理與事物的關係。認為事之理即事之所以為事者，也就是一切事物的所以然，一切事物必須「依照」事之理才成為實際的事物，一切具體的實際事物又稱為「器」，它們共同構成了一個器世界，於是新理學中的宇宙被一分為二，一個是形而上的理世界，又稱「真際」，一個是形而下的器世界，又稱「實際」，器世界中的事物都是依照理世界中的理才成其為實際的某類事物。器世界中某一類東西之所以成為某一類東西，是因為它依照了某一類東西之理。換言之，實際中的某一類東西就是真際中某一理的例證。

以實際事物為依照某理而成其實際事物，這一說法本身便意味著某理在某事之上、之先。新理學確實認為理在事先。早在一九三〇年代初，馮友蘭即提出「先有飛機之理，後有飛機」，就是說飛機發明製造以前，飛機之理已經存在；飛機發明之後，只是為真際中的飛機之理在實際中增添了例證。所以，一類事物之理可以無此類事物而有，必先於此類事物而有。真際（即理世界）所包括的理是完全無缺的，但這些理不一定在實際中都有例證。真際好比一個電影片子，實際好比一個放映出來的電影，電影片子已經包括了全部的電影。在放映時，片子才逐步顯現出來，沒有映現出來時，不等於片子中沒有；映現出來的影像是片子的例證，是後於片子的。

理和氣，理與事的先後，這些都是傳統理學中最主要的問題，所以馮友蘭把自己的體系稱為「新理學」。他反覆申明，新理學之為新，是「接著」傳統理學講的，而不是「照著」傳統理學講的，他認為，傳統理學所說的理氣理事，就是西方哲學講的共相與殊相的問題，只是未使用西方人用的範疇，說得還不夠明確，新理學就是以近代邏輯分析和新實在論的學說為基礎，把傳統理學沒有講明確的地方明確起來。

如果把馮友蘭純哲學的部分用形式和內容來分析，還應注意到，新理學的思想本質可歸為新實在論，而其形式的表現則受近代邏輯分析方法的影響很大。這種方法提倡用「邏輯底」「形式底」（編按：全書中「底」字是一九三〇年代常用法。）講哲學，使形上學命題不要像科學命題那樣對實際事物有所肯定，而努力像邏輯命題那樣對實際事物無所肯定，如形式邏輯肯定

「若凡人皆有死，若甲是人，則甲必有死」，這一命題並不肯定主詞存在，假令實際中沒有人，實際之中沒有甲，這個推論肯定還是真的。馮友蘭認為西方哲學史中的形上學都是對實際有所肯定，所以經不起近代新邏輯的分析和批評，而中國哲學史上，從先秦的道家到唐代的禪宗，本來就有一種對於實際無所肯定的形上學，因而新理學不僅是接著宋明理學講的，也是接著道家講形上學卻不著形象的傳統的「新統」。

二

一九一五年開始的新文化運動，一開始就是以東西文化論戰為中心展開的，並一直延續到一九二〇年代前期。馮友蘭一九一五年入北京大學中國哲學門，一九一八年畢業。北京大學是新文化運動的中心，東西文化的爭論對這一時期在北大學習的馮友蘭影響很深。事實上，東西文化的矛盾不僅僅是理論上的論爭。十九世紀中葉以來，強盛的西方侵凌東方，貧弱的東方既要反抗西方的欺壓，又要向西方學習，這種衝突對於有長久文化傳統的中國更是激烈。中國文化與西洋文化，這兩種文化的矛盾，以及如何解決這一矛盾，成了當時多數知識份子現實關注的普遍課題。馮友蘭一生寫了大量的著作和文字，其中討論的問題，可以說就是以哲學為中心的東西文化問題。這些討論提供了一位生活在不同文化衝突時期的中國哲學家怎樣理解和處理這個衝突的有益經驗。

新文化運動初期的中國學者都喜歡講中國文化與西洋文化的不同。如中國文化是靜的文化，西洋文化是動的文化；中國文化是精神文明，西洋文化是物質文明；等等。這些對比性的講法大多為了彰顯西方文化的長處及中國文化的短處，促進文化的改造，但在理論上，這些講法把中國文化遇到的與西方文化的衝突歸結為在不同地理環境中成長的不同民族的文化間的矛盾。馮友蘭初赴美國時亦受此影響很大，但不久他即產生了懷疑，正如他對泰戈爾所說：「我近來心中常有一個問題，就是東西洋文明的差異，是等級的差異，是種類的差異？」他在留學時仍十分關注並參與國內的中西文化比較討論，他的博士論文選題也與這種文化的關注有關。他發現，向來被認為屬東方哲學特有的東西，在西方古代哲學中也具有，人類有相同的本性，也有相同的人生問題。這個看法成了他博士論文的主要論點。這意味著東西方文化並不是從一開始便有種類的不同，現在的東西文化差異只是它們各自發展至不同等級上呈現的區別。他在回國後不久即明確指出，常人所謂中西文化的矛盾，不過是與西方近代文化而不是與自古以來的整個西方文化的矛盾。

二〇年代後期到三〇年代中期，馮友蘭的注意力主要放在中國哲學史的研究上，而這種「釋古」的工作也與新舊文化論爭有關。馮友蘭認為五四前的中國人是以舊文化理解新文化，五四後的中國人以新文化批評舊文化，而他的工作則是以新文化理解、闡明舊文化。一般的西方哲學史著作把歷史分為古代、中古、近代三個時代，馮友蘭三〇年代初完成的名著《中國哲學史》，卻把中國哲學的歷史分成兩個時代，相當於西方的古代和中古時代，並申明中國尚未有近代哲學。這實際上體現了他對東西文化的看法，即十九世紀以前的中國文化統屬於古代文化，從而東西文化的差別與衝突本質上是古代和近代的文化差別，而不是東方與西方的種類差別。西方已發展入近代，而中國仍停留在古代，兩者間已有發展等級上的差別。三〇年代中，他的歐洲之行更堅定了這種信念。到了三〇年代末，馮友蘭撰寫《新事論》時就更明確提出近人所說的中西之分，其實都是古今之異。中國文化的許多內容西洋古代也有，近百年來被人們所感到的與中國文化相衝突的西洋文化，實即西洋近代文化。

三〇年代中期有所謂本位文化論戰，馮友蘭在這時已開始形成了後來在《新事論》中得到詳細闡述的基本思想。即在方法上注意文化的「類型」而不是文化個體，以城鄉之別、工業文明與農業文明之別來揭示中國現代民族運動的總動向，指出工業化才是中華民族求得在世界上自由平等地位的根本途徑，所以《新事論》副題為「中國通向自由之路」。

馮友蘭認為，從東西文化論爭到本位文化論爭，許多人只注意文化個體而不注意文化類型。如學習西方建大學，「大學」是依類型而說，「哥倫比亞大學」則是個體，其門朝東，禮堂在北，圖書館在南，這些只是其個體所有的性質。如果我們的注意力在「大學」之類型，則哥大所有的性質有些是不相干的。中國要學習西洋文化，要瞭解近代西方所以為近代西方的類型。這個類型，用新理學的哲學語言，就是共相。至於西洋世界有各種不同民族和語言，黃頭髮藍眼睛、吃飯用刀叉、信仰基督教等，這些是個體的性質，是殊相。馮友蘭認為，在近代中西文化衝突中表現的中國之弱，並不是因為中國文化是中國人的文化，而是因為中國文化屬於某類型的文化；西方文明之強並不因為是西洋人的文化，而是因為西洋文化屬於某類型的文化，所以學習西方文化首先要「別共殊」。他舉例說，正如張三患傷寒而發燒，李四患瘧疾而發冷。張三之發熱並非因為他是張三，而是因他患了傷寒症；李四發冷並不是因為他是李四，而是因為他患了瘧疾症。從類型的角度看文化，近百年中國到處吃虧，並不是因為我們的文化是「中國底」，而是因為我們的文化仍停留在中古，而未進於近代。

馮友蘭認為，中西之分即古今之異，「今」即近代化、現代化。古今之異的說法更多地是從進化論的歷時發展立場立論。從類型、共相來說，古今之異本質上是兩種不同的社會類型之異，即中國文化乃是以家庭為本位的農業文化，而西方文化已發展為以社會為本位的工業文化。也就是說，中國文化與西洋近代文化的強弱等差別，主要不是由地理或民族傳統造成的，歸根結柢是由於中國文化與西洋近代文化各所依據的社會類型不同，「以家為本位的生產制度」與「以社會為本位的生產制度」分別產生了不同的道德觀念、行為方式。從這點來說，西洋文化是代表工業文化類型，中國要學的是工業化，而不是西洋化。西洋文化中與工業化相干者要學，與工業化無干者則不必要學。值得注意的是，馮友蘭以「生產制度」為基礎分析中西的社會類型和文化差異，顯然受了唯物史觀的影響。在他看來，中國文化的根本出路在於生產制度的革命——工業化，這個革命將會自然帶來觀念形態的近代化。

抗戰時期的馮友蘭開始重視文化的民族性問題。本來，依照新理學的體系，一事物依照其類之理而成為一類之事物，但一類之理亦蘊涵其共類之理。如貓類之理涵蘊動物類之理，故貓乃依照貓之理而成為貓，亦必依照動物之理而成為動物。因此，一文化不論產生於何種社會類型，不僅含有該社會類型之理，亦必涵蘊「社會」之理。如傳統中國文化是生產家庭化的文化，但其中道德學說也包含對社會、人生的普遍思考。這些內容對凡有社會凡有人生的時代都有意義。在《新事論》中馮友蘭進一步指出，某一文化，當其社會類型轉變時，其文化的形式和花樣是不必變也不能變的。這些形式和花樣是一定民族由其種族、語言、歷史傳統所決定的，是這一民族最欣賞，也只有這一民族最能欣賞的。如文學、藝術、建築等，它們是「中國底」，不是「中國的」。「中國的」是指發生、存在在中國之環境中，「中國底」則是指中國固有、特有的。這種文化的民族性不必因社會類型的轉變而改變。馮友蘭的這一思想也是基於他對文化「質」與「文」的分別。照他看來，一個社會的經濟制度、社會制度是「質」，其藝術、文學等是「文」，正如一所建築，其材料是質，其樣式是文。「質」

決定了文化的類型、時代性；「文」決定了文化的個性、民族性。在他看來，就當時中國的情況而言，「質」的方面要革新，「文」的方面應繼續。這樣，馮友蘭就對新文化運動時期提出的東西、新舊的問題，給了一個全面的回答。

文質的概念在孔子時就已經有了，馮友蘭的這種分析除了可能受到唯物史觀「經濟基礎——上層建築」分析的影響外，還來自新文化運動以來中國學者把文化區分為「物質文明」與「精神文明」的觀念。洋務運動提出的「中體西用」，是只要西方物質文明，不學西方精神文明；新文化運動則認為應以先學西方精神文明為本；抗戰前夕馮友蘭則認為物質文明為本，物質文明工業化了，與之相適應的精神文明「不叫自來」。這一點是當時的馮友蘭與清末諸人及五四時代主張的不同。到了抗戰時期馮友蘭進一步提出，在物質文明工業化的進程中，民族傳統的精神文明中確實有些可以「不變」的東西。這些「不變」的東西，一方面是指凡社會而有的基本道德，是普遍道德寓於其中具體的共相；另一方面是指藝術、文學等形式，它們與西洋民族的藝術、文學形式相比，其不同並不是程度的不同，而是種類的不同，亦即民族的文學藝術形式方面並沒有古今之別。這些形式對於作為個體的、特殊的民族來說是十分重要的。

三

馮友蘭思想中一個有特色的貢獻是，他指出，與科學提供給人以積極的知識不同，哲學並不給人以積極的實證知識，哲學的根本任務是使人「安身立命」。哲學所討論、所解答的是「人生的意義是如何」的問題。如果讀哲學有什麼功用，那就是哲學可以使人獲得較高的精神境界。在中國古代哲學中始終把「為道」和「為學」作了區分，馮友蘭這種對哲學的理解顯然浸潤著中國文化傳統的特色。

馮友蘭認為，人總是對宇宙人生有所覺悟和瞭解，這種覺悟和瞭解合稱「覺解」。人的覺解即他所瞭解的宇宙人生對於他具有的意義。人的這種覺解即構成了一個人的精神境界。宇宙的「理」雖然是客觀的，但人與人的瞭解不同。境界是主觀的，人的覺解的程度、水平不同，所以境界也有高低不同。大體上，人的境界可分為四種：自然境界、功利境界、道德境界和天地境界。其中自然境界的覺解程度最低，天地境界的覺解最高。這四種境界的分別，簡單說來，自然境界是人對自己的行為沒有自覺的境界，不管這個行為是生產性的、藝術性的、道德性的；功利境界是自覺求利的境界，這個利是為己的私利；道德境界是自覺行義的境界，義是指社會的道德公義；天地境界是指人自覺與整個宇宙合為一體的境界。自然境界沒有自覺，宇宙對它是混沌，天地境界自覺與萬物一體，也是混沌，但前者是原始的混沌，後者是後得的混沌，是經過分別後的更高一級的混沌。一個有天地境界的人，他對自己的所作所為、自己遇到的事物，都自覺有一種新意義，一種超社會而與宇宙直接相關的責任，並有樂天之樂。

這樣，馮友蘭便對那個常常使哲學家們難以回答的問題「哲學有什麼用」給了一個有力的回答。這就是：哲學是可以使人提高精神境界的學問，可以使人得到最高境界的學問。哲學的「用處」不在增加人對實際事物的知識和才能，而是使人改變自己的生活態度，使人由對世界的一種理解進而體現於一種人格、胸襟、氣象，提供給人的精神的「受用」。

馮友蘭強調，天地境界是通過哲學來達到的。達到天地境界必先對於自然、宇宙有一種理解，一種超過殊相所達到的對共相、對共相世界（即真際）的認識。新理學曾提出「大全」的觀念，「大全」即所有東西的總名，人能認識到「大全」，並自同於「大全」，就可從思維中把握宇宙而由此對之持一種態度，這種理解和態度構成「天地境界」。中國古代哲學家有兩種達到最高境界的方法：一種是直覺體會和內心修養（如程顥），另一種是窮神知化的理性思考（如張載）。馮友蘭所設定的達到天地境界的哲學方法，以共相、大全、存在、有等理性思維為內容，更接近中國古代哲學中後一種方法，即「自明而誠」的方法。所以有國外學者稱馮友蘭的體系為「新理性主義哲學」。馮友蘭主張通過哲學觀念，由理性自覺其為宇宙的一員，由知天而事天而樂天，最後至於同天的境界。他所說的最高境界，雖然包含了神秘主義，其方法確實是強調理性主義的。在這一點上，他的學說可以說結合了程顥與張載的思想。因此，馮友蘭境界論的特點，不僅在於他提出了人生覺解有四種境界，還在於他所規定的最高境界體現了中國哲學的傳統，並把哲學思維這種理性主義方法作為達到最高境界的根本方法。

馮友蘭認為，中外文化史上有許多哲學家和宗教家也提出過最高的精神境界，但他們多認為最高的精神境界與人的普通生活是對立的，提倡一種出世間的哲學。另有些哲學注重人倫日用和社會生活，但講不到最高境界，這些哲學屬於世間的哲學。馮友蘭把前一種稱為「極高明而不道中庸」，把後一種稱為「道中庸而不極高明」。他認為，中國哲學有一個主要傳統，有一思想的主流，就是追求一種最高境界，但又不離乎人倫日用，不脫離社會生活，借用《中庸》的話，就是「極高明而道中庸」。

新理學的基本思想在九一八事變至七七事變間已經形成，體系的完整建構則完成於抗戰之中，這使得馮友蘭在四〇年代成為中國最著名的哲學家。一九四九年以後，馮友蘭開始努力從馬克思主義的立場對新理學體系進行反思，晚年（八〇年代）則更是對這些反思作了進一步的反思。在這些反思中，馮友蘭強調一般寓於個別之中，共相寓於殊相之中。共相是一類事物共同具有的所以然之理，殊相是一類事物中的個別分子，只有個別的分子是存在的，共相的存在只是存在於其類分子之中，「理在事中」是正確的，「理在事上」是不正確的。在境界觀上，晚年馮友蘭則完全回到了四〇年代的立場，重新肯定了關於四種境界的思想。《中國哲學史新編》的指導思想，一方面是用新的理事觀檢視中國古代關於共相、殊相即一般、個別的討論，另一方面大力闡揚中國哲學家對「精神境界」的論說。

馮友蘭在生命的最後十年，把全部精力投入了《中國哲學史新編》的寫作。這不僅是他自三〇年代末起懷有的重寫中國哲學史夙願的實現，也是他晚年「闡舊邦以輔新命」努力的體現。早在抗戰勝利的一九四五年，馮友蘭在為西南聯大紀念碑所作碑文中就提出：「蓋並世列強，雖新而不古；希臘羅馬，有古而無今。惟我國家，亙古亙今，亦新亦舊，斯所謂『周雖舊邦，其命維新』者也。」一九四九年以後，特別是「文革」以後，《詩經・大雅》的「周雖舊邦，其命維新」兩句話成了馮友蘭全部學術活動的根本動力。對於他來說，「舊邦」即中華民族及其文化，「新命」即現代化。中華民族及其文化，歷史悠久，源遠流長，她必將在現代化的大業中展示其新的生命。馮友蘭的努力是保持文化認同，而同時促進民族新生命的開展。他所希望的，就是把中國古典哲學中有永久價值的東西闡發出來，以作為中國哲學未來發展的營養和資源。

「人類幾千年積累下來的智慧真是如山如海，像一團真火，這團真火要靠無窮無盡的燃料繼續添上去，才能繼續傳下來。我感覺到，歷來的哲學家、詩人、文學家、藝術家和學問家都是用他們的生命作為燃料以傳這團真火，……李商隱有兩句詩：『春蠶到死絲方盡，蠟炬成灰淚始乾』，蠶是用它的生命來吐絲的，蠟是用它的生命來發光的。」①馮友蘭自己正是

①馮友蘭：《三松堂自序》，《三松堂全集》第一卷，河南人民出版社，一九八五，第三四四頁。

用生命來寫作，以他的全部精神生命來傳延人類永恆智慧的真火，他的哲學與文化思考是二十世紀中國思想財富的重要一環。

本書的編選，主要側重於馮友蘭哲學思想的呈現，故主體部分為「貞元六書」的節選。至於馮友蘭在中國哲學史方面的研究，本卷只選了馮友蘭早年成名作《中國哲學史》的緒論和其晚年臨終前完成的《中國哲學史新編》的總結，以及有關中國哲學史研究的若干重要論文。

二〇〇四年北京大學

（本文為《馮友蘭選集》前言，標題為編者所加；《馮友蘭選集》，吉林人民出版社，二〇〇五）

再論馮友蘭

陳來

馮友蘭先生在民國初年考入北京大學，在五四運動的高潮中畢業，後赴美留學，在哥倫比亞大學獲博士學位。馮先生歸國後先後在多所大學任教，一九四九年以前曾任清華大學文學院院長達十八年，一九五二年後任北京大學教授。他是現代中國歷史上最負盛名的哲學家之一，他在三〇年代出版的《中國哲學史》至今仍然是世界上影響最大的中國哲學通史之作。

馮先生壽高九五，在他逝世的前半年，也就是一九九〇年三月，他自擬了一幅九十五歲的預壽聯，曰「三史釋今古，六書紀貞元」。這是他在晚年巨著《中國哲學史新編》即將完成之時，對自己一生學問所作的總結。「三史」是指他的三部關於中國哲學史的著作，即《中國哲學史》《中國哲學簡史》《中國哲學史新編》，分別代表了他在三〇年代、四〇年代、八〇年代對中國哲學的理解。其中的《中國哲學史新編》，敘述分析的範圍不僅包括古代哲學，而且包括他對現代中國哲學的思考。「六書」是指《新理學》《新事論》《新世訓》《新原人》《新原道》《新知言》，這是他在抗戰期間所寫的六部哲學著作，合稱「貞元六書」。「三史」是哲學史著作，「六書」是哲學著作。「三史」「六書」概括了他一生的學術活動，也代表了他一生的學術貢獻。由此可知，「三史」「六書」構成了馮先生全部著述的主體與核心，而馮先生的其他著述則可看作為「三史」「六書」在不同時期的準備、衍展、擴大、反思。

從學術上看，「三史」中的《中國哲學史》是馮友蘭在三〇年代初依據對古代中國哲學的文本，參照古代和近代西方哲學的問題意識來理解和分析中國哲學的教科書；《中國哲學簡史》是馮友蘭在四〇年代末用他自己的「新理學」體系解釋和分析中國哲學的簡本哲學史；而最後完成的《中國哲學史新編》是馮先生經歷了五〇年代到七〇年代的曲折，在吸收了馬克思主義之後建立的對中國哲學的說明和解釋，其中融合了前兩本哲學史的分析和觀點。《中國哲學史新編》以一個人之力，把孔夫子到毛澤東的古今中國哲學史作了全面系統的論析，這在當代還是絕無僅有的。「三史釋今古」的「釋」字，一方面是指，在古代文獻的利用上，馮先生的治中國哲學史與「信古」「疑古」的方法不同，採取的是「釋古」的方法；另一方面則彰顯出哲學史寫作是對古代文獻和思想歷史的分析闡釋，具有詮釋的特性。「三史」所體現的馮友蘭的中國哲學史研究的成就，使得他無可爭議地成為二十世紀我國中國哲學史研究最有威望與成就的大師。

在「六書」中，《新理學》是專門分析共相和殊相（即一般和特殊）的純哲學論著。《新事論》是以共相和殊相的哲學分析為基礎來解決中西文化問題，主張中國學習西方是要學習其共相，共相即現代化。《新世訓》論述了現代社會人的生活行為的基本規律，謀求從古代的聖人道德向現代的以個人為基礎的道德生活的轉變。《新原人》是關於人的境界論的體系性著作，論述人的四種境界，即自然境界、功利境界、道德境界、天地境界，指出現代社會的人在不違反道德的生活方式之上，追求道德境界和天地境界的意義。《新原道》論述了馮友蘭所認識的中國哲學的優良傳統和主流，認為這個優良的傳統和主流就是「極高明而道中庸」，即哲學的思考從不脫離人的社會生活。《新知言》是論述中國哲學的方法及其現代意義。這六部書構成的體系，是一個謀求促進中國現代化的近代化的中國哲學體系，也是古典中國哲學傳統適應於現代社會的新發展。「六書紀貞元」

是指構成了「新理學」體系的這六部書是抗戰時期哲學家精神活動的寫照，也是對這一民族生命轉折時代的哲學見證。「新理學」的體系是現代中國哲學中最重要的哲學體系之一。

「三史」是「史」，「六書」是「論」，「三史」「六書」凝結了馮先生一生的思想學術。那麼，「三史」與「六書」之間，有沒有一個「一以貫之」之道、一個始終不變的思想線索呢？回答是肯定的。「三史」與「六書」雖然各為史論，「三史」之間的跨度也達五〇年，但其間始終貫穿著他一貫強烈的文化信念，這就是「舊邦新命」的觀念，這一觀念既是文化信念，也是政治信念。「舊邦新命」就是「中華民族的現代復興」，而這一主題是和中華民族在整個二十世紀中從挫折中奮起的歷史，是和中國文化作為世界最悠久的文化從失落走向振興的歷史，是和中國作為民族國家從前現代走向現代化的奮鬥歷程緊緊相聯繫的。「舊邦新命」是中華民族的民族生命特性在哲學家觀念中的提煉。從這裏可知，馮先生從來不是不食人間煙火的隱士，而是始終把自己和民族生命與民族文化的興亡連為一體的哲學家。

一九三三年《中國哲學史》下冊完成，馮先生在自序中說：「此第二篇最後校改時，故都正在危急之中，身處其境，乃真知古人銅駝荊棘之語之悲也。值此存亡絕續之交，吾人重思先哲之思想，其感覺當如人疾痛時之見父母也。吾先哲之思想，有不必無錯誤者，然『為天地立心，為生民立命，為往聖繼絕學，為萬世開太平』，乃吾一切先哲著書立論之宗旨，無論其派別如何，而其言之字裏行間，皆有此精神之瀰漫，則善讀者可覺而知也。魂兮歸來哀江南，此書能為巫陽之下招歟？是所望也。」「銅駝荊棘」典出自《晉書》，是古人見天下將大亂，歎息宮門的銅駝將流落於荊棘之間，體現了其憂國憂民的悲情。「巫陽下招」出典在《楚辭》，帝哀屈原，命巫陽下招其魂，呼曰魂兮歸來。舊注解釋招魂為「冀其復生也」。馮先生在九一八事變之後充滿危機感的北京，已預見到國難巨變即將來臨，他以對民族的憂患心情，希望他的書能起到復活民族精神的作用，以應付即將來臨的事變。馮先生後來說：「在哲學史序文裏所說的那一段話，確是表示當時的一種情感，當時的主觀願望，是想把中國的傳統哲學恢復起來，激發人們的愛國思想，抵制日本的侵略。」可見他的中國哲學史研究不僅是學術的研究，其中也注入著他對國家民族的深沉憂患。一九四〇年，《新世訓》印行，其自序說：「承百代之流，而會乎當今之變，好學深思之士，心知其故，烏能已於言哉！事變以來，已寫三書，曰《新理學》，講純粹哲學也；曰《新事論》，論文化社會問題；曰《新世訓》，論生活方法，即此也。書雖三分，義則一貫，所謂『天人之際』，『內聖外王之道』也，合名曰《貞元三書》。貞元者，紀時也，當我國家民族復興之際，所謂貞下起元之時也。我國家民族方建震古鑠今之大業，譬之築室，此三書者，或能為其壁間之一磚一石歟？是所望也。」這裏所說「紀時」的「紀」就是「六書紀貞元」的「紀」。他希望他的書既能在民族生命轉折的關鍵時期發揮起積極作用，又能成為國家民族復興大業的一磚一瓦。一九四二年《新原人》書成，自序說：「為天地立心，為生民立命，為往聖繼絕學，為萬世開太平，此哲學家所應自期許者也，況我國家民族值貞元之會，當絕續之交，通天人之際，達古今之變，明內聖外王之道，豈可不盡所欲言，以為我國家致太平、我億兆安心立命之用乎？雖不能至，心嚮往之。」這篇序文已經成為中國現代史上的經典，而其中的一些用語實際上繼承了《中國哲學史》自序的提法，這裏也可以看出三史和六書之間的關聯。這些序文說明，馮先生始終自覺地從參與民族復興大業的角度從事其哲學的著述，他對民族、國家的關懷溢於言表。

在中國古代《周易》一書中，乾卦卦辭曰「元亨利貞」，古代哲學家把這四個字解釋為一種週期發展的循環，「元」代表發生，「亨」代表成長，「利」代表成熟，「貞」代表消亡，認為一切事物皆從元發展到貞，接下去再從元重新開始，正如從春到冬，再從春開始一樣。「貞下起元」就是冬盡春來，表示最大的困難正在度過，新的發展即將到來。「貞元之際」的提法充分顯示出馮友蘭以哲學創作的方式自覺參加民族復興大業的努力，表明愛國主義立場是他的哲學創作的根本動力。

如果說「貞元之際」體現了三、四〇年代馮友蘭的愛國主義的信念，那麼新中國成立以後，這種信念則發展為他的「舊邦新命」的提法。馮友蘭在他生命的最後十年，正值改革開放的時代，他精神煥發，把全部精力都用於七卷本《中國哲學史新編》的寫作。一九八〇年，《中國哲學史新編》第一冊出版，自序說：「解放以後，我時常想，在世界上中國是文明古國之一，其他古國現在大部分都衰微了，中國還繼續存在。不但繼續存在，而且還進入了社會主義社會。中國是古而又新的國家。《詩經》上有句詩說，『周雖舊邦，其命維新』，舊邦新命，是現代中國的特點，我要把這個特點發揚起來。」

從「貞下起元」到「舊邦新命」，馮友蘭的思想既是一貫的，也是發展的。「貞下起元」著重於民族生命一陽來復的轉折點，強調了對民族生命的信心，有現實感但沒有表現出歷史感。「舊邦新命」脫胎於「周雖舊邦，其命維新」，充滿了大思想家通觀古往今來的歷史感。早在抗戰勝利的一九四五年，馮友蘭在為西南聯合大學紀念碑撰寫的碑文中即提出：「蓋並世列強，雖新而不古；希臘羅馬，有古而無今。惟我國家，亙古亙今，亦新亦老，斯所謂『周雖舊邦，其命維新』者也。」一九四九年後，特別是「文革」以後，《詩經》的這兩句被他概括為「舊邦新命」，成了他全部生命精神所在，也成了他學術工作的根本動力，更體現出他是把民族生命、民族文化作為自己的「終極關懷」。他要把中國哲學中有永久價值的東西闡發出來，作為民族文化新發展的營養，為中華民族復興的「新命」貢獻自己的力量。正是這種精神使得他在八十餘歲高齡，重寫中國哲學史，並在其逝世的前四個月完成了《中國哲學史新編》這部鉅著。

中國古人有「三不朽」之說，以「立言」為上。馮友蘭為「舊邦新命」而立言，這位愛國哲學家所立言的著述及其精神，是永遠不朽的。

二〇〇七年九月於北京大學

（本文原為《馮友蘭文集》序二，標題是編者所加；《馮友蘭文集》十卷，長春出版社，二〇〇八）

《新世訓》序

陳　來

二十年來，中國社會從「社會主義計畫經濟」到「社會主義市場經濟」發展的經驗，已經使我們切近地體會到，在以市場經濟為基礎的現代社會中，「成功」成了青年大眾最流行的價值取向，而古代儒家的聖賢理想和革命時代的道德追求都已漸漸失落。事實上，這是現代化社會道德精神生活的大趨勢。當然，在改革開放時代的初期，這種趨勢的出現主要導源於人們對「文化大革命」的深惡痛絕所帶來的對那種高調的革命文化的離棄，但在此後的發展中，這種趨勢與市場經濟的發展更結下不解之緣。在這種社會文化發展中，個體自我的張揚與利益的追求日趨升進，呼應了改革開放和社會主義市場經濟的建立，成為中國現代化發展的一部分。

中國的現代化進程，早在二十世紀的前三十年中已經經歷了初期的發展，在文化觀念上的「脫古入今」，也在五四時代新文化啟蒙運動中得到了前衛的發展。儘管從辛亥革命到北伐結束，擺脫政治的分裂和混亂是政治社會的焦點，科學和民主則是文化運動的核心，但在一個近代社會中如何重建道德和人生方向，也漸漸提起注意。一方面，進入一九三〇年代，隨著現代化的進程加快，現代化的問題意識也在文化上漸漸突起，這些都不能不在思想家關於倫理和人生思考上有所反映。另一方面，中國文化中具有長久的道德思想傳統，儘管新文化運動衝擊了「禮教」的社會規俗，但在道德倫理領域「傳統」與「現代」的問題並未合理解決，新文化運動以後，思想文化領域的學者對傳統道德在近代社會的意義漸多肯定，為理性地討論此問題奠定了基礎。

馮友蘭先生（一八九五～一九九〇）是二十世紀著名的哲學家。一九二八年，馮友蘭先生隨羅家倫代表國民政府接收清華，參加了當時的領導班子，任秘書長；次年辭去秘書長職務，任哲學系主任。一九三〇年夏，羅家倫辭職後，馮友蘭被推選為校務會議主席，主持清華大學工作。一九三一年七月起，馮先生任清華大學文學院院長，直至一九四九年。一九四八年冬，梅貽琦離校之後，馮友蘭先生再次被推選為校務會議主席，主持清華大學工作；清華解放後被任命為校務委員會主任，正式擔任清華大學的領導工作。從一九二八年進入清華，到一九五二年轉調北大，馮先生在清華曾擔任文學院院長達十八年，並長期擔任清華校務領導的核心工作，對清華大學的教育發展貢獻甚大。

馮友蘭在一九二〇年代曾出版過《一種人生觀》（一九二四）和《人生哲學》（一九二六），一九三〇年代他也就人生問題作過多次講演。可以說，對人生哲學的留意是馮友蘭始終關注的一個重點。《人生哲學》在當時曾列為高中教科書，而《新世訓》的各章都先在《中學生》雜誌一九三九年末至一九四〇年初各期上發表，如果說前者之作為中學生讀物是被動的，那麼後者則可以說是有意地以青年為對象而寫作的，從而指導青年人生，使他們修養成為《新世訓》的基調。《新世訓》是把傳統理學的道德教訓詮釋於現代生活的一種新論。

從一九一〇年代中期到一九三〇年代中期，以現代化產業為中心的社會經濟變化大規模展開，中國的現代工業部門開始迅速增長（儘管它只占整個經濟很小部分），城市社會組織和社會結構劇烈變化，接受了新式教育的新知識青年大量成長，中小以上城市的社會已經告別了傳統的面貌。這一切使得「現代化」或「工業化」已經進入一九三〇年代學者的問題意識，馮友蘭在一九三〇年代末寫的《新世訓》，也明顯地具有這種意義，即針對後聖賢時代而提出的一種詮釋傳統德行以適應現代世俗社會的個人生活的倫理教訓。

《新世訓》的大部分篇章先發表於《中學生》雜誌一九三九年十月至一九四〇年三月，一九四〇年七月《新世訓》出版。馮友蘭在《新世訓》緒論中指出，此書又可稱「生活方法新論」，為什麼叫生活方法？新論之新在何處？在我看來，所謂生活方法，是著重於人在生活中採取妥當適宜的行為，而不是集中在內心的修養。這個出發點和宋明理學家是不同的。所謂新論之新，馮友蘭有清楚說明：第一，「生活方法必須是不違反道德的規律的」；第二，「宋明道學家所謂為學之方，完全是道德的，而我們所講的生活方法，則雖不違反道德的規律，而可以是非道德的」。也就是說，從今天的立場來看，以前古人講道德仁義的教訓中，包含了三類規律：第一類是古往今來一切社會都需要的普遍道德原則，第二類是專屬某些社會所需要的特殊道德原則，第三類是一些屬於非道德性質的但有益於人事業成功的生活行為方法。

理學家認為人的思想「不是天理，便是人欲」，極大地突顯道德與不道德的對立緊張，而沒有給其他道德中性的思想感情留下空間，實際上是把許多道德中性的思想感情都劃入「人欲」之中。現代社會的倫理的重要特色就是把大量道德中性的思想、行為從理學的「非此即彼」的框架中解放出來，以減少道德評價對人生的過度介入。馮友蘭的這種說法當然包含了對宋明理學的批評，但其意義不止於此，其目的不限於解放為理學所嚴加管束的生命欲望上，還在於要突出非道德的人生教訓即生活方法的意義。

《新世訓》既講道德的生活方法，也講非道德的生活方法。例如忠恕，他一方面仍然「把忠恕作為一種實行道德的方法說」，另一方面則「又把忠恕之道作為一種普通『待人接物』的方法說」。這後一點，即把生活方法作為一般普通的待人接物的方法教訓，正是《新世訓》的重點和特色。所以，並不是說馮友蘭只講非道德的人生教訓，而是說在宣講道德的人生教訓的同時，也重視非道德的人生教訓，成為本書的特色。

由於此書的特點是重視非道德的人生教訓，所以命名為生活方法新論，與此相應，他把「生活方法」對應於「生活規律」，即為了符合生活的規律而採取的生活方法。馮友蘭強調「規律」而不是使用「規則」，是很有其用意的。規則用於道德生活，故我們慣用「道德規則」，而規律則多指道德領域之外的生活經驗的總結。「道德規則」是講人應該如何做，「生活規律」是講人如何做才能趨利避害。故此書在態度上是更多地把「道德教訓」的規範，變成「經驗之談」的規律，或寓道德規則於經驗之談。在中國傳統文化中，這一類的內容很多，如《老子》《周易》中很多強調人生成敗的經驗教訓，其中有不少可以說反映了社會生活的規律。儒家文化中也容納了不少此類內容。特別是，在世俗儒家文化中，也就是儒家思想和價值在具體應用於家庭、社會、人際交往的實踐中所形成的實踐形態，如家訓、家規等，也有很多這類內容。這些家訓、家規都受儒家價值的影響，但同時以經驗教訓的面目出現。

要指出的是，表面上看來，《新世訓》中所說的「道德的生活方法」是來自儒家，而「非道德的生活方法」多來自道家，但不能僅僅把此書看成是亦儒亦道或儒道結合的一種文化混合物，事實上，這些非道德的生活方法在歷史上也為廣義的儒家文化所容納。從《新世訓》的讀者對象來說，此書與明清時代的通俗儒家作品，如蒙學讀物等接近，而我們更要看到這種對生活方法的關注所具有的現代社會生活的背景。正是在此種現代生活背景之下，馮友蘭力圖提出一種適應人（尤其是青年人）在現代社會生活的人生思想。也可以說，正是他注意到生活方法在現代生活中的重要性，才注意利用中國文化中廣泛的人生思想資源的。

前面我指出，所謂生活方法，是著重於人在生活中的妥當適宜的行為。這裏所謂妥當適宜，是指這些行為有助於個人在社會上的成功。馮友蘭晚年在《三松堂自序》中回顧說：

在抗戰以前，開明書店出了一個刊物，叫《中學生》，發表關於青年修養這一類文章。我還在南嶽的時候，他們向我約稿，當時沒有寫。到了昆明以後，寫了一些，在《中學生》中連載。後來把它們編為一部書，題名為《新世訓》。當時我想，這一類的文章，在舊時應該稱「家訓」，不過在以社會為本的社會中，讀者的範圍擴大了，所以稱為「世訓」。

從「青年修養」和「家訓」的提法可知，此書撰寫的最初起因，應當是教導青年如何「做人做事」。但本書的實際內容，是偏重在如何做人以獲得「人的成功」。換言之，本書討論的是，一個人要在社會上取得成功，他應當如何處事、做人、自處。成功的關注，在古代即是屬於「事功」的範疇，正統儒家往往把「功」和「德」嚴加區別，而馮友蘭此書的特點，照其自己這裏的說法，則是把「功」和「理」，即把個人的成功和社會生活規律（規則）結合起來，把個人的「事功」和「行德」結合起來。道德規則是「無所為而為」的，而經驗之談是「有所為而為」的，道德規則強調人應當這樣做，只服從道德規則，即使個人吃虧也要這樣做。而經驗之談是告訴人怎樣做才能做事順利和成功。

在這裏，我們看到他的更重要的一段自述：

> 還是在青年的時候，我很喜歡佛蘭克林所作的《自傳》，在其中他描寫了他一生中怎樣由一個窮苦的小孩子逐漸成為一個成功的世界聞名的大人物。當然，他的成功並不是用損人利己的方法得來的。他的成功跟美國的社會的進步也有一定的聯繫。我們也不能說他不是一個具有民主思想的愛國主義者。……我在《新世訓》裏所宣傳的，實際上就是這種生活方式。我雖然也經常提到中國封建主義哲學家所講的生活方法，也經常引用他們的言論，但是我跟他們在有一點上是有基本不同的。我說：「宋明道學家所謂為學之方，完全是道德的，而我們所講的生活方式，則雖不違反道德的規律，但不一定是道德的。說

它不是道德的，並不是說它是不道德的，而是說它是非道德的。」這就是說，我所講的生活方法，所要追求的一個主要部分，是在不違反道德的範圍內，盡力追求個人的成功。①

這一點很重要，就是說，此書關注和所要解決的重要問題是「如何不違反道德地追求個人的成功」。一種追求成功的進取精神如何不違反道德，這不僅對當時經歷了現代中國第一波現代化高潮的一九三〇年代的青年人生觀有意義，對今天從社會主義計畫經濟到社會主義市場經濟的社會轉型，也具有現實的意義。這就是為什麼馮友蘭在此書中著力於「非道德方面」的人生教訓的根本原因。雖然就個人而言，此書包含著對個人追求成功的肯定，但就社會而言，此書無疑具有在市場經濟條件下指導青年人生、增益社會良性行為的積極的社會功能。

德國著名社會學家馬克斯・韋伯在《新教倫理與資本主義精神》的第二章「資本主義精神」的開始，大段大段地引述了佛蘭克林教導年輕人的

① 《三松堂全集》第十四卷，河南人民出版社，二〇〇〇，第九八〇～九八一頁。

話，如「切記，時間就是金錢。……切記，信用就是金錢。……除了勤儉和勤奮，在與他人的往來中守時並奉行公正原則，對年輕人立身處世最為有益」，等等。①韋伯肯定了這些話是「具有倫理色彩的勸世格言」。他認為：「佛蘭克林所有的道德觀念都帶有功利主義的色彩，誠實有用，因為誠實能帶來信譽；守時、勤奮、節儉都有用，所以都是美德。」這些都和《新世訓》的內容在性質上確有類似之處，雖然馮友蘭所講，與佛蘭克林所講相比，做人和做事的部分更多。

如果我們把韋伯著眼於經濟倫理或工作倫理的表達換成一般倫理學的語言，那麼可以說，韋伯在佛蘭克林那裏所看到的正是傳統的非功利主義到近代功利主義的轉變，是一種近代社會的人生態度與精神。這也說明，帶有功利性的思想，在古代是被正統思想所排斥的，因此佛蘭克林也好，馮友蘭的《新世訓》也好，正如韋伯所說，這種包含著具有功利主義色彩而道德中性的勸世格言，正代表了從古代到近代在倫理觀念上的一種轉變。

①〔德〕馬克斯・韋伯：《新教倫理與資本主義精神》，于曉、陳維綱等譯，三聯書店，一九八七，第三三～三五頁。

所以，《新世訓》的這種適應轉型時代社會的倫理特點和他在一九三〇年代所持的現代化取向的文化觀是一致的，即馮友蘭希望為多數人提供一種適合現代化過程的行為倫理，一種適應現代社會和市場經濟結構的倫理。

應當指出，雖然《新世訓》中有不少哲學的闡述，但就讀者對象來說，《新世訓》在性質和功能方面與古代通俗倫理讀物有類似之處，它不是討論精英儒者的修養功夫，而是對一般社會人士提出的行為指導，這是它具有上述特點的原因。馮友蘭思想中更為積極的人生與價值理想，即面對精英而肯定的聖人境界，要到幾年後的《新原人》中才完全發展出來。所以，在《新世訓》出版兩年後完成的《新原人》，同樣是討論人生觀，便與《新世訓》的著眼點不同了。馮友蘭後來在回憶《新世訓》時說過：

> 我還可以說，《新世訓》不過是一本通俗的書，所講的生活方法，只是為一般人說的。新理學的人生觀並不僅僅就是這個樣子。在新理學的體系裏，是提出了一個人生的崇高目的，就是「希聖希賢」。

這裏所說提出人生的崇高目的和希聖希賢人生觀的就是《新原人》，

該書在《新世訓》基礎上，提出了對精英的更高引導。

如果從現代的角度看，《新世訓》中勸人「做人」的人，雖然不是聖人，但這樣人的人生卻已經是現代社會難得的正面人生，其積極意義應當充分肯定。正如「消極的自由」與「積極的自由」不同，但消極的自由仍有其重要的意義。在這個意義上，《新世訓》較偏於消極的自由，即如何不違反道德；而《新原人》更發展了積極的自由，即如何由道德境界進而達到超道德的境界，達到聖賢的境界。當然，馮友蘭最終在《新原人》裏找到了他自己看來是更好的解決之道，在這個意義上，《新世訓》對於他自己並不具有終極的意義。但是，放在現代中國社會倫理變遷中來看，《新世訓》中涉及的問題確實值得重視，即儒家的傳統人格理想在現代社會如何調適。對於現代社會的人，哲學家不能只提出極少數人才能達到的最高的精神境界，必須為規範大多數人的現代人生提出可知可行的正當的生活方式。《新世訓》正是以大多數現代人為對象而提出的行為指導，其性質與《新原人》是不相同的，也更具有社會倫理的現實功能。而非道德的處世方法若上升為價值觀念，確實是現代人所需要的健康人生理念的一部分，即不唱道德高調，但仍給人生以適當的指引。在這個意義上，《新世訓》

的倫理意義不容忽視。也正是在這一意義上我曾說：「《新世訓》論述了現代社會的人的生活行為的基本規律，謀求從古代的聖人道德向現代的以個人為基礎的道德生活的轉變。」

如我在一開始所說的，成功的追求已經成為當今青年的主導價值取向，但「成功」和「做人」如何統一，如何獲致正當或正確的方法以求成功，使人得以保持好的行為以防止墮入不道德，正是這個時代所需要的人生行為導向。從這方面看，《新世訓》是有其重要意義的。特別是它提示出，聖賢理想落寞之後，不見得就是感性的張揚，在後聖賢時代中，「生活方法必須不違反道德規律」仍然是人生重要的課題。在法律和道德之外，道德中性的人生教訓對現代人也甚為需要。事實上，《新世訓》並沒有鼓吹「成功」的價值，仍然致力於在傳統聖人理想消沉以後能找到適宜的方式給青年人生以正確指導。如果讀者讀了《新世訓》後，逐步產生了更高的人生追求，那就可以讀馮先生的《新原人》了。

《新世訓》原本中，「底」的用法是一九三〇年代常用的詞法，現代漢語已經不再採用了。徵得了宗璞先生的同意，為了方便廣大學生閱讀，我們把這些「底」字都改作了「的」字，所以我們這個《新世訓》的讀本可稱為青年讀本，這是要向讀者說明的。

二〇一一年五月於清華大學國學研究院

（本文原載於《新世訓》；馮友蘭著《新世訓》，開明書店，二〇一二）

「德禮」「政刑」之爭的新視野

——論「新理學」體系中的法哲學思想

單　純*

在二十世紀中國思想體系裏，除了代表「政統」的「三民主義」和「馬列主義」意識形態之外，代表「學統」或「道統」而又最具民族特色且影響深遠的哲學體系當推馮友蘭所創立的「新理學」了。「新理學」，顧名思義，是「接著」宋明儒家的「理學」講的，而不是「照著」講的，因之名曰「新」；而宋明「理學」又被國際學術界統稱為「新儒學」，言其為先秦儒家「仁學」在宋明時代的創新，故「新理學」理所當然地屬於儒家正宗主脈的「新統」。

無論是先秦的「仁學」，宋明的「理學」或是當代的「新理學」，儒

*單純，中國政法大學教授，法哲學學者。

學思想都保留了其獨特的「入世」傳統，即在「治國平天下」的層面與立「天下之程式」的法家形成一種相互牴牾和補充的關係，闡發了儒家的「治道」或法哲學思想。由於「新理學」貫穿於馮友蘭所著的「三史」和「六書」，①所以其法哲學思想也表達於這些著作的相關部分。

一　法律性質的儒學詮釋

按照哲學的觀點看，任何法律體系——無論是西方基督教羅馬系統，還是伊斯蘭教法系統，或是印度教法律，或是中華法律系統，都會涉及三個最恒定的「要素」（commonplaces），即：社會事實、權威強制性和公道（social phenomenon, authoritative and common good）。這三個要素可以演繹出法律的本質規定性：社會事實是指指導人們社會行為的共同規範；權威強制性是指由權威機構或人士頒布並監督執行的功效約束；公道是指作為社會規範的價值取向。這三者之間的辯證關聯性即法律的本性。但是，

① 「三史」是指《中國哲學史》《中國哲學簡史》及《中國哲學史新編》；「六書」是指《新理學》《新事論》《新世訓》《新原人》《新原道》及《新知言》。

由於各民族的歷史環境和思想風格的差異性，在表達法律本性的時候自然也會各顯特色，如西方傳統有自然法學派和法律實證主義對於法律的差異性解釋，伊斯蘭民族則有教法合一的解釋，中華法系則有儒家、道家和法家三者交互損益的解釋。具體到馮友蘭的「新理學」體系，對於法律的詮釋則既借鑒了中國傳統中儒道法三家的思想，也照應了當代西方社會的具體情勢。

作為社會事實的法律，「新理學」首先將其放在儒道法三家得以孕育的春秋戰國環境中加以考察，其中以法家的思考為問題的核心，而儒家則從自己的思想立場進行辯駁和修正。馮友蘭在其《中國哲學史》中指出，春秋戰國值中國社會的大動盪時期，「法」的迫切性實屬空前，故其作為一種強制性社會規範在法家思想中被標而出之：

明主者，一度量，立表儀，而堅守之，故令下而民從。法者，天下之程式也，萬事之儀表也。吏者，民之所懸命也。故明主之治也，當於法者誅之。故以法誅罪，則民就死而不怨；以法量功，則民受賞而無德也。此以法舉錯之功也。故《明法》曰：「以法治國，則舉錯而已。」明主者，有法度之制；故群臣皆出於方正之治，而不敢為奸。百姓知主之從事於法也，故吏之所使者有法，則民從之；無法則止。民以法與吏相距，下以法與上從事。故詐偽之人不得欺其主；嫉妒之人不得用其賊心；讒諛之人不得施其巧；千里之外，不敢擅為非。故《明法》曰：「有法度之制者，不可巧以詐偽。」（《管子》卷二十一，頁十）①

在這段法家的論述中，我們可以看出，社會事實不同於自然事實，它是具有社會屬性的人類為規範自己的行為而確定的標準，遵循此規範則受賞，違反此規範則受罰。與人類社會行為無關的自然事實和純屬個體的心理情緒皆不具備規範性的賞罰功效。僅僅從社會規範的約束力或法律的功效來看，法律在本質上自然具備了權威強制性，否則其不復為一種社會事實。欲成為社會各階層的行為規範，法律必須具備強制性，這樣社會才能穩定，官吏和百姓才能恰當地履行社會職責。

①馮友蘭：《中國哲學史》（上），《三松堂全集》第五卷，河南人民出版社，二〇〇〇，第五三六頁。

關於法律的權威強制性，西方的法律實證主義者，如奧斯丁，特別強調法律的管理功效，即其權威的強制性。他們雖然不得不區分出法律的「應然」（what law ought to be）和「實然」（what law is）性質，但其重心只在「實際的法律」方面，故而突出法律的權威強制性（commanding and obeying）。這一特點也顯見於春秋戰國時的法家思想。「新理學」對此有更多同情的理解，這一點與傳統的儒家因強調道德目的而忽視法律的功效不大一樣。借用中國歷史自身的經驗，馮友蘭認為，中國在抗戰這樣特殊的社會時期，是應該如法家那樣強調法律的權威強制性，以見其政治和社會功效：

> 凡是關係多數人的事都需一種強制的政治力量，才能推行。例如政府辦的徵兵徵糧，都是用強制的政治力量推行的。如果政府只需要少數的兵，可以用志願投效的方法招募，如果政治只需要少數的糧，可以靠有些人的「樂輸」。但如果需要兵和糧不是少數，就非用強制的方法不可了。這不止在中國是如此，在任何國家都是如此……

> 韓非子說：「聖人之治，不恃人之為吾善也，而用其不得為非也。恃人之

善也，境內不什數。用人不得為非，一國可使齊。」能徵兵則可以不靠志願兵，能徵糧則可以不靠「樂輸」。志願從軍，樂輸的人，一定也有。但專靠志願兵專靠樂輸均不能「一國可使齊」。

恃人之為善，是就人的應該是什麼著想，這是教育的希望。用人之不得為非，是就人的是什麼著想，這是政治的實際。用教育的希望，去對付政治的實際，是一定不能成功的。

並且這樣的道理也並不違反儒家的人倫理想：

如此一類的措施，都是著眼在人的是什麼。如此著眼，並無損於人類的尊嚴。因為承認大多數人不是聖賢，並無損於人類的尊嚴。①

法律作為政治的一種有效手段和工具，應該具備強制性功效，否則就

①馮友蘭：《三松堂全集》第五卷，第四二三~四二四頁。本文原引文中「底」字是一九三〇年代常用法，為了方便閱讀，統一改作「的」字；下同。

不成其為社會性質的事實。在這方面馮友蘭著意區分出法律的社會規範功效與宗教的個體性倫理道德意識。這種區分自然肯定了法家關於法律的社會規範功能，沒有沿用孔夫子的「齊之以禮」而摒棄韓非的「一國可使齊」，流露出「新理學」較傳統儒學的「新」信息。

強調法律的權威強制性功效，多半成為傳統儒家批評法家的對象。「新理學」在這方面提供了一個新的視角，當然思想資源不是在正統的先秦儒學或宋明理學中去找，而是從先秦法家兩個主要人物——李斯和韓非的老師——荀子那裏尋找。為此，馮友蘭重點圍繞荀子的《議兵篇》寫了《儒家論兵》一文。在他看來，儒家的荀子對於法律的權威強制性就有一種積極的評價，故特別引證荀子「君賢者其國治，君不能者其國亂。隆禮貴義者其國治，簡禮賤義者其國亂。治者強，亂者弱。上足仰則下可用也，上不足仰則下不可用也。下可用則強，下不可用則弱。好士者強，不好士者弱。愛民者強，不愛民者弱。政令信者強，政令不信者弱。民齊者強，民不齊者弱。刑威者強，刑侮者弱。械用兵革攻完便利者強，械用兵革窳楛不便利者弱」的觀點，並進一步地發揮說：「以組織完密，團結堅固的民眾，兵器精良訓練純熟的軍隊，加上深明六術五權三至的將帥，這然後，才可為仁者之兵，王者之師。其攻無不勝戰無不克，是不成問題的。」①「新理學」在這裏就儒家兵論所作的闡述，完全是為了適應當時抗戰的需要，通過儒家「仁義之兵」較之於「虎狼之秦」的優勢，以說明當時德日法西斯與同盟國之比缺乏國際法上的合法性，因而必然被擊敗。這亦是其儒家思想與時俱進的「新意」之所在。

再就法律的目的說，儒家自周秦已降就保持了明確的「德治」傳統，其意蘊豐富深刻絕不在西方「自然法學派」（natural law theory）之下。不過，在馮友蘭著書的時代，他又刻意表明儒家的「德治」仍然可以作為政治法律的目的並將之與人的自然理性聯繫起來：

> 我們說，在政治社會方面，不容易完全避免，並不是說完全不能避免。有人說，民主政治的根本精神，就是把人當成人，不把人當成工具。在行民主政治的國家裏，我們不能說，沒有人專靠刺激人的感情，以求政治上的成功。但與納粹法西斯國家比較起來，情形是有不同。我們只須把羅斯福、邱吉爾的演

①馮友蘭：《三松堂全集》第五卷，第四四四頁。

說詞，與希特勒的演說詞比較觀之，便可見其不同。希特勒的演說詞，大概含有刺激性的話最多。據說，他演說的時候，也是亂走亂跳，大叫大哭。羅斯福、邱吉爾的講演，大部分是報告事實，固然也不能說完全沒有刺激性的話，但與希特勒的演說，是有性質上的不同。這也可以說是小節，但於這小節上，反映出民主政治與納粹法西斯政治的一個根本的差異。

民主的教育，是要教育出來獨立自主的人。每一個人遇事都有他自己的判斷。他不為別人的工具，也不以別人為工具。他遇事只管對不對，不管刺激不刺激。這是教育的理想，也是所謂學力功夫的功用。①

在西方的自然法學派和法律實證主義的爭論中，公道或者「公善」往往成為它們相互區分的焦點：以其有無輕重論證社會規範之功效。而在儒學傳統中，公道是任何理想的政治和法律中的題中之義，只不過儒家是用「仁義」標出罷了。漢儒賈誼在《過秦論》中總結秦的過失是「仁義不施，而攻守之勢異也」。有了「仁義」作為政治法律的目的，法律的社會規範

①馮友蘭：《南渡集·論天真活潑》，《三松堂全集》第五卷，第四三九～四四〇頁。

形式和權威強制功效即可表現為治國之禮，即「所以固國家，定社稷，使君無失其民者也」。①「新理學」在此基礎上有更進步的發揮，強調民主政治以「教育出來獨立自主的人」為其目的，而不把人視為實現某種政治的工具。其「新意」較之西方自然法學派在於突出人的「自己的判斷」的理性，而非普遍的神意理性在人身上被動的反映；較之傳統儒學則在於標舉了「仁義」的社會公共性，為「內聖外王」之學下了民主政治的現代轉語。

而在立法方面，「新理學」則提出了以文化先進性取代地域優劣性和機構權威性的新思想。古今中外的立法解釋，大體上分為兩類：一類是宗教啟示性信仰，一類是法律人類學性的理解。前者有「君權神授」或「天降下民，有物有則」之類的思想，如太陽神授權漢謨拉比立法，羅馬人眼中的日爾曼「蠻族法」，「代天立言」的中國聖王以及古代中國人眼中的「無法無天」的「夷狄」；後者如中國法家韓非和西哲盧梭對法律起源所作的人類學解釋。在馮友蘭看來，東方西方之分，君主專制或民主代議之別，這些都不是問題的關鍵。關鍵的問題在於文化上的先進與落後，只有

① 賈誼：《新書・禮》。

在文化層次上的區分才能最終說明宗教、社會、政治、法律等方面的差異性和優劣性。正是這種文化本位的思想，使他看出了英國在君主專制的情況下是國王怎麼說，內閣就怎樣辦，而在君主立憲的情況下，內閣怎樣做，國王就怎樣說，這是近代民主政治和中世紀君主制在文化上的差異。而聯繫到中國的抗戰，更可以看出立法傳統的文化優劣性：

本來，無論世界哪一處，在舊制度裏，城裏人都是鄉下人的主宰。一切法律，都是城裏人定的，當然都為城裏人方便。猶之乎笑話中說，周公制禮，不是周婆制禮，當然都是為男人方便。本來都是如此。不過在戰爭中這些情形，更為清楚。戰爭真也有它的好處。它能顯出了人的新面目，它能顯出了社會的本質。①

當然，馮友蘭在這裏的用意並不是純粹討論立法的文化問題，而是說文化類型是解釋人類社會的關鍵。中國自鴉片戰爭到抗日戰爭所遭遇到的

① 馮友蘭：《南渡集・從房捐說到土地政策》，《三松堂全集》第五卷，第四五四頁。

困境不僅僅是形式上的西洋人、東洋人欺辱我們，而是城裏人打鄉下人，近代欺負中世紀，解決中國近代的問題不是讓城裏人退化為鄉下人，近代退回到中世紀，而是使鄉下人也變成城裏人，中世紀進步到近代。西方通過近代立法而產生的社會進步給中國社會的啟示應該是自己趕快近代化，而不是像明末清初的儒家王夫之那樣排斥「夷狄」，也不能遵循清末民初儒者康有為那樣的「托古改制」，該走的路是近代社會的主流：民主立憲。

二　中華法系的社會與思想背景

正如西方法系的形成和發展具有希臘哲學、基督教和羅馬法的思想基礎一樣，中華法系的形成和發展也具有儒、道、法三家的思想基礎，其歷史傳統、思想特色和社會功效在「百家爭鳴」的春秋時代就成為社會熱點，以至於之後的政治家、歷史學者和一般的思想家都將這一時期作為中國政治、社會和精神生活的主要背景加以考察。但是，既然是「百家爭鳴」，每家考察和闡述這個時期社會和思想背景的方式和結論就會被打上自己的印記，因此，「新理學」對中華法系所產生和形成的背景，自然也會有自己的分析和論述。

根據馮友蘭在《中國哲學史》中的分析，春秋時代的中國社會是一個三元層級結構，即由管理「百姓」的大夫之「家」、管理眾大夫之「家」的諸侯「國」和管理眾諸侯「國」的周天子的「天下」所構成的「家國天下」世界。中國人習慣將近代民族國家形成之後的世界視為各「國家」的集合，而不是眾「民族」（the united nations）的集合，正是沿用了這種傳統的思維定式。在這樣的「家國天下」的世界裏，維繫人民的社會規範就是「禮」，即具有習慣法性質的「君子協定」。後來道家的人在「禮」的基礎上發展了「無為而治」的自然理性——「道」，儒家的人發展了其中的道德理想——「德」，法家的人則發展了其中的制裁功能——「刑」。正是在這種相互比較發明之中，「新理學」對儒道法三家進行了評述，對於法律思想史或歷史學來說，這種評述自然會表現出「當代新儒家」的學術思想偏好。

道家的思想認為，宇宙萬物包括人類社會的規範都遵從於道，所以從形而上學的觀點看，「道」是「無為」的，而形而下的宇宙萬物因此而獲得了自身的自由——「無所不為」，即自然。法家的人受到道家這種思想的影響，也相信「無為而無所不為」的統一性，只不過是將其約束到「國君」對「百姓」的治理方面；對於自己治理的對象，「國君」的「無為」應體現在其順應「法術」的自然工具功效上，無須考慮這種自然工具功效的倫理性或目的性，類似於西方近代「嚴格的法律實證主義」（strict legal positivism），只承認法律的自然屬性是權威強制性，不承認法律的倫理價值。馮友蘭因此而評論說：

無為是道家的觀念，也是法家的觀念。韓非和法家認為，君主必須具備一種大德，就是順隨無為的過程。他自己應當無為，讓別人替他無不為。韓非說：君主應如「日月所照，四時所行，雲布風動；不以智累心，不以私累己；寄治亂於法術，托是非於賞罰，屬輕重於權衡」（《韓非子・大體》）。換言之，君主具有種種工具和機器，用來進行統治，有了這些，就無為而無不為了。

道家與法家代表中國思想的兩個極端。道家認為，人本來完全是天真的；法家認為，人本來完全是邪惡的。道家主張絕對的個人自由；法家主張絕對的社會控制。可是在無為的觀念上，兩個極端卻遇合了。這就是說，它們在這裏有某些共同之處。①

道家和法家雖然在思想方式上都運用了「無為」的本體論概念，但是由於它們所適用的範圍不同，其「本體」的意義在內涵上實際存在很大差異：道家的「無為」之道是解釋宇宙發生和演變的普遍法則；法家的「無為」之道是一種解釋社會治理的比較效益原則。道家認為「道」的「無為」體現著宇宙普遍的倫理價值，而法家則認為國君的治理之道不應當受到任何倫理價值的干擾，這樣他們治理之「道」的工具才能發揮最大的功效。

在天下大亂的春秋戰國時代，法家的人往往因為鼓吹社會治理的各種技巧而受聘成為各諸侯國中的顧問或者實際的管理官員，他們只關心治理的技術而不問治理所要達到的目的，即只重治理工具的效率而不問治理的價值取向，所以被視為「法術之士」。他們所鼓吹的「這些法術把權力高度集中於國君一人之手。他們鼓吹的這些法術就是愚人也能懂會用。照他

①馮友蘭：《中國哲學簡史》，《三松堂全集》第六卷，河南人民出版社，二〇〇〇，第一四二頁。

們所說，國君根本不需要是聖人或超人。只要忠實地執行他們的法術，哪怕是僅有中人之資也能治國，並且治得很好。還有些『法術之士』更進了一步，將他們的法術理論化，做出理論的表述，於是構成了法家的思想」。①照法家的思想邏輯，只要能夠最大限度地發揮法律的工具效用，國君在政治上必然是「無為」的，即不能設置任何價值前提以限制法律工具效益的極限發揮，其結果必然導致政治上的極權主義。「變法」最充分的秦國，也正好演繹了法家偏於工具主義的思想邏輯，最終成為「暴秦」。

代表法家工具主義的幾個基本概念，如「勢」「法」「術」等，強調的是政治手腕和治理的技巧方法。如果僅僅就其社會治理的工具效能來看，這些概念都是精當的，而且準確地反映出了法律的某些重要內涵，當然不是全部內涵，故此，其與近代西方興起的「法治」（the rule of law）不是完全等同的概念，充其量只能與「法律」中的「權威強制性」相類比。而法家的人正是在這些概念的基礎之上提出「以法治國」的原則，因此，對法家思想提出尖銳批評的儒家思想，就不能簡單地被劃入「人治」（the rule

①馮友蘭：《中國哲學簡史》，《三松堂全集》第六卷，第一三七頁。

of men）的範疇。這一點對於現代人理解先秦與法家爭鳴的儒家思想特別重要。

儒家的人關於社會治理的思想主要見於對法家思想的批評比較之中。他們認為，法家的人對於社會治理的思想偏於「刑」，但這種刑罰雖然能夠在某些情況下威懾人，但不能穩定地規範人們的行為，終而不能收到社會「長治久安」的功效。社會真正有效而持久的治理應該建立在社會成員自身的覺悟之上，即法律必須具備普遍的道德價值才能成為社會規範。春秋戰國之後，秦始皇短暫的成功和秦二世迅速的崩潰，以及漢之後晉律的「禮法合一」和唐律中的「德本刑用」，這些情況無不反映出儒家關於社會治理思想的合理性逐漸被吸收進中華法系之中，成為其重要的價值基礎。

三 理勢平衡：社會變革的依據

傳統儒家的人認為，社會治理必然以「仁德」為體，以「法術」為用，其涵蘊的意義是法家的人「蔽於法而不知賢」。賢是儒家所謂的「聖賢」，即一種人格形式所表達的價值取向；「法」則只是社會治理中一種效能工具。兩相比較，「法術」自然是「蔽於一曲而暗於大理」（《荀子・解蔽》）。馮友蘭認為，從先秦孔子確立儒家思想體系之後，孟子發展了其理想主義，荀子則發揮了其實用主義。理想主義雖然標舉「大丈夫」人格，但畢竟「迂遠而闊於事情」；現實主義則「隆禮重法」，這對法家和漢晉之後的中華法系都產生了重要的影響。至二十世紀，馮友蘭創立「新理學」體系，其對儒家孟荀兩個傳統都有所繼承和創新，不過其重點仍然在於理想主義的「安身立命」方面，而對於現實主義的「經世致用」方面，其討論更多地只是延續儒學傳統的問題：社會變法和治理的道德依據。

在「新理學」的邏輯構造中，屬於形而上學的「理」是形而下的事物的「所以然之故及其當然之則」，這雖然只是對《詩經》中「天生烝民，有物有則」的借題發揮，但是，馮友蘭在解釋其本體的「理」時卻賦予了它現實的關聯性，以便為儒家哲學的「入世」特點提供合理性與合法性，這又反映出儒學「微言大義」的政治情懷。所謂「合理性」是指歷史發展的必然趨勢，所謂「合法性」則是指儒家關於社會革命的道德基礎。這種哲學思想所揭示的「合理性」與「合法性」，有些類似於西方自然法學中的社會「理性」和「公道」，不過在「新理學」中馮友蘭是用「理」「勢」之間的平衡關係來論證的。他說：

每種社會皆有其理。理是本然的，但專就理說，有此理亦不過有此理而已。至於實際上有無此種社會之存在，換言之，實際的社會有無依照此理以成立者，則與理無關，而與勢有關。例如中國現所將變成之新社會，其理是本然的，且事實上已有許多社會依照之而成立。但中國以前未成為此種社會，其所以未成為此種社會，即因其未有如現實所有之一種勢。①

由此可以看出，「理」與「勢」的關係既是人類社會中的倫理價值，也是一種政治哲學：

在一社會內，其分子必遵守其社會所依照之理所規定之基本規律，其行為合乎此者是道德的，反乎此者是不道德的。但各種社會之理所規定之基本規律不同，所以在某一種社會之內是不道德的行為者，在另一種社會之內可以不是不道德的……

①馮友蘭：《新理學》，《三松堂全集》第四卷，河南人民出版社，二〇〇〇，第一二六頁。

某國家或某民族於一時所行之某種社會制度，本亦是因一種勢而有；若其勢既變，則此國家或民族所行之社會制度即不能有。此國家或民族，即到我們於上文所說窮則變之階段。此國家或民族即應因此種新勢而變為另一種之社會。①

在他看來，社會的規範包括政治和法律首先必須正確地反映出歷史的必然性，這就是政治和法律的倫理價值；如同自然界必然遵循客觀的自然規律一樣，社會中的人必然遵循社會規律，但這種規律與自然規律也有相異的地方，即人對於其置身的社會關係的理解和認同，因而具有倫理性質。於是，承認現行的政治制度、遵紀守法就不再成為一個單向度地判斷公民道德的標準，而是將公民的道德與社會的政治和法律的合理性聯繫起來，先為社會的政治和法律提出「因勢順變」的要求，進而伸張了公民的道德權利和社會權利，即社會的政治和法律如果沒有順應歷史變化的趨勢，公民有權不服從，有權進行革命，而且這樣做才是道德的。

①馮友蘭：《新理學》，《三松堂全集》第四卷，第一二九頁。

將「理」「勢」和「道德」聯繫在一起，以說明社會變革的合理性和必然性，是「新理學」體系對傳統儒家的「革命」和法家的「變法」思想在新的歷史環境下的綜合創新，就儒家的傳統說是：

於如此之時，主張革新者，對於勢說，是順；主張保守者，對於勢說，是逆。順勢者我們謂之為順自然。我們於上文說，一理之有實際的例需要一種勢，一種勢之實際的有需要一種大勢。一種大勢即對於一理之有實際的例之一時之整個的實際。實際一稱自然，所以說是順自然。①

就法家傳統看，就如「《商君書》說：『當時而立法，因事而制禮，禮法因時而定，制令各順其宜。』（《更法》）《韓非子》說：『聖人不期修古，不法常可，論世之事，因為之備。』（《五蠹》）此皆說：一種社會制度，合時則是好的；不合時即是壞的。合時即是合勢。」②

①馮友蘭：《新理學》，《三松堂全集》第四卷，第一三〇頁。
②馮友蘭：《新理學》，《三松堂全集》第四卷，第一二九～一三〇頁。

在「新理學」體系裏，儒家的「理勢」平衡與法家的「變法」思想應該是統一的，其統一的標準不是傳統法家所注重的「法術」權威和強制性，而是代表社會發展趨勢的「道理」，並且這種「道理」還表達了「革命」的道德性，這也是自然理性在社會治理中的表現。

與傳統法家提倡社會「變法」一樣，傳統儒家也提倡社會「革命」，不過二者的立場和動機是不同的。法家的人是站在統治者的立場上，以社會有效控制和確立對權威的恐懼為目的；儒家的人是站在形而上學的道德本體的立場上，以個人道德覺悟和道德的社會化為目的，即實現「聖賢人格」和「天下大同」的道德理想。這種不同，按照「新理學」的邏輯，就表現為歷史上法家的主張多數演變成為暴君專制的思想工具，而儒家的主張卻可以論證「湯武革命」的合道德性，即中國式的政治合法性。法家的人以君主為最終的立法者和司法者，其上無形而上學的淵源和道德約束，以法術變通為君主長治久安的工具，絕不可能對君主專制進行社會革命。相反，儒家在傳統上有一種形而上學的道德理想，它既超越於專制君主也超越於其代表的社會制度，所以其道德理想的合法性可以表達為對專制君主的「革命」和社會的「改朝換代」，所謂「湯武革命」和「小康大同」

是也。

為了說明「新理學」理勢平衡的社會變革思想，馮友蘭刻意就儒家傳統的「革命」思想進行了辯證的分析：

所謂革命大概有兩種，一種是對於人者，一種是對於制度者。我們先說對於人之革命。這種革命在中國歷史中，是常見的。在舊日人之心目中，此種革命之代表，即所謂湯武征誅。湯武征誅，與堯舜揖讓，成為兩種「改朝換代」之方法之典型。《易傳》說：「湯武革命，順乎天而應乎人。」這種革命之理論的根據，是孟子所說者。孟子說：「賊仁者謂之賊，賊義者謂之殘；殘賊之人謂之一夫。聞誅一夫紂矣，未聞弒君也。」（《孟子・梁惠王下》）紂不能依照君之理以盡為君之道；是即所謂「君不君」。所謂君不君者，他雖事實上居於君位，但在理論上他已不是君。①

既然在倫理道德標準上看，暴君都失去了「君」的資格，所以根據理

① 馮友蘭：《新理學》，《三松堂全集》第四卷，第一一一頁。

勢平衡的原則，對他進行「征誅」就是合理合法的事了。而對於社會制度上的革命：

與上所述對於人之革命，完全不同。……今只說：如一國家或民族之社會組織，窮而須變，須自一種社會轉入另一種社會，此國家或民族之社會本依照一種社會之理以組織者，即須依照另一種社會之理以組織之。如此則此國家或民族原有之制度中之特為一種社會所有者，即須廢棄，而代以另一種社會制度之特為其種社會所有者。此國家或民族中最先感覺此種改革之必要之人，先著手為此種改革，即成所謂對於制度之革命。因此國家或民族原行之社會制度既窮而必須變，若不變則此國家或民族即與之俱窮。……所以，若非為一國家或民族之存在所必需，一國家或民族不能有對於制度之革命。①

照「新理學」的邏輯看，儒家形而上學的道德本體——理，是超越形

① 馮友蘭：《新理學》，《三松堂全集》第四卷，第一一二～一一三頁。

而下的現實世界中君主和社會制度的最高原則，因而也是其實現革命的根據。所以，無論是孔子提倡的「仁」還是朱熹提倡的「理」都蘊涵有對君主和現存的社會制度進行「征誅」的革命因素；過去人們討論儒家的傳統，多注重其對於「亂臣賊子」的「口誅筆伐」，批評其對於專制君主和舊的社會制度而具有的保守性質。殊不知「理」既然為形而上學的本體，自然有轉向現實社會的「勢」的合法性和必然性，這就明確了「湯武革命」既可以推翻暴君又可以「改朝換代」，以揭示出儒家思想的革命性質。「新理學」在「理勢」平衡的前提下所作的政治發揮，說明儒家的社會治理思想不是君主本位的「人治」，而是社會倫理本位的「德治」，是社會倫理通過「聖賢人格」向社會現實的轉化，在這個轉化過程中，通常被誤以為是「人治」的化身的最高立法和司法者——專制君主在「德治」的倫理標準下自然被降低為「獨夫民賊」，成為「人人得而誅之」的對象。這兩個方面的結合，既反映出儒家「德治」思想對於「君權」的限制，也折射出儒家的政治民權思想。孔子自信「天生德於予」，孟子嚮往「天爵」，百姓以「替天行道」為口號造皇帝的反，在這些語境裏面，體現為儒家所謂「人治」的倫理內涵都具有「天理」的性質，它對於任何世俗權威的超越，就是一種「勢」，而且是「勢不可擋」的。因此，在政治上限制君權和伸張民權就成了儒家「人治」或「德治」思想的題中之義。這本來是先秦儒家思想在政治和社會治理方面的革命性因素，但是在後來西漢董仲舒「天人感應」中被表達成了「屈民而伸君，屈君而伸天」。「屈君而伸天」是儒家「人治」的傳統，而「屈民而伸君」顯然是儒家「人治」的倒退。不過，到了宋儒提倡「存天理，滅人欲」和「新理學」的「理勢」平衡的學理中，「天理」中的「聖賢人格」價值又得到了重申，儒家以倫理標準限制君權，伸張民權，促進社會革命的思想又得到了新的詮釋。

四　德治：限君論與伸民權

將「德治」等同於「人治」，進而將其與西方的「法治」進行比較，以說明儒家德治思想或者中華法系的落後性，這既是近現代學者中常見的一種誤解，也反映出某些中國學者自身學識的局限。對東西方法律進行比較研究的西方學者認為，《「西方」法律的概念》（*On the Concept of "Western" Law*，一九八三）和《專制史：中國危機的根源》（*The Tyranny of History: The Roots of China's Crisis*，一九九二）是這種誤解的典型之作，但這些誤解自身也為西方學術界出現的問題所困擾，《法律東方學》長文的作者正是在這樣的背景下提醒他的西方同行：

我不想實質性地來爭論中國是否存在法律。這樣做並不是因為這樣的爭論沒有意義，而是因為我當前的主要興趣是分析西方在法律觀念上是怎樣給中國進行文化定位的。儘管有些不懈的論證在揭示西方對中國的文化偏見，但是當前「中國無法律」的觀念仍然很流行——不僅西方流行的觀點和政策制定者是這樣，而且那些沒有研究過中國問題的西方法學家以及非法學專業的中國學者自己也這樣想。可是，中國民法的存在在西方卻成了可以被週期性發現和再發現的樣本。這個現實的觀念前提是什麼？為什麼中國民法在西方的語境中一經被發現然後很快又會被忘卻，結果又會等到下一輪的「發現」？①

他的問題同樣給了我們一個提示，儒家的人提出的「人治」和法家的

①「*Legal Orientalism*（《法律東方學》）」, by Teemu Ruskola, *Michigan Law Review*, Vol. 101, No.1（Oct.,2002）p.184.

人提出的「以法治國」與西方學術背景下的「人治」（rule of men）和「法治」（rule of law）是否為同一概念？如果不是同一概念，那麼在兩者之間進行優劣比較，豈不莫名其妙？馮友蘭具有充分的學科上的自知之明，所以在其「新理學」體系裏完全沒有陷入這種時髦的「法治」與「人治」的比較，而是從中國哲學史的背景中來闡述中國哲學家對中國傳統問題的獨到見解。

他認為，在儒家和法家的爭論中，儒家的「人治」是從倫理價值取向看待「理勢」問題，而法家的人則是從「勢」的工具取向看待「法治」問題的。照儒家的邏輯看，沒有價值取向，法律從立法到司法只有工具效用，沒有人的地位和人的理想目標——人的權利和地位是西方民法的精髓，在中國語境中其表現形式正是儒家「德治」思想中的「聖賢人格」；照儒家的判斷，如果法律不分倫理上的「君子」「小人」，只著眼其工具意義上的權威性和強制性，這怎麼能夠成為社會規範呢？這就是「理勢」不統一，執行起來難免有持久的社會效果：

儒家的人批評說：「不可以釋賢而專任勢。」乘雲遊霧也只是龍蛇才可以。若是蚯蚓螞蟻，雖然有雲霧牠們也是不能乘的。古來的暴君像桀紂那樣的，都用天子之威以為他們雲霧，然而天下大亂。有勢的人不一定都是好的，好人用它，天下就治，壞人用它，天下就亂。天下的人總是好的少壞的多，用勢以亂天下的人多，用勢以治天下的人少。所以釋賢而專任勢，那是與壞人有利的。慎到一派的人回答說：我們所說的重勢是對於中人說的。中人上不及堯、舜，而下亦不為桀、紂。這樣的人能夠「抱法處勢」天下就治；背法去勢，天下就亂。這種中人最多，所以如果不講法不講勢而專等著堯、舜這種聖人來治天下，這就是亂世多，而治世少。①

「新理學」在這裏區別了中國儒法思想傳統的兩個主要方面，儒家強調法律體系中立法的目的，因而以「聖賢人格」為立法的價值取向，形式上表達為儒學語境中的「人治」，這一點法家的人誤將其等同於司法過程中的「堯舜」聖人，殊不知儒家講的「堯舜」都只是一種「人格理念」，

① 馮友蘭：《中國哲學史新編（第二冊）》，《三松堂全集》第八卷，河南人民出版社，二〇〇〇，第六三五頁。

其理念可與西方柏拉圖所謂的「哲學家—王」（Philosopher-King）相互發明，所啟發和要表明的是以代表理世界的「哲學家」作為經驗世界中的「王」的價值取向。立法如果沒有價值取向，則司法中的法條完全可能蛻化成「助紂為虐」的工具，如中國的「仁義不施」的「暴秦」，美國奴役黑人的《抓捕逃亡奴隸法令》（*The Fugitive Slave Act*，一八五〇），德國法西斯的消滅猶太人的《紐倫堡法》（*Nürnberger Gesetze*，一九三五）此類的「惡法」。所以，照儒家的邏輯講，「釋賢而專任勢」則必然導致「惡法亦法」。

在歷史上的儒法爭論中，關於「人治」和「法治」，兩家自然多是「己是而人非」，所以在形式上看，一直沒有分出勝負。但是，實際上在漢律、晉律和唐律的理論中，儒法互補的成分已經相當濃厚了。因此，作為融通哲學史和哲學體系的「新理學」對此進行了獨具特色的分析和總括：

> 儒家主張，治理百姓應當以禮以德，不應當以法以刑。他們堅持傳統的治道，卻不認識當初實行此道的環境已經變了。在這個方面，儒家是保守的。在另一方面，儒家同時又是革命的，在他們的觀念裏反映了時代的變化。傳統上

只按出身、財產劃分的階級區別，儒家不再堅持了。當然，孔子、孟子還繼續講君子與小人的區別。但是在他們看來，這種區別在於個人的道德水平，沒有必要根據原來的階級差別了。

……在早期的中國封建社會中，以禮治貴族，以刑治平民。所以，儒家要求不僅治貴族以禮，而且治平民也應當以禮而不以刑，這實際上是要求以更高的行為標準用之於平民。在這個意義上，儒家是革命的。

在法家的思想裏，也沒有階級的區別。在法律和君主面前人人平等。可是，法家不是把平民的行為標準提高到用禮的水平，而是把貴族的行為標準降低到用刑的水平，以至於將禮拋棄，只靠賞罰，一視同仁。①

這樣的總結，自然是從立法的價值層面突出了儒家道德理想的革命性，而在司法的工具層面批評了法家的實用主義，暗示其將人視為法律適用的被動對象，實際是將人與法律同時工具化了，法律缺乏人文價值關懷，最終將有損於社會的治理。近代西方法律實證主義的理論演變也證明了這一

①馮友蘭：《中國哲學簡史》，《三松堂全集》第六卷，第一四四頁。

點：在奧斯丁的「主權者——國民」（sovereign-subject model）法律模型中，國民成了集立法司法於一身的「主權者」的「聽命」工具，而使用工具的「主權者」自然超越於法律之上，這樣就不可能實現社會公平的治理，所以哈特認為必須用「社會治理」（social rule）這個概念取代奧斯丁的「模型」才能恢復「主權者」與「國民」的平等地位，以社會治理的目的消解「主權者」的「發號施令」（commands），實現正義的社會價值。反觀中國語境中的「人治」「法治」問題，通過馮友蘭在其「新理學」體系中所作的解釋，我們可以得出這樣的結論：「法律面前人人平等」必須以法律的社會正義目的為前提，不能單向度地局限在司法過程中，而是貫穿於立法和司法的統一過程。同樣，法律的正義目的也不能只局限在立法層面，還應落實到司法過程中，只有這樣，儒家「人治」理想中的「聖賢人格」才能轉化成為法治社會中的公民權利和義務。所以，儒家「人治」中的「聖賢人格」實際是從超越的價值取向方面對當權者提出了道德要求，這也是一種倫理限制；同時，由於倫理限制具有普遍的社會規範性，它又間接地張揚了百姓的社會權利，即具有儒家倫理色彩的「民權」，儒家的人說「途之人可以為禹」，「滿街都是聖人」，但卻很少用這樣的全稱命題去描述實際的當權者，其法理奧秘正在於此。中國秦漢之後的社會體制能夠相對穩定地維繫兩千多年，正是這種儒法互補思想在社會治理方面的歷史表現，法律專業的研究者才能有所謂「德禮為本，刑罰為用」之學理判斷；否則只將中華法系解釋為與西方「法治」相對立的「人治」，就很難說明其與中華兩千多年的超穩定延續政體之間的關係了。

「新理學」作為一種通釋今古、融會中西的新哲學體系，在以「入世」的儒學立場解釋儒法關係時作了一些獨具特色的「借題發揮」。這一點與當今學術界對於中華法系的全面客觀的研究以及西方自然法學和法律實證主義之間的辯證關係聯繫起來，更容易看得清楚些。其重要的學術思想價值大體可以歸結為三點：第一，「新理學」賦予了傳統儒家的「道之以德，齊之以禮」更高的政治價值，啟示我們認識儒家傳統有自己獨特的立法倫理目的，這也是秦漢後中華法系援禮入法的思想前提。第二，通過儒道法三家核心概念在哲學史中的比較發明，「新理學」澄清了傳統儒家的「人治」概念是一種「理勢」平衡的倫理權利觀，它不僅在實質上限制了君主的權力，而且在人格意識上伸張了百姓的權利，形成了一種與西方的「上帝面前人人平等」相對應的「聖賢人格面前君民平等」的儒家倫理取向的「民權」觀。第三，「新理學」將傳統法儒思想中「政刑」與「德禮」核心觀念進行比較並以之解釋儒家「有恥且格」的「人治」思想，這恰好可以警示我們從「互補」的角度而不是從「對立」的角度去理解中華法系和西方法系的精髓。「人治」在「政刑」與「德禮」組成的中華法系裏標明的是一種「恥格」的公民價值取向，其對應的是西方法系「三要素」中的「公道」。所以，儒家的「人治」與西方的「法治」不在一個同序的邏輯層面，真正可以與儒家的「人治」作邏輯比較的是西方「法治」中的「公道」，而這兩者在性質上恰好是互補的。西方的實體法在其解釋和適用的過程中具有明顯的「事後而保障民權」的特徵，是司馬遷所謂「法施已然之後」者，而儒家「人治」的價值取向則為立法和司法確立了「禮禁未然之前」①的倫理方向，因此，儒法互補而形成的中華法系與西方法系相比則具有明顯的「防患於未然」的特徵。在東西方法系的這兩種特徵之下，邏輯上還蘊涵了各自需要補充的因素：在西方法系特別是實體法中需要補充

①《史記・太史公自序》。

的因素是自然法學一貫堅持的「正義」價值觀；在中華法系特別是「德禮之治」（rule of moral law）中則有必要補充行之有效的刑罰工具，是孟子所意識到的「徒善不足以為政」者。基於這樣的認識，我們可以說儒家「人治」理想既可以與西方自然法學的「正義」觀相互發明，又可以補充其法律實證主義的偏失。而在中華法系當代的繼承和創新使命中，儒家法律思想中那些具有持久生命力及其由百家思想洗禮而成的理性精神也自然能夠在新的時代得到發揚光大。

（原文刊載於《文化中國（中文版）》二〇〇九年第一期）

馮友蘭是如何看待邏輯的

——憶與馮友蘭先生學術交往的二三事

陳曉平*

一 邏輯是哲學家的「手指頭」

在馮友蘭先生晚年，我有幸與他老人家有過三次學術交往。我們交往的基礎是一個共同的學術志趣或理念，即：以邏輯分析的方法探討哲學問題。這也就是通常所說的分析哲學。

一說起分析哲學的始創階段，人們就會想到維也納學派，也會想到英國的羅素、維特根斯坦等人，好像與中國學界無緣。其實，分析哲學在中國早有傳人，其中影響最大的當屬馮友蘭和金岳霖。①馮友蘭在《三松堂自

* 陳曉平，華南師範大學哲學所所長，教授，博士生導師。

序》中談到他同金岳霖的學術交往：在抗日戰爭時期的西南聯大，「當我在南嶽寫《新理學》的時候，金岳霖也在寫他的一部哲學著作。我們的主要觀點有些是相同的。不過他不是接著程、朱理學講的。我是舊瓶裝新酒，他是新瓶裝新酒。……我們兩個人互相看稿子，也互相影響。他對我的影響在邏輯分析方面；我對他的影響，如果有的話，可能在於『發思古之幽情』方面。他把他的書題名為《論道》。別人問他為什麼用這個題名，他說『道字有中國味』」。②看來，金岳霖最終同馮友蘭一樣，也是舊瓶裝新酒：其舊瓶就是中國哲學的術語，新酒就是分析哲學的內容。換言之，馮友蘭和金岳霖都試圖運用分析哲學的方法來改造和重建中國哲學，這就是他們二人的共同之處。

談到二人之間的區別，馮友蘭引用金岳霖的話說：「我們兩個人互有短長。他的長處是能把很簡單的事情說得很複雜；我的長處是能把很複雜

①當然，洪謙作為維也納學派成員的學生也是分析哲學在中國的傳人，但其學術成就和影響比起馮友蘭和金岳霖來就遜色一些了。

②馮友蘭：《三松堂全集》第一卷，河南人民出版社，一九八五，第二三五～二三六頁。

的事情說得很簡單。」①此話不假，我們讀他們兩人的書就可知道，觀點接近，但風格迴異。這兩位當代中國哲學家相互促進、取長補短，早在二十世紀三〇年代，共同開創了中國分析哲學的先河。用現在時髦的話說，他們的哲學是與世界哲學接軌的，並且具有中國特色。

關於邏輯學與哲學、西方哲學與中國哲學之間的關係，馮友蘭這樣談道：「重要的是這個方法，不是西方哲學的現成的結論。中國有個故事，說是有個人遇見一位神仙，神仙問他需要什麼東西。他說他需要金子。神仙用手指頭點了幾塊石頭，石頭立即變成金子。神仙叫他拿去，但是他不拿。神仙問：『你還要什麼呢？』他答道：『我要你的手指頭。』邏輯分析法就是西方哲學家的手指頭，中國人要的是手指頭。」②

一言以蔽之：邏輯是哲學研究的最重要的方法，也是中國哲學最需要向西方哲學學習和吸取的東西。

由於馮友蘭先生十分看重邏輯對哲學的作用，所以，當我寫信指出他

①馮友蘭：《三松堂全集》第一卷，第二三六頁。
②馮友蘭：《中國哲學簡史》，涂又光譯，北京大學出版社，一九八五，第三七八～三七九頁。

的某些論證存有邏輯問題的時候，立即引起他的重視。對此，馮友蘭先生的高足、《三松堂全集》的總編纂涂又光先生有所見證。涂先生在為拙著《面對道德衝突》的序言中寫道：「我與陳君相識，蓋謹遵馮友蘭先生吩咐。馮先生於一九八九年八月給我的信中提到，武漢大學陳曉平同志對新理學論文中『有山是山，必有山之所以為山者』的提法質疑，此提法是有問題，已函告他，說你在華中理工大學，請他找你討論，望接談。不久又在來信中提到此事。」①

記得二十多年前我所讀的馮先生的第一部著作是《中國哲學簡史》。②此書不僅闡述中國哲學史，而且闡述馮先生自己對哲學及其方法的主張。全書高屋建瓴，言簡意賅，清晰透徹，令我頓開茅塞，讚歎不已。例如，書中對無所不包的「宇宙」亦即「大全」這個哲學概念作了這樣的邏輯分析：

> 由於宇宙是一切存在的全體，所以一個人思及宇宙時，他是在反思地思，因為這個思和思的人也一定都包括在這個全體之內。但是當他思及這個全體，

①陳曉平：《面對道德衝突》，「序言」，中央編譯出版社，二〇〇二。
②涂又光根據一九四八年英文版譯，北京大學出版社一九八五年出版。

這個全體就在他的思之內而不包括這思的本身。因為它是思的對象，所以與思相對而立。所以他思及的全體，實際上並不是一切存在的全體。可是他仍需思及全體，才能認識到全體不可思。人需要思，才能知道不可思者；正如有時候人需要聲音才能知道靜默。人必須思及不可思者，可是剛一要這麼做，它就立即溜掉了。這正是哲學的最迷人而又最腦（惱）人的地方。①

由於「宇宙」或「大全」既可思而又不可思，既可言說而又不可言說，所以，對它的研究就既需要「正方法」又需要「負方法」。馮先生所說的「正方法」就是對哲學用邏輯分析的方法清楚地說些什麼，所謂「負方法」就是在此分析之後保持沉默，通過體悟達到哲學的彼岸。這就是馮先生所倡導的「始於正方法而終於負方法」，也是他對中西方傳統哲學方法的高度提煉。對此，馮先生談道：

> 在中國哲學史中，正的方法從未得到充分發展；事實上，對它太忽視了。

①參閱馮友蘭《中國哲學簡史》，第三八八頁。

因此，中國哲學歷來缺乏清晰的思想，這也是中國哲學以單純為特色的原因之一。由於缺乏清晰思想，其單純性也就是非常素樸的。單純性本身是值得發揚的；但是它的素樸性必須通過清晰思想的作用加以克服。清晰思想不是哲學的目的，但是它是每個哲學家需要的不可缺少的訓練。它確實是中國哲學家所需要的。另一方面，在西方哲學史中從未見到充分發展的負的方法。只有兩者相結合才能產生未來的哲學。①

馮先生提倡中國人學習西方哲學，但主要不是學習它的現成結論，而是學習其中的邏輯分析的方法；借助於邏輯分析方法來整理、改造中國的傳統哲學，使之清晰化和系統化。馮先生本人就是沿著這一途徑發展的。在其第一部哲學專著《新理學》（一九三九）中，他力圖用邏輯分析的方法建立一個純形式的形而上學體系，用以把中國哲學最重要的概念有機地包含進去。

然而，用文字寫出的哲學只是用正方法來研究哲學，並不是哲學的全

① 馮友蘭：《中國哲學簡史》，第三九四～三九五頁。

部。只有在讀完文字哲學之後還能夠超越它，那才是真正讀懂了哲學。其超越部分需要用負方法即體驗或頓悟，也就是維特根斯坦所說的「顯示」。我們不禁想起維特根斯坦在《邏輯哲學論》中的一句名言：「凡可說的說清楚，說不清楚的保持沉默。」或許馮友蘭關於正方法和負方法的結論在一定程度上受到維特根斯坦這一思想的影響。正是在這一點上，馮友蘭與維特根斯坦可以說是「心有靈犀」，致使連維也納學派的成員都難以交往的維特根斯坦居然同馮友蘭交談了一個下午。馮友蘭回憶說：

> 我想起一九三三年我在英國，到劍橋大學去講演，碰見了維特根斯坦。他請我到他住的地方去吃下午茶，頗覺意味相投。當時沒有談什麼專門問題，但是談得很投機。我覺得他也是對不可思議、不可言說的問題有興趣。不過維也納學派把哲學當成一種語言或科學方法論的問題，而我則認為他講的是哲學。為要說明這個意思，就寫了一點東西。①

①參閱馮友蘭《三松堂全集》第一卷，第二五四頁。

這是馮友蘭創立「新理學」的動機之一。

順便提及，如果說馮友蘭、金岳霖和洪謙這三位中國分析哲學的先驅之間有何區別的話，那就是前兩位試圖以分析哲學的精神和方法重建中國哲學，而後者只是在中國傳播西方的分析哲學，甚至只限於傳播維也納學派；換言之，前兩位的學說是中國的分析哲學，後者的學說是在中國的西方分析哲學。

二　與馮友蘭先生的學術交往

我對馮友蘭的純形式的形而上學體系頗感興趣，但由於當時手邊沒有《新理學》，便仔細閱讀他的一篇論文《新理學在哲學中之地位及其方法》。①

馮先生的形而上學包含四組命題，分別關於「理」「氣」「道體」和「大全」這四個中國哲學的重要概念。第一組核心命題是：有某種事物，涵蘊有某種事物之所以為某種事物者。簡言之，有某物必有某物之理。馮

① 馮友蘭：《三松堂學術文集》，北京大學出版社，一九八四，第五〇三～五六八頁。

先生認為，這個命題可以從一個純形式的邏輯命題「如果甲，則甲」套出來，因而它也是一個純形式的命題。按此說法，「有某種事物」與「有某種事物之所以為某種事物者」是相同的概念，故可用同一個符號「甲」來表示。但是馮先生又說，「有某種事物」之有的意義，比「有某種事物之所以為某種事物者」之有的意義要多：前者是實際的有，是於時空存在者；後者是真際的有，是雖不實在於時空，而亦不能說無者。按此說法，「有某種事物」與「有某種事物之所以為某種事物者」不是相同的概念，故不能從「如果甲，則甲」套出來。於是，我給馮先生寫信，指出他的這兩種說法之間的不協調性。此信是一九八九年六月十三日寫的，馮先生於八月十六日給我回信，其中談道：「你所提的問題很好。我的那篇文章的提法，確實有問題。『某種事物』和『所以為某種事物者』的意義並不相等。其間的關係，是一個名的外延和內涵的關係。一個名，有外延，必有內涵；有內涵不必有外延。所以，可以從其有外延推知其有內涵。我對於這個問題的說法，詳載《新原道》第十章和《新知言》第六章。」

馮先生在信中還提議我與《三松堂全集》的總編纂涂又光先生聯繫。涂先生看了馮先生給我的回信覺得頗有新意，經他推薦，連同我的信一道發表在《中州學刊》一九九〇年第四期上。我按照馮先生的指點，仔細閱讀他的《新原道》和《新知言》，並且產生了一些新的看法。

馮先生在《新知言》第六章中，把「有某種事物，必有某種事物之所以為某種事物者」中的「有某種事物」改為「某種事物為某種事物」。在我看來，這並不僅僅是技術上的改進，而是其形而上學的出發點的改進。因為「有某種事物」斷定了某種事物的存在，因而對於實際有所斷定；而「某種事物為某種事物」卻沒有斷定某種事物的存在；後者實際上就是形式邏輯中的同一律「甲是甲」，其真實性與甲的存在與否是無關的。如果我們把可以言說的語言世界稱為「真際」，把既可說而又不可說的世界稱為「道際」，那麼馮先生修改後的形而上學體系就不是他所說的從實際出發，而是從真際出發；相應地，不是他所說的從實際推出真際，而是從真際推出道際。我的這一看法更符合馮先生對形而上學的一般要求，即：於實際不作斷定，要「空靈」而不要「拖泥帶水」。

然而，馮先生自己卻似乎只把這一改進看作技術上的，而未看作是出發點上的，因此他仍然沿用以前的說法，即「形而上學的工作，是對於經驗，作形式底釋義」。這就是說，形而上學的出發點仍然是經驗的實際，而非超經驗的真際。我不同意馮先生的這一提法，儘管我贊同他對其形而上學體系所作的改進。於是，我第二次寫信給馮先生，談了以上看法以及對其形而上學體系的進一步改進。此信寫於一九九〇年七月十八日。十幾天之後，收到馮先生的回信。信中說他的腦力突然衰退，不能作深入的思考；建議我發表那些看法，不要有所顧慮。四個月之後，即一九九〇年十一月二十六日，便從北京傳來馮先生逝世的噩耗。一方面，我為中國失去一位真正的哲學家而深感悲哀和惋惜；另一方面，作為對先生的紀念，我盡快將信中的看法整理成文，以「關於馮友蘭先生的形上學體系的出發點及其改進」為題發表於《中州學刊》一九九一年第一期。

我與馮先生的這兩次通信，在《馮友蘭先生年譜初編》①中均有記載。從該年譜中還可看到，馮先生是在臨終前五個月才寫完《中國哲學史新編》的最後一冊即第七冊的。那時他已有九十五歲高齡，並且雙目失明，病魔纏身，多次經歷病危搶救。我真想像不出馮先生是怎樣完成那部數百萬字

①蔡仲德著《馮友蘭先生年譜初編》，河南人民出版社，一九九四，第七二七、七四一、七六二頁。

的巨著的。聽曾在馮先生身邊工作過的涂又光先生講，馮先生的每一部著作的每一個標點符號都是他自己的，助手只起記錄的作用。我為馮先生這種驚人的毅力、能力和敬業精神欽佩不已。

以上談了我與馮先生的兩次通信，在此之前，我還與馮先生進行過一次短暫的面談，那是一九八六年十一月前後的事情。那年我讀了馮先生的《中國哲學簡史》和《三松堂學術文集》以後，對馮先生的敬佩之情油然而生，決定利用到北京出差的機會去拜訪馮先生。拜訪的目的有二：一是為了請教學術上的問題，另一（或許更主要）是為親眼看看這位大哲學家的風範。

在一個略帶寒意但天氣晴朗的下午，我沒有事先預約就冒昧地踏進景仰已久的三松堂的院子，心裏多少有些忐忑不安。院內無人，十分靜謐。我在蒼勁蔥郁的三棵松下停留片刻，一面試圖體味其中的奧妙，一面思忖是否敲門進屋。正在這時，一位姑娘推著自行車進來。①她禮貌地問我找誰，我說找馮友蘭先生。她爽快地說：「跟我來吧！」她把我帶進客廳，

①後來從馮友蘭的女兒、著名作家宗璞那裏知道，這女孩是她的女兒，馮友蘭的外孫女。

然後聽到她在走廊上大聲說：「爺爺，有客人！」不一會兒，她回來說：「爺爺請你到他書房去。」當我走進馮先生的書房時，一位中年人正在收拾桌上的書稿；看來他們正在工作，卻被我的到訪打斷了。我心頭掠過一絲歉意。這時，九十一歲高齡的馮先生正坐在藤椅上，身著布衣，體態微胖，長鬚飄逸，面帶微笑，雖然老態龍鍾，卻看上去很有精神。馮先生主動地同我握手，我覺得他的手軟綿綿的，心情立刻鬆弛下來。

我坐下後便開門見山地向馮先生提出問題。我問道：「在什麼意義上說，『有某物，必有某物之所以為某物者』是一邏輯命題，是否在因果關係的意義上，即把後者看作前者的原因？」那時我已想好了，如果馮先生的回答是肯定的，我便有充分的理由給予反駁。然而，馮先生回答說：「不，後者是前者的規定。」對此，我有些茫然，於是，指著眼前的書桌繼續問道：「這張桌子怎樣邏輯地蘊涵其規定呢？」馮先生回答說：「如果沒有其規定，你就不能說『這張桌子』，而只能說『這個』『那個』，一旦你說出『這張桌子』，桌子的規定性就在其中了。」聽到這裏，我恍然大悟。我隱隱地覺得，馮先生的形而上學與語言行為密切相關，這為我日後進一步研究他的理論打下基礎。

馮先生在回答問題的時候，話說得很慢，顯得有些吃力，但是他的思維卻異常地敏銳。我的問題已經得到解答，而且我也親眼目睹馮先生的尊容，親耳聆聽馮先生的教導。我的主要目的都達到了，不好意思再耽擱他老人家的時間，於是，我起身告辭。馮先生始終面帶笑容，再次同我握手。當我走出屋子的時候，不禁停下腳步，再次抬頭仰望院中的那三棵松樹。看上去，它們歷盡滄桑而又充滿生機。

在我研讀馮先生的「新理學」的過程中，一開始便注意其邏輯上的問題，這也正是馮先生自己始終關注的問題。馮先生在其臨終前寫完的最後一冊書即《中國哲學史新編》第七冊中，①坦率地指出自己的「新理學」的理論矛盾，即一方面說理是不存在而有，另一方面又說理是一種潛存；「其根本的失誤，在於沒有分別清楚『有』與『存在』的區別」。②從中我們再次看到馮先生嚴謹治學的風格和分析哲學的精神。

事實上，「存在」（existence）和「有」（being）的區別問題也是現代

①由於某種政治上的原因，此書當時未能在大陸出版，而以《現代中國哲學史》於一九九二年在香港單獨出版。

②馮友蘭：《現代中國哲學史》，香港，中華書局，一九九二，第二三二頁。

西方分析哲學家們熱烈爭論的問題之一。不過，在筆者看來，馮先生的新理學的理論矛盾的根源主要不在於未對「存在」與「有」作出區分，而在於沒有把真際定位到語言上去。這使得馮先生談到真際時只能用一些比較含混的語詞，如「雖不實在於時空，而亦不能說無者」或「不存在而有」。反之，如果把真際定位到語言上去，我們便可以說，真際不是外在於語言的世界，而是語言世界本身；相應地，真際中的事物不存在於時空中，而只存在於語意中。語意中的事物與實際中的事物沒有必然聯繫，因此，從邏輯上講，真際並不「潛存」於實際，而它又是存在著的，即存在於語言世界之中。這樣，馮先生的新理學的理論矛盾便從原則上得到消解。這些想法本應寫給馮先生，以求教正，但可惜那時他已經去世了。

筆者認為，馮友蘭的形而上學包含著語言學的轉向，這種轉向是他試圖建立一種純形式的形而上學體系的目標所注定了的。如果說當他最初以「有某種事物」為其形而上學的出發點時，此轉向尚不明顯，那麼當他為克服其理論矛盾，將出發點改為「某種事物為某種事物」時，其語言學轉向便昭然若揭了。前面已經提到，馮先生的形而上學並不像他自己所說，是從實際推出真際，而是從真際推出道際。事實上，筆者對馮先生的形而上學所作的這一評論與馮先生對其形而上學的另一些看法是相符的。如馮先生多次談到，在「理」「氣」「道體」和「大全」這四個觀念中，只有「理」是可思或可說的，其餘三個都是不可思或不可說的。馮先生的新理學是從理談起，然後談及氣、道體和大全，而理世界就是筆者所說的真際，氣、道體和大全這些既可說而又不可說的觀念就是筆者所說的道際。令人遺憾的是，儘管馮先生明確地看到理與其餘三個觀念的重大區別，但卻沒有把它們在範疇上加以區分，而是把它們放進同一個範疇即真際。這一理論缺陷的根源在於，馮先生沒有把真際定位到語言上，這便使得道際無從談起。不過，馮先生畢竟看到了理與其餘三個觀念之間的重大區別，並且是通過細緻的邏輯分析指出這一點的。這正是從清晰處說起而後達到不可說處；用馮先生的話講，就是始於正方法而終於負方法。

眾所周知，馮友蘭把人生的最高境界叫作「天地境界」。在同馮先生的交往中，我覺得馮先生堪稱天地境界的人。用他女兒、著名作家宗璞的話說，馮先生具有仙風道骨。一九九〇年末，就在國內學術界準備為馮先生舉辦九十五歲誕辰紀念大會的前一個星期，馮先生安然去世了。他似乎在告訴人們，給他祝壽這類事情並不重要，重要的是他的最後一本巨著《中國哲學史新編》剛好完成，因而可以安息了。馮先生的生命與事業同在，與社會同在，與自然同在。涂又光先生在悼文中用張載的話總結馮友蘭的一生：「存，吾順事；歿，吾寧矣。」應該說，這個評價是恰如其分的。

（原文刊載於《哲學分析》二〇一〇年第四期）

「李約瑟問題」與「馮友蘭問題」

陳曉平

一　引言

九十多年前（一九二一），二十六歲的馮友蘭作為美國哥倫比亞大學哲學系的博士生（師從杜威先生），在系會上宣讀了一篇文章，題為「為什麼中國沒有科學？——對中國哲學的歷史及其後果的一種解釋」（以下省略副標題），此文於次年正式發表於美國的《國際倫理學雜誌》。①重讀

①Fung Yu-Lan:"Why China Has no Science—An Interpretation of the History and Concequences of Chinese Philosophy," in *International Journal of Ethics*, Vol. 32, No. 3（一九二二）, pp. 237-263. 後來收入*Selected Philosophy Writings of Fung Yu-Lan*，外文出版社，一九九一，第五七一～五九五頁。其中譯文收入馮友蘭著《三松堂學術文集》，北京大學出版社，一九八四，第二三～四二頁。

此文，其論證的深刻性和系統性仍然令筆者受益良多，讚歎不已。這篇文章所提出和回答的問題使人不禁想起聞名遐邇的「李約瑟問題」（Needham Problem）。該問題是由著名的英國科學家和科學史學家李約瑟（Joseph Needham）在其一九五四年出版的英文著作《中國科學技術史》（*Science and Civilisation in China*，直譯為《中國的科學與文明》）第一卷中正式表述的，以後又不斷地重申這一問題。

「李約瑟問題」正式提出以後，在國內和國際上引起熱烈的討論。不過大量資料表明，類似的問題和討論早已出現，無論在國內還是在國際上。可以說，李約瑟不過是以中國科技史的西方專家這一獨特身分重提這一問題，使這一問題更為引人注目。關於該問題早已有之的一個最好例證是，愛因斯坦在李約瑟正式表述此問題之前就討論了此問題，並給出他自己的解答，而李約瑟後來得知後給予反駁。另一個有力的例證是，李約瑟正式提出此問題的著作《中國科學技術史》的參考資料中包括馮友蘭的《中國哲學史》，而馮友蘭在這本書中包含了他在《為什麼中國沒有科學？》中所表達的觀點。有資料表明，李約瑟讀過馮友蘭這篇文章並持有不同看法，而這正是他最初思考「李約瑟問題」的誘因之一。①當然，不容否認的是，李約瑟對這一問題賦予一定的新的涵義。其新在哪裏，是對還是錯？「李約瑟問題」和先前的類似問題之間是何關係？這是本文首先要討論的問題。

本文將在一定意義上保留所謂的「李約瑟問題」，並比較任鴻雋、愛因斯坦、馮友蘭和李約瑟本人對此問題的理解和解答，特別是對馮友蘭的解答給予關注。筆者注意到，國內已有學者關注馮友蘭與「李約瑟問題」之間的關係。例如，范岱年先生早在一九九七年就談道：「韋伯（Max Weber，一八六四～一九二〇）是知識社會學和文化比較研究的先驅，他一生致力於探討世界諸主要民族的文化精神氣質與民族的社會經濟發展之間的內在聯繫。他認為新教倫理的理性主義精神對資本主義和近代科學的產生和發展起著重大的作用，因此對近代科學的起源問題作出了不同於李約瑟的解答。……而一九二三年馮友蘭的論文的思路倒是和韋伯一致的。」②

筆者以為，范岱年先生把「李約瑟問題」與韋伯和馮友蘭的進路聯繫

①參閱王錢國忠編《李約瑟畫傳》，貴州人民出版社，一九九九，第六〇、七三頁。

②見范岱年《關於中國近代科學落後原因的討論》，載於劉鈍、王楊宗編《中國科學與科學革命：李約瑟問題及其相關問題研究論著選》，遼寧教育出版社，二〇〇二，第六三九頁。此文原載於《二十一世紀》（香港）一九九七年十二月號。

起來並加以比較，可以說是獨具慧眼，言簡意賅。韋伯把近代科學在西方出現的根本原因歸結為新教倫理的理性主義精神，而馮友蘭則把近代科學沒有發生在中國的原因歸結為中國傳統哲學中缺少理性主義的精神，確切地說，缺少邏輯推理的思維方法，並且馮友蘭還進一步解釋了為什麼中國人缺少邏輯理性的深層原因。本文將對馮友蘭的有關理論給以簡要的評介。

二 「任鴻雋問題」與「李約瑟問題」

根據范岱年先生的研究，①類似於「李約瑟問題」的問題早在五四前後就被中國的學者明確地提出並加以系統地討論了。中國近代科學的先驅、中國科學社的創始人任鴻雋（一八八六～一九六一）在一九一五年《科學》雜誌的創刊號上發表了題為《說中國之無科學的原因》一文，他對「為什麼中國沒有科學」這一問題的回答是：「吾國之無科學，第一非天之降才爾殊，第二非社會限制獨酷。一言蔽之曰，未得科學之研究方法而已。」②

①詳見范岱年《關於中國近代科學落後原因的討論》，劉鈍、王楊宗編《中國科學與科學革命：李約瑟問題及其相關問題研究論著選》，第六二五～六四三頁。

②任鴻雋：《說中國之無科學的原因》，劉鈍、王楊宗編《中國科學與科學革命：李約瑟問題及其相關問題研究論著選》，第三二頁。

何為科學方法，對此，任鴻雋答說：「一曰演繹法（deductive method），一曰歸納法（inductive method）。二者之於科學也，如車之有兩輪，如鳥之有兩翼，失其一則無為用也。」①

我們知道，演繹推理和歸納推理是邏輯學的兩大分支，因此，任鴻雋對中國無科學之原因的回答可以歸結為「無邏輯」或「邏輯太弱」。任鴻雋在論述中更為強調歸納法，可能是因為歸納法在近代科學中起著尤為突出的作用。此外，任鴻雋注意到「科學」一詞的歧義性，因而在文章伊始便加以澄清。他說道：

> 科學者，知識而有系統者之大名。就廣義言之，凡知識者分別部居，以類相從，井然獨繹一事物者，皆得謂之科學。自狹義言之，則知識之關於某一現象，其推理重實驗，其察物有條貫，而又能分別關聯，抽取其大例者，謂之科學。是故歷史、美術、文學、哲理、神學之屬非科學也，而天文、物理、生

①任鴻雋：《說中國之無科學的原因》，劉鈍、王楊宗編《中國科學與科學革命：李約瑟問題及其相關問題研究論著選》，第三二～三三頁。

> 理、心理之屬為科學。今世普通之所謂科學，狹義之科學也。特此以與吾國古來之學術相較，而科學之有無可得而言。①

在這裏，任鴻雋把科學分為「廣義的」和「狹義的」。凡是具有分門別類的特徵的知識均屬廣義的科學，但是，只有那些「推理重實驗」「察物有條貫」亦即由演繹推理和歸納推理組織起來的有系統的知識才屬於狹義的科學。任鴻雋說「中國無科學」只是就狹義科學而言的。

筆者以為，任鴻雋關於「廣義科學」和「狹義科學」的區分是非常重要的，儘管對於「廣義科學」的定義失之過寬，但對「狹義科學」的定義基本是正確的，事實上，他與牛頓、愛因斯坦等人對科學的理解是吻合的。以下將表明，包括李約瑟在內的許多學者在討論「李約瑟問題」的時候有意無意地將廣義科學和狹義科學混淆起來，從而使得相關爭論長期陷於「剪不斷，理還亂」的困難局面。

①任鴻雋：《說中國之無科學的原因》，劉鈍、王楊宗編《中國科學與科學革命：李約瑟問題及其相關問題研究論著選》，第三一頁。

李約瑟在其一九五四年出版的《中國科學技術史》第一卷的序言中是這樣表述「李約瑟問題」的：

中國的科學為什麼持續停留在經驗階段，並且只有原始型的或中古型的理論？如果事情確實是這樣，那麼在科學技術發明的許多重要方面，中國人又怎樣成功地走在那些創造出著名「希臘奇蹟」的傳奇式人物的前面，和擁有古代西方世界全部文化財富的阿拉伯人並駕齊驅，並在三世紀到十三世紀之間保持一個西方所望塵莫及的科學知識水平？中國在理論和幾何學方法體系方面所存在的弱點為什麼並沒有妨礙各種科學發現和技術發明？中國的這些發明和發現往往遠遠超過同時代的歐洲，特別是在十五世紀之前更是如此。歐洲在十六世紀以後就誕生了近代科學，這種科學已經被證明是形成近代世界秩序的基本因素之一，而中國文明卻未能在亞洲產生與此相似的近代科學，其阻礙因素是什麼？①

①〔英〕李約瑟：《中國科學技術史》第一卷，科學出版社、上海古籍出版社，一九九〇，第一～二頁。該書最早由英國劍橋大學出版社於一九五四年出版。

簡言之，李約瑟的問題是：為什麼科學技術在古代中國領先於西方，但在近代中國卻落後於西方呢？請注意，李約瑟這裏所說的「科學」不是任鴻雋所說的「狹義科學」，而接近於「廣義科學」，因為他把原始型的或中古型的理論或技術都叫作「科學」。不過，當李約瑟把古代中國的原始型的或中古型的理論或技術看作科學的時候並沒有忘記它們「在理論和幾何學方法體系方面所存在的弱點」，而這一弱點恰恰是任鴻雋不把它們看作「狹義科學」的原因。由此看來，只要把「科學」這個術語界定清楚，「李約瑟問題」是可以同「任鴻雋問題」即「為什麼中國沒有（狹義的）科學？」相容的。然而，李約瑟卻對「任鴻雋問題」大為不滿，他的這種不滿是在馮友蘭和愛因斯坦提出類似問題之後明確表達出來的。這表明，李約瑟把「狹義科學」和「廣義科學」在一定程度上混為一談了。

三 「李約瑟問題」辨析

七年之後，李約瑟在題為《中國科學傳統的貧困與成就》①的演講中，

①此係李約瑟在一九六一年七月在英國牛津大學舉行的科學史討論會上所作的報告，中譯文見王錢國忠編《李約瑟文錄》，浙江文藝出版社，二〇〇四，第一一四～一五一頁。

以有所不同的方式對「李約瑟問題」作了如下表述：

為什麼近代科學——對關於自然的假說的數學化，並具有著對於當代技術的全部推論——只是在伽利略時代悠然出於西方呢？這是一個最明顯不過的問題了，許多人已經提出過這個問題，而做出回答者卻寥寥無幾。然而還有著另一個重要性與此不相上下的問題。為什麼從西元前二世紀到西元十五世紀期間東方亞洲的文化在把人類關於自然的知識應用於有用的目的方面遠比歐洲的西方更卓有成效呢？①

我們注意到，李約瑟在這裏已經將其原先的問題弱化了，表現在三個方面。第一，他對近代科學和古代技術作出明確的區分，把後者與科學在一定程度上剝離開來，僅僅稱之為「關於自然的知識」。第二，給出近代科學和古代技術的區別特徵，即前者是對關於自然的假說的數學化和對應用技術的推論，而後者是直接應用於有用目的的經驗性知識。前兩點意味

①〔英〕李約瑟：《中國科學傳統的貧困與成就》，王錢國忠編《李約瑟文錄》，第一一四頁。

著，第三，這兩個問題是相對獨立的，既然二者是關於兩個不同對象的：一個是問基於數學和推論的近代科學為什麼出現於西方而未出現於東方（特別是中國），另一個是問基於實用目的和直接經驗的應用技術為什麼在古代東方（特別是中國）領先於西方。當把原先的「李約瑟問題」加以如此解析之後，其思路更為清晰了，不過其震撼力卻隨之減弱了。

前面談到，任鴻雋已經區分了「狹義科學」和「廣義科學」，其區別在於知識是否建立於歸納推理和演繹推理的邏輯方法之上；若是，則屬狹義科學，亦即近代科學；若不必是，則屬於廣義科學，廣義科學包括近代科學和一切分門別類的知識。不難看出，這一劃分大致對應於李約瑟關於近代科學和古代技術的區分，李約瑟所說的近代科學的特徵即假設的數學化和對技術的推論分別相當於演繹推理和歸納推理。相應地，「李約瑟問題」可以用兩種並行不悖的方式加以表述，即：

表述一：就廣義科學而言，為什麼古代中國的科學領先於西方，但近代科學卻沒有產生於中國而是產生於西方？

表述二：就狹義科學而言，為什麼古代中國的技術領先於西方，但科學卻沒有產生於中國而是產生於西方？

在以上區分「廣義科學」和「狹義科學」的基礎上，「李約瑟問題」的這兩種表述是相互等價的。二者都由前後兩個部分構成，並且這兩個部分是關於不同對象的。與之不同，《中國科學技術史》中所表述的「李約瑟問題」卻使人感到古代中國和近代中國所涉及的是同一個對象即科學。於是，一個尖銳的問題出現了：這同一個科學為什麼在古代中國和在近代中國的差別如此之大？這樣理解的「李約瑟問題」確實是一個謎，而且是一個無解之謎，因為它近乎一個邏輯矛盾，即：甲既是A又不是A。我們不妨把這樣理解的「李約瑟問題」叫作「強李約瑟問題」，而「強李約瑟問題」不僅是無解的，甚至是無意義的。

前面指出，在《中國科學傳統的貧困與成就》中所表述的「李約瑟問題」是弱化了的，因為它使前後兩部分涉及不同的對象，即古代中國處於先進地位的是技術，而近代中國處於落後地位的是科學，把這兩部分放到一起幾乎沒有什麼不可思議的，至少沒有大的理解上的困難。這樣表述的「李約瑟問題」是從兩個並行不悖的事實中引申出來的，因而可以分解為兩個問題，即：⑴為什麼古代中國的技術領先於西方？⑵為什麼近代科學沒有產生於中國而是產生於西方？這第二個問題正是「任鴻雋問題」，它是基於一個大家都公認的事實提出來的，即追問近代科學沒有產生於中國而是產生於西方這個事實得以出現的原因。與之不同，第一個問題所賴以產生的那個事實——即古代中國在技術上領先於西方——在李約瑟之前並沒有得到公認，至少其公認的程度是不高的，正是通過李約瑟的卓越工作才使之逐漸得到高度的公認。在筆者看來，李約瑟的主要功績就在這裏。相應地，由此事實引申出來的問題，即「為什麼古代中國在技術上能夠領先於西方？」才是名副其實的「李約瑟問題」。為了同上述無解的「強李約瑟問題」相區別，我們不妨稱之為「弱李約瑟問題」。把上述第一個問題和第二個問題結合起來就構成一個複合問題，我們不妨稱之為「任鴻雋——李約瑟問題」。由於「任鴻雋問題」和「弱李約瑟問題」都是有意義的，所以，「任鴻雋——李約瑟問題」也是有意義的。

須指出，李約瑟本人並沒有明確地將強的和弱的兩個不同的「李約瑟問題」區別開來，而是處於一種若分若合的狀態。事實上，他在《中國科學傳統的貧困與成就》一文中，儘管開始時以不同於以前的方式來表述「李約瑟問題」，然而他在隨後的一些論述中又把古代技術與近代科學融合起來，統稱為「科學」。這樣一來，李約瑟就不知不覺地回到「強李約瑟問題」上。可以說，李約瑟始終在強的和弱的兩種不同的「李約瑟問題」之間搖擺不定，其結果是在愛因斯坦和馮友蘭以自己的方式提出或解答相關問題的時候，李約瑟對之持以批評的態度。

四 「任鴻雋——李約瑟問題」的特殊意義

愛因斯坦曾經談道：「一切理論的崇高目標，就在於使這些不能簡化的元素盡可能簡單，並且在數目上盡可能少，同時不至於放棄對任何經驗內容的適當表示。」①不妨把這兩條原則稱為「邏輯簡單性原則」和「經驗豐富性原則」。邏輯簡單性原則是對應於一個科學理論系統的演繹推理而言的，即要求用以推演的公理或基本概念盡可能地少。經驗豐富性原則是對應於一個科學理論系統的歸納推理而言的，即要求該理論經受經驗驗證的內容盡可能地多，而經驗驗證的過程屬於歸納推理的過程。對於一個科學理論系統而言，其基於演繹推理的邏輯簡單性往往體現於它的數學化，其基於歸納推理的經驗豐富性往往體現於它所經受的實驗檢驗；因此，數

①許良英、范岱年編譯《愛因斯坦文集》第一卷，商務印書館，一九七六，第三一四頁。

學化和實驗性成為科學理論的兩個基本特徵。

由此看來，當年任鴻雋把經由演繹法和歸納法建立或組織的系統性知識作為狹義科學的區別特徵是正確的，他據此回答了「為什麼中國沒有科學？」的問題，其答案就是中國沒有應用演繹法和歸納法的邏輯傳統。我們在前面雖然消解了「強李約瑟問題」，但卻保留了「弱李約瑟問題」，進而提出「任鴻雋——李約瑟問題」。從表面上看，這後一問題是「任鴻雋問題」和「弱李約瑟問題」的簡單組合，並不比分別表述這兩個問題增加什麼含義，其實並不盡然。前面談到，在區分「狹義科學」和「廣義科學」的基礎上可以用兩種等價的方式表述「任鴻雋——李約瑟問題」。其中一種是：「就廣義科學而言，為什麼古代中國的科學領先於西方，但近代科學卻沒有產生於中國而是產生於西方？」

在這個表述中，「弱李約瑟問題」是前一半，「任鴻雋問題」是後一半，並且這兩個問題所涉及的對象都包含「科學」這個詞，這樣，這兩個問題就不再是完全彼此獨立的了。須強調，這裏的「科學」是廣義的。按照任鴻雋的定義，凡分門別類的知識都屬於廣義科學，只有那些經由演繹法和歸納法組建的知識系統才屬於狹義科學。筆者基本接受這個「狹義科學」的定義，但要對這個「廣義科學」的定義加以修正，即把「分門別類的知識」改為「包含公共經驗技術的知識」。通過這個修正，我們可以把那些與公共經驗技術無關的學科排除在廣義科學之外，如哲學、宗教等，但把服務於實用目的的經驗技術包含於廣義科學，如古代中國的四大發明。這樣，古代中國的技術和近代科學同屬廣義科學，進而使得古代中國技術領先而近代科學落後成為一個值得探討的問題，而不是完全無意義的。

一個顯而易見的事實是，現代科學的實驗方法包含著對實驗機制的設計和操作的技術，這使得現代科學與經驗技術密切地關聯起來，其中包括古代中國發明的技術。正如陳方正指出的：「實驗科學背後的原動力，最少有相當部分是極可能也和東方傳來的禮物亦即『技術性』外部因素有關，那就是火藥和火炮的廣泛應用。毫無疑問，它大大地刺激了彈道學和拋物體研究。」①這時問題便出現了：為什麼古代中國發明的火藥、指南針、印刷術等未能刺激中國的彈道學等現代科學的研究？這就是一個具體的「任鴻雋——李約瑟問題」，其意義是顯而易見的。對此，陳方正和余英時的

①陳方正：《繼承與叛逆——現代科學為何出現於西方》，三聯書店，二〇〇九，第六一八頁。

回答應該是：古代中國缺乏系統的數學思維的傳統，儘管他們沒有明確地這樣說。任鴻雋的回答應該是：古代中國缺乏邏輯思維的傳統，包括體現於數學的演繹邏輯和體現於實驗的歸納邏輯。相比之下，後一種回答更為準確和全面。無獨有偶，愛因斯坦和馮友蘭也給出類似的回答。

需要指出，李約瑟有時也從「強李約瑟問題」合理地退到「任鴻雋——李約瑟問題」上來。例如，他曾談道：「對於泛希臘主義者力求保留歐洲的獨一無二地位的企圖來說，最大障礙就是希臘人實際上不是實驗家這個事實。受控實驗肯定是文藝復興時期科學革命的最重要的方法論發現，但尚未有人令人信服地證明在此之前有某個西方民族就已完全理解了這種實驗。我也並不是要聲稱這項榮譽屬於中古時代的中國人，但他們在理論上相當接近於這一點，而在實踐上則往往走在歐洲成就的前頭。」①

在這裏，李約瑟指出兩個值得注意的地方。其一，古代西方科學和近代西方科學的區別特徵是實驗方法，具體地說是可控實驗。其二，把古代中國的先進技術與近代科學的實驗方法聯繫起來。在筆者看來，李約瑟此

①〔英〕李約瑟：《中國科學傳統的貧困與成就》，王錢國忠編《李約瑟文錄》，第一四九頁。

時提出的問題已經不是「強李約瑟問題」，而是包含了「弱李約瑟問題」的「任鴻雋——李約瑟問題」。

美國學者托比·胡佛（Toby E. Huff）在評論「李約瑟問題」時也間接地談到這一點。他說：「技術本身和科學之間是否存在一種內在聯繫，假使確實存在的話，那麼為什麼中國領先的技術沒有催生出近代科學，反而在十六世紀後開始停滯不前呢？」①看來，「任鴻雋——李約瑟問題」實際上被廣泛地關注著，包括主張完全消解「李約瑟問題」的陳方正在內。

五　愛因斯坦命題與「李約瑟問題」

愛因斯坦在一九五三年給美國的一位學者斯威策（J. S. Switzer）的信中這樣寫道：「西方科學的發展是以兩個偉大的成就為基礎：希臘哲學家發明形式邏輯體系（在歐幾里得幾何中），以及（在文藝復興時期）發現通過系統的實驗可能找出因果關係。在我看來，中國的賢哲沒有走上這兩

①〔美〕托比·胡佛：《近代科學為什麼誕生在西方》，周程、于霞譯，北京大學出版社，二〇一〇，第三三頁。

步，那是用不著驚奇的。作出這些發現是令人驚奇的。」①

譯者許良英先生特別指出：「最後一句所說的『這些發現』，顯然是指開頭所說的西方科學兩大成就：發明形式邏輯體系（古希臘）；發現通過系統實驗可能找出因果關係（文藝復興時期）。」②筆者接受這種解釋，並對最後一句在修辭上（不是在意思上）略作修改為：「令人驚奇的是這些發現畢竟都被做出來了。」③

愛因斯坦這封信傳達了三層意思。其一，科學發展是以其特有的方法

① 〔美〕愛因斯坦：《走近愛因斯坦》，許良英、王瑞智譯，遼寧教育出版社，二〇〇五，第一八七頁。這是經過許良英先生修訂過的，此信的中譯文原載於許良英、范岱年編譯《愛因斯坦文集》第一卷，第五七四頁。

② 許良英：《關於愛因斯坦致斯威策信的翻譯問題——兼答何凱文君》，《自然辯證法通訊》二〇〇五年第五期，第一〇〇頁。

③ 這封信的原文是："Development of Western science is based on two great achievements: the invention of the formal logical system（in Euclidean geometry）by the Greek philosophers, and the discovery of the possibility to find out causal relationships by systematic experiment（during the Renaissance）. In my opinion, one has not to be astonished that the Chinese sages have not made these steps. The astonishing thing is that these discoveries were made at all."（Quoted in Alice Calaprice, *The Quotable Einstein* , 1996, p.180.）

為基礎的，此方法可以歸結為兩個方面，即：一是體現於古希臘《幾何原本》中的形式邏輯即演繹邏輯，二是應用於文藝復興時期探求因果關係的實驗方法即歸納邏輯。這與本文在前面所說的科學的兩個基本特徵即數學化和實驗性是一致的。其二，這兩個方法論發現沒有產生於中國而是產生於西方。其三，中國人沒有做出這兩個發現不足為奇，而西方人做出這兩個發現倒是令人驚奇的。以上第一點和第二點是陳述了兩個客觀事實，只有第三點表達一種主觀態度，即：用於數學的演繹邏輯和用於實驗的歸納邏輯的發現是令人驚奇的，正因為此，中國人沒有發現它們是不足為奇的。

愛因斯坦的這種主觀態度蘊涵著兩個更深的問題，即：⑴為什麼西方人可以發現這兩種令人驚奇的方法？⑵為什麼中國人發現不了它們？表面上看，愛因斯坦的問題只包含前一個而不包含後一個，因為他對中國人沒有發現這兩種方法並不感到奇怪。但是，這兩個問題是密切相關的，由第一個問題必然會引出第二個問題。對此我們只需對愛因斯坦的那封信略作引申便可看出。

愛因斯坦關於上述第二點和第三點的說法可以換一種方式來表述，即：中國人沒有發現那兩種邏輯方法是很自然的，而西方人畢竟發現了那兩種方法倒是不自然的。現在的問題是：為什麼中國人順從自然而未發現這兩種方法，而西方人對抗自然卻發現了這兩種方法？就筆者所知，馮友蘭先生在其《為什麼中國沒有科學？》的文章中正是深入到這個層面來探討問題的，並給出一種富有啟發性的答案。這個問題已經超出「任鴻雋——李約瑟問題」，加之提出的時間早於「李約瑟問題」，不妨稱之為「馮友蘭——愛因斯坦問題」。下一節我們將進一步討論之。

至此我們可以看出，愛因斯坦的問題實際上包含了前面所說的「任鴻雋——李約瑟問題」，並且對之加以深化。然而，一個耐人尋味的歷史事實是，當李約瑟看到愛因斯坦這封信之後給以強烈的反駁。他說：「非常遺憾，這封蕭伯納式的書信及其一切輕率筆觸現在卻被硬用來幫助貶低非歐文明的科學成就。愛因斯坦本人本來應該是第一個承認他對於中國的、梵語的和阿拉伯的文化的科學發展（除了對於它們並沒有發展出近代科學這一點外）幾乎是毫無所知的，因而在這個法庭上，他的崇高名聲不應該被提出來作為證人。我覺得，我自己是完全不能同意所有這些評價的，並有必要簡單說明這是為什麼。」①

① 〔英〕李約瑟：《中國科學傳統的貧困與成就》，王錢國忠編《李約瑟文錄》，第一四三頁。

儘管李約瑟的口氣有些激烈，但從上下文來看，他對愛因斯坦的爭論是學術性的，因為整個文章都是用已有的或他所發現的資料或證據來論證他的觀點，即中國有科學並且比西方還要早。不過，需要指出，李約瑟在同愛因斯坦的爭論中不知不覺地把「廣義科學」和「狹義科學」混為一談了。他所要論證的「中國早已有科學」是從「廣義科學」方面講的，即凡包含公共技術的知識都屬於科學。但是，愛因斯坦所說的「中國沒有科學」是從「狹義科學」方面講的，即經由演繹邏輯和歸納邏輯組建起來的知識體系。因此可以說，儘管李約瑟對中國擁有廣義科學給出頗具說服力的論證，但卻構不成對愛因斯坦的「中國沒有（狹義）科學」之命題的反駁。

愛因斯坦的這一命題其實也是馮友蘭的命題。正因為此，類似的情況也發生在李約瑟和馮友蘭之間。余英時先生回憶說：「一九七五年，我和他（李約瑟——引者注）在香港中文大學有過一次對談，至今記憶猶新。我提到馮友蘭早年那篇《為什麼中國沒有科學？》的英文文章，他立即說：『馮的問題根本便提錯了，中國缺少的不是科學，而是現代科學。』」①然

① 陳方正：《繼承與叛逆——現代科學為何出現於西方》，余英時序，第Ⅷ頁。

而，馮友蘭的問題並不錯，因為他所說的「科學」就是基於邏輯方法的現代科學，只是李約瑟誤解了他，正如李約瑟誤解愛因斯坦一樣。

還須指出，愛因斯坦對中西科學比較的關心是獨立於所謂的「李約瑟問題」的，因為愛因斯坦的那封信是在「李約瑟問題」正式提出的前一年發出的。事實上，自五四運動以後，中國沒有科學已經成為一個常識，「為什麼中國沒有科學？」已是中國知識份子經常討論的一個題目。對此，許良英先生的以下回憶是一個印證。

「所謂『李約瑟難題』，即中國為什麼沒有產生近代科學，這個問題我在大學三年級（一九四二）時就組織同學討論過，並已得到解決。那時李約瑟還未到過中國，也還沒有這個『難題』的影子。一九四四～一九四六年間，浙大兩位教授陳立、錢寶琮和校長竺可楨相繼發表了討論這個問題的專門論文。」①

許良英提到的這幾位學者在一九四四～一九四六年間對「為什麼中國

①許良英：《關於愛因斯坦致斯威策信的翻譯問題——兼答何凱文君》，《自然辯證法通訊》二〇〇五年第五期，第一〇一頁。

沒有科學？」的討論都與任鴻雋創立的中國科學社和《科學》雜誌有關，包括李約瑟本人在這期間發表的有關文章也是刊登在《科學》雜誌上的。①可見，與其把這個問題冠以「李約瑟」的名字，不如冠以「任鴻雋」的名字。

愛因斯坦對相關問題的關注，可以肯定地說，他不是受到「李約瑟問題」的影響。至於愛因斯坦是否受到「任鴻雋問題」的影響，我們也可以肯定地說，他沒有直接受其影響，因為他不懂中文。然而，我們不能排除這樣的可能性，愛因斯坦在某種程度上受到馮友蘭的影響。這不僅因為愛因斯坦的觀點與馮友蘭的觀點在精神實質上是一致的，而且因為馮友蘭提出問題的那篇英文文章早在二十世紀二〇年代初就發表了，其《中國哲學史》上卷和下卷的英譯本分別發表於二十世紀三〇年代和五〇年代初，其用英文撰寫的《中國哲學簡史》發表於二十世紀四〇年代，這後兩本書至少在愛因斯坦發表上述觀點的時候還是唯一用英文表述的中國哲學史著作，

① 參閱范岱年《關於中國近代科學落後原因的討論》，劉鈍、王楊宗編《中國科學與科學革命：李約瑟問題及其相關問題研究論著選》，第六二五～六四三頁。

直到今天仍然是西方國家學習和研究中國哲學的主要教材或參考書。

事實上，李約瑟本人曾經受到馮友蘭上述著作的影響，「李約瑟問題」在一定意義上早已包含在「馮友蘭問題」之中。我想，這也許是馮友蘭未曾關注「李約瑟問題」的原因之一吧。下面我們進一步考察馮友蘭與「李約瑟問題」的關係。

六　馮友蘭對問題的解答

哲學是文化的核心，對中西科學的比較最終會導致對中西哲學的比較。因此，李約瑟與馮友蘭關於中國有無現代科學的分歧最終歸結為中國有無現代哲學的分歧。事實上，馮友蘭對於「為什麼中國沒有科學？」的回答是著眼於哲學層面的，因而顯得比較徹底。

李約瑟曾對馮友蘭的《中國哲學史》評論說：「馮著第二卷中關於新儒家的某些論述特別給人以白玉微瑕的感覺。在我看來，我們絕不可以說中國哲學直到二十世紀初還沒有走出中世紀。事實上，朱熹和其他新儒固然是十一世紀、十二世紀的哲學家，但為了同當時的佛教宇宙觀相對抗，他們與道家共同闡發的有機自然主義已極具現代氣息，其與現代科學的宇宙觀的合拍之處，比馮友蘭認識到的要多得多。」①

我們看到，李約瑟和馮友蘭的分歧從中國有沒有科學的問題上升到中國有沒有現代哲學的問題。的確，在馮友蘭看來直到二十世紀初中國還沒有現代哲學，對此李約瑟明確表示反對。筆者認為，這裏同樣有一個澄清概念的問題，即何為「現代哲學」。在李約瑟看來，只要中國哲學中具有較多的與現代科學合拍的觀點就可稱為「現代哲學」。然而，馮友蘭不是這樣看的，而是把哲學研究的方法看作現代哲學和古代哲學的分水嶺。具體地說，現代哲學必須使用邏輯分析的方法，儘管邏輯分析的方法不是全部。馮友蘭承認並引以為豪的是中國先哲們在其觀點上的深邃性，同時指出其最大的不足就是沒有使用邏輯分析的方法而使之具有系統性。

馮友蘭把西方現代哲學中特有的邏輯方法比作點石成金的手指頭。他說：「重要的是這個方法，不是西方哲學的現成的結論。中國有個故事，說是有個人遇見一位神仙，神仙問他需要什麼東西。他說他需要金子。神

①〔英〕李約瑟：《評馮友蘭的中國哲學史》，王錢國忠編《李約瑟文獻五〇年》下冊，貴州人民出版社，一九九九，第四七六頁。此文最初發表於英文雜誌 *Science and Society*, Vol. XIX, No. 3,1955, pp. 268-272.

仙用手指頭點了幾塊石頭，石頭立即變成金子。神仙叫他拿去，但是他不拿。神仙問：『你還要什麼呢？』他答道：『我要你的手指頭。』邏輯分析法就是西方哲學家的手指頭，中國人要的是手指頭。」①

由此可見，李約瑟通過指出中國宋明理學和道家的有機自然觀與現代科學比較合拍，以此來反駁馮友蘭否認它們是現代哲學的論證是不成立的，正如他用古代中國擁有廣義科學來反駁愛因斯坦關於古代中國沒有狹義科學的論證。對於馮友蘭的上述說法真正需要追問的是：為什麼中國哲學缺少邏輯分析的方法？這個問題與「為什麼中國沒有科學？」是一脈相承的，也是愛因斯坦命題中所蘊涵的問題。

我們在前一節將愛因斯坦的問題重新表述為：為什麼中國人順從自然而未發現演繹邏輯和歸納邏輯，而西方人對抗自然卻發現了這兩種方法？對於這個問題，馮友蘭先生在其《為什麼中國沒有科學？》以及其後的哲學論著中給出相當清晰的回答。其與眾不同之處在於，把思維方法的傾向性歸結為追求幸福的傾向性，又把追求幸福的不同傾向歸結為不同的生存

①馮友蘭：《中國哲學簡史》，涂又光譯，北京大學出版社，一九八五，第三七八～三七九頁。

環境。

馮友蘭在《為什麼中國沒有科學？》中指出，在中國（周朝末年）的哲學中有三派：道家是自然派，是向內心世界追求幸福的；墨家是人為派，是向外部世界追求幸福的；儒家是中間派，不過，以孔子和孟子為代表的正統儒家傾向於自然派，因而傾向於向內追求幸福。這三派之間的激烈論戰是以墨家的失敗而告終的，致使向內尋求幸福的自然派在中國思想史上長期占據統治地位。這就是中國長期沒有科學的主要原因，也就是中國人順從自然而沒有發現邏輯方法的原因。

馮友蘭談道：「如果中國人遵循墨子的善即有用的思想，或是遵循荀子的制天而不順天的思想，那就很可能早就產生了科學。……中國思想中這條『人為』路線，不幸被它的對手戰勝了，也或許是一件幸事。如果善的觀念，並不包括理智的確實性和征服外界的力量，科學有什麼用呢？」①

馮友蘭在回答了「為什麼中國沒有科學？」的問題之後，緊接著回答

①馮友蘭：《為什麼中國沒有科學？——對中國哲學的歷史及其後果的一種解釋》，《三松堂學術文集》，北京大學出版社，一九八四，第四一頁。

「為什麼西方擁有科學？」他談道：「無論歐洲人是向天上還是在人間尋求善和幸福，他們的一切哲學全都屬於我所說的『人為』路線。……現代歐洲繼承了這種認識外界和證實外界的精神，不過把上帝換成『自然』，把創世換成機械，如此而已。……他們首先力求認識它，對它熟悉了以後，就力求征服它。所以他們注定了要有科學，既為了確實性，又為了力量。」①這樣，他便回答了「為什麼西方人對抗自然卻發現了邏輯方法」的問題。

接下來的問題是：為什麼中國人和西方人在追求幸福的傾向上會有這麼大的差別？對此，馮友蘭的回答是他們生存的地理環境是不同的：一個是大陸國家，以農業為主；另一個是海洋國家，以商業為主。經濟基礎的不同又決定了二者在思維方式上的不同。他後來在《中國哲學簡史》中這樣論述：

> 農所要對付的，例如田地和莊稼，一切都是他們直接領悟的。他們純樸而

①馮友蘭：《為什麼中國沒有科學？——對中國哲學的歷史及其後果的一種解釋》，《三松堂學術文集》，第四一～四二頁。

天真，珍貴他們如此直接領悟的東西。這就難怪他們的哲學家也一樣，以對於事物的直接領悟作為他們哲學的出發點了。這一點也可以解釋，為什麼在中國哲學裏，知識論從來沒有發展起來。①

希臘人生活在海洋國家，靠商業維持其繁榮。他們根本上是商人。商人要打交道的首先是用於商業賬目的抽象數字，然後才是具體東西，只有通過這些數字才能直接掌握這些具體東西。這樣的數字，就是諾思羅普（Filmer S. C. Northrop）所謂的用假設得到的概念。於是希臘哲學家也照樣以這種用假設得到的概念為其出發點。他們發展了數學和數理推理。為什麼他們有知識論問題，為什麼他們的語言如此明晰，原因就在此。②

至此，馮友蘭便回答了為什麼中國人和西方人在認識論或思維方式上有如此大的差別，即一個長於直觀或直覺，另一長於邏輯或數學；進而回答了為什麼中國沒有科學而西方擁有科學的問題。不過，馮友蘭並未到此

①馮友蘭：《中國哲學簡史》，第三二頁。
②馮友蘭：《中國哲學簡史》，第三三頁。

為止，而是進一步探詢中西文化在未來的發展中應當是一種什麼關係。他在《為什麼中國沒有科學？》的末尾談道：「西方是向外的，東方是向內的；西方強調我們有什麼，東方強調我們是什麼。如何調和這二者，使人類身心都能幸福，這個問題目前難以解答。」不過他緊接著預測道：「如果人類將來日益聰明，想到他們需要內心的和平和幸福，它們就會轉過來注意中國的智慧，而且必有所得。」①

如果說在那篇文章中馮友蘭只是提出這個問題，那麼在他以後所建立的「新理學」哲學體系中便對此有了一個明確的回答，並且進一步深入到方法論的中西結合問題上。

馮友蘭把借助邏輯清楚地談論形而上學的對象是什麼叫作「正方法」，而說它不是什麼甚至不說它則是「負方法」。他說：「在中國哲學史中，正的方法從未得到充分發展；事實上，對它太忽視了。因此，中國哲學歷來缺乏清晰的思想，這也是中國哲學以單純為特色的原因之一。……另一

①馮友蘭：《為什麼中國沒有科學？——對中國哲學的歷史及其後果的一種解釋》，《三松堂學術文集》，第四二頁。

方面，在西方哲學中從未見到充分發展的負的方法。只有兩者相結合才能產生未來的哲學。」①

既不妄自尊大，又不妄自菲薄，這是馮友蘭一貫的態度。筆者對此極為認同。哲學尚且如此，科學何嘗不是？事實上，李約瑟已經從馮友蘭的書中讀出某些真義。

李約瑟說道：「如果認真推敲馮著的字字句句及字裏行間的話，中國人的永恆哲學從來不是機械論和神學，而是有機論和辯證法。」②他問道：「在現代科學技術得到普遍應用和被全世界普遍接受之時，是何種思想伴之而行呢？」他相信是有機自然主義，「西方的有機自然主義之花曾得到中國哲學的直接滋潤」。而且「馮友蘭和布德（馮友蘭《中國哲學史》的英譯者——引者注）的工作加快了對中國哲學的再評價及東西方相互理解的進程」。③

李約瑟不僅把馮友蘭的《中國哲學史》作為主要參考書之一，還對之

①馮友蘭：《中國哲學簡史》，第三九四～三九五頁。
②李約瑟：《評馮友蘭的中國哲學史》，《李約瑟文獻五〇年》下冊，第四七七頁。
③李約瑟：《評馮友蘭的中國哲學史》，《李約瑟文獻五〇年》下冊，第四七九頁。

作了高度的評價：「馮著是當今中國哲學史研究中最為博大精深的作品，必將長期受到西方世界的重視。儘管本書的研究方法只是諸多方法之一種，採用的材料也大多為其他中國思想史家所經常採用，但在眾多的中國學者和西方漢學家中，馮著的確堪稱翹楚之作。」①

七　結論

綜上所述，我們對於「李約瑟問題」不應一概而論，而應加以分析，把不同層次、不同意義的問題從中分解出來，然後分別對待之。對於「強李約瑟問題」筆者主張將其消解掉。②對於「弱李約瑟問題」和「任鴻雋問題」則應加以保留。特別是在「廣義科學」的意義上把這後兩個問題結合起來而形成「任鴻雋——李約瑟問題」，這對於我們進行中西文化比較是非常必要的。事實上，凡是關於中西文化比較的深刻討論都不可避免地把

①李約瑟：《評馮友蘭的中國哲學史》，《李約瑟文獻五〇年》下冊，第四七五頁。

②陳方正在其著作《繼承與叛逆——現代科學為何出現於西方》（三聯書店，二〇〇九年）也主張將「李約瑟問題」消解掉，但他沒有對「李約瑟問題」加以強和弱的區分，因而是對「李約瑟問題」的徹底取消。

「任鴻雋——李約瑟問題」作為焦點之一，儘管這個術語並未出現。曾記否，開啟中國現代化征程的五四運動不就是打著「民主與科學」的旗號嗎？

可以說，回答「任鴻雋——李約瑟問題」已經成為五四前後中國知識份子的當務之急。事實上，任鴻雋等人在一九一五年創辦《科學》雜誌就是五四運動的先聲，他在其創刊號上提出並回答的問題「為什麼中國沒有科學？」也可看作五四運動的「先問」。在五四運動兩年之後，年輕的馮友蘭便在世界最高學府的講壇上再次提出並回答了「為什麼中國沒有科學？」並且將這一問題賦予更深刻的內涵，對它的討論和回答貫穿於他以後的全部哲學思考和哲學活動之中。因為這一問題是中西文化比較的焦點之一，而進行中西文化比較則是馮友蘭始終不渝地為之獻身的學術事業。

馮友蘭對「為什麼中國沒有科學？」的提問和解答比任鴻雋更為深刻，因為後者對此問題的回答只限於認識論或方法論層面，而前者的論述不僅包含認識論或方法論，而且直達順從自然和對抗自然的基本人生傾向，進而達到地理環境論。筆者以為，馮友蘭的這一進路是深刻的和徹底的。為說明這一點，我們需要對圍繞有關問題的「外史論」和「內史論」的關係略作分析。

簡單地說，外史論著重於從一個民族的社會、經濟、地理環境等外部因素綜合地回答問題，而內史論則著重於從一個民族的精神文化傳統方面回答問題。一個與此有關的問題是「為什麼資本主義產生於歐洲而不是中國？」對此，馬克斯・韋伯在其《新教倫理和資本主義精神》《中國的宗教：儒教和道教》等著作給出內史論的解答，相比之下，馬克思的歷史唯物主義是外史論的解答。對於「任鴻雋——李約瑟問題」，任鴻雋和馮友蘭等人的回答主要是內史論的，而李約瑟和他以後的大多數中國學者的回答則主要是外史論的。①

在筆者看來，外史論的最大問題是不徹底。以李約瑟的回答為例，他把中國為何沒有產生近代科學的原因主要地歸結為中國長期存在的封建官僚制度。那麼人們不禁會問：為什麼中國長期存在封建官僚制度？對此，李約瑟則語焉不詳。②與之不同，馮友蘭首先把中國沒有產生近代科學的原因歸結為中國人缺乏邏輯思維的傳統。為什麼中國人缺乏邏輯思維的傳統？

①參閱劉鈍、王楊宗編《中國科學與科學革命：李約瑟問題及其相關問題研究論著選》，尤其是其中范岱年先生的文章《關於中國近代科學落後原因的討論》。

其回答是：中國人主要是順從自然因而向內心世界尋求幸福的，而不是對抗自然因而向外部世界尋求幸福的；相應地，中國人的思維優勢在於直觀的內省，其目的在於修身養性，而不是以理解外部世界進而征服外部世界為目的的邏輯思維。為什麼中國人主要是向內心世界尋求幸福而不是向外部世界尋求幸福？其回答是：中國的地理環境是大陸性的，長期以來主要以農業為經濟主體：農民主要與大自然打交道，培養了一種與大自然融為一體的精神需求，而這種精神需求只有在內心世界裏可以實現；與此同時，建立了一種適合於農業生產的家族制度及其倫理即儒家倫理。與此相反，根源於古希臘的西方文化最終是由其海洋性地理環境決定的。

我們看到，馮友蘭對「為什麼中國沒有科學？」的回答最終落到中國人的地理環境即大陸國家。筆者以為這是合理的，但這卻不是外史論的，

②在此引一段余英時的相關評論：「李約瑟雖然為我們提供了無數有關中國科學史的基本事實，卻亦未能對自己的問題給予令人滿意的答案：『為何中國在科技發展上長期領先西方，而現代科學竟出現於西方而不是中國？』他在全書最後一冊及其他相關論著曾試圖作出種種解答，然而往往語焉不詳，以致他的傳記作者也不甚信服其說，而評之為『見樹不見林』。」（陳方正：《繼承與叛逆——現代科學為何出現於西方》，第Ⅷ頁）

而是內史論的；內史論不是絕對不談外部因素，而是不著重談論外部因素。馮友蘭在回答「為什麼中國沒有科學？」的時候，著重談的是中國人順從自然的價值傾向和重直覺而輕邏輯的思維傾向。與之不同，外史論則著重在中國的社會制度、生存環境等外部因素中尋找答案，而少談甚至不談中國人的基本價值傾向和思維傾向。馮友蘭把答案最終歸結為中國的大陸性地理環境，其必要性在於回答得徹底。如果有人繼續追問「為什麼中國人生存於大陸性的地理環境？」對此我們無言以對，如果硬要說什麼的話，那只能說「碰巧」，或者借用存在主義的話：中國人是別無選擇地被拋在那裏的。

馮友蘭不僅對問題回答得比較徹底，而且對問題提出得比較準確。其實他一開始提出的問題就包含了我們在這裏所說的「任鴻雋——李約瑟問題」。馮友蘭在其《為什麼中國沒有科學？》中是這樣提出問題的：「中國產生她的哲學，約與雅典文化的高峰同時，或稍早一些，為什麼她沒有在現代歐洲開端的同時產生科學，甚或更早一些？」①後來在其《中國哲學

① 馮友蘭：《為什麼中國沒有科學？——對中國哲學的歷史及其後果的一種解釋》，《三松堂學術文集》，第二三～二四頁。

簡史》中這樣談道：「中國曾經有不少著名的創造發明，但是我們常常看到，它們不是受到鼓勵，而是受到阻撓。」①

顯然，馮友蘭發問「為什麼中國沒有科學？」的時候已經包含了對古代中國的哲學和技術的充分肯定。與之相比，李約瑟只是在三十年之後從科技史的角度更為充分地證實了馮友蘭的這些說法，使這個問題顯得更為尖銳。鑒於這一歷史事實，加之馮友蘭提出問題和解答問題的深刻性與後來愛因斯坦的說法更為接近，筆者認為，在「任鴻雋——李約瑟問題」之外還有一個「馮友蘭——愛因斯坦問題」。雖然這兩個問題密切相關，但是後者比前者更為深刻。

（原文刊載於《中國學術論壇（網絡論壇）》，二〇一二年四月）

①馮友蘭：《中國哲學簡史》，第三四頁。

馮友蘭：當代貴和哲學的一面旗幟

牟鍾鑒*

對宇宙和社會矛盾運動的認識，不僅是專業學者必須面對和回答的理論問題，而且是政治家必須解決的指導思想問題，從而深刻影響著億萬人的實際生活。遠且不說，二十世紀大部分時間裏，在國際政治生活中占主導地位的思想是貴鬥哲學，大國實行的是實力政策。其核心思想是社會達爾文主義，認為事物對立面之間的鬥爭是第一位的，而且鬥爭具有不可調和性與對抗性；落實到人類社會，便認為國家、民族、集團之間的關係是優勝劣汰、弱肉強食的關係。於是生物學野蠻的競爭規則大行其道，表現為殖民、征服、侵略戰爭，直到法西斯主義的種族滅絕，人類的獸欲惡性發作。不僅殖民大國、強勢集團奉行貴鬥哲學，被壓迫被侵略被奴役的國

* 牟鍾鑒，中央民族大學哲學與宗教學系教授，博士生導師。

家、民族和廣大勞動階層為了生存和解放必然起來抵抗，也不得不奉行貴鬥哲學，用正義的力量去制服非正義的力量。當然，這兩種貴鬥哲學在社會性質上是相反的，前者是反動的，後者是革命的。於是有反法西斯戰爭和波瀾壯闊的社會革命運動及民族獨立解放運動。強權政治和迷信武力之所以能夠風行，歸根結柢在於資本主義工業文明的前期發展必須靠直接掠奪廣大殖民地和落後國家的資源、財富來推動。第二次世界大戰是第一個轉折點，它使得相當一部分人認識到，以武力為手段以奴役世界為目的的國家極端主義要招致毀滅性報復，世界大戰對所有的人都是一場災難。接著長達半個世紀的兩大陣營之間的冷戰是第二個轉折點，它使人們認識到，集團之間的政治對抗是沒有出路的，隨時可能轉化為熱戰；核武器如用於戰爭，將帶來人類的毀滅。於是二十世紀八九〇年代以後，和平與發展的呼聲逐步高漲。資本大國也轉而主要靠經濟手段來獲得利潤，並以政治軍事的手段為輔助。然而，冷戰思維的慣性還在發生作用。霸權主義和恐怖主義作為貴鬥哲學的繼續和新的形態，仍然肆虐於世界，不會輕易退出歷史舞臺，但它們越來越不得人心，被人們看作新時代的逆流。在經濟全球化和世界成為「地球村」的時代，國家、民族之間的共同利益超出了它們之間的分歧，和解共存、雙贏共榮的思想正在取代強者為王、以鄰為壑的思想而成為主流思想。是和平還是戰爭？是對抗還是和解？決定著二十一世紀人類的命運。

在國內，以二十世紀七〇年代末實行改革開放為分界點。在此之前我們實行的是激進的貴鬥哲學。具體表現是「以階級鬥爭為綱」，不斷地發動社會批判運動，而其頂點便是「文化大革命」，製造「意識形態恐怖」，煽動「造反有理」「打倒一切」「全面內戰」，使國家處於經濟崩潰的邊緣。揪出「四人幫」、實行改革開放以後，我們否定了「以階級鬥爭為綱」的極「左」路線，強調安定、團結，以經濟建設為中心，全力進行社會主義現代化事業。於是我國出現了經濟和社會事業蓬勃發展，各民族團結和睦的嶄新局面，並以和平崛起的大國形象活躍於國際社會。而後，中央更明確提出「以人為本」「構建和諧社會」的號召，致力於在發展的基礎上協調各種社會矛盾，維護民眾的權益，建設一個安定有序、公平正義、政通人和、經濟繁榮、誠信友愛、人民安居樂業、人與自然和諧的小康社會。進而又提出建設「和諧世界」的目標。這一治國和外交方略深得民心，體現了中華貴和文化的精神。

哲學是時代精神的理論結晶，真正的哲學家是時代的號手。對於二十世紀社會矛盾運動所發生的深刻變化，感覺最敏銳、理論轉換最及時的哲學家是馮友蘭先生，對於辯證法的核心即對立統一規律，最早出來用貴和的觀點加以重新解釋的哲學家是馮友蘭先生。在一九八六年寫成、一九八八年出版的《中國哲學史新編》第五冊裏，馮友蘭先生對張載的對立統一思想「有象斯有對，對必反其為；有反斯有仇，仇必和而解」作了現代的解釋，認為「仇必和而解」是對客觀辯證法的一種重要認識，它的特點是在承認對立面鬥爭的同時強調對立面的統一。他認為馬克思主義的辯證法思想「是把矛盾鬥爭放在第一位」，也可以稱之為「仇必仇到底」；而張載的辯證法思想是「以統一為主」，認為「仇必和而解」，這是兩種辯證法思想的根本差別。這個看法提出以後，理論界有人批評馮先生歪曲了馬克思主義辯證法，認為馬克思主義的對立統一思想是全面的，既強調對立，也強調統一，不能用「仇必仇到底」來表述。誠然，馬克思說過：「兩個相互矛盾方面的共存、鬥爭以及融合成一個新範疇，就是辯證運動的實質。」①列寧也說過：「辯證法是一種學說，它研究對立面怎樣才能同一，

①《馬克思恩格斯選集》第一卷，人民出版社，一九七二，第一一一頁。

是怎樣（怎樣成為）同一的。」①因此馬克思主義辯證法是講又統一又鬥爭的。但是我們必須看到，馬克思主義者對於矛盾統一性和鬥爭性在不同時期強調的側重點並不相同。馬克思、列寧都是革命家，他們的使命是要發動無產階級和勞動群眾推翻資本主義制度，建立社會主義社會，實行「兩個」徹底決裂，因此他們在革命理論和革命實踐中不能不強調階級鬥爭和無產階級專政，而不斷批評「階級調和論」，這是由歷史條件造成的。列寧就說過：「對立面的統一（一致、同一、同等作用）是有條件的、暫時的、易逝的、相對的，相互排斥的對立面的鬥爭則是絕對的，正如發展、運動是絕對的一樣。」②毛澤東在《矛盾論》也說過：「對立面的統一是有條件的、暫時的、相對的，而對立面的相互排除的鬥爭則是絕對的。」③如此看來，馮先生用「仇必仇到底」來概括馬克思主義的辯證法思想也沒有什麼不對，革命時期的辯證法必然如此。問題在於時代變化了，建設時期

①列寧：《談談辯證法問題》，《列寧全集》第三八卷，人民出版社，一九五九，第四〇八頁。
②列寧：《黑格爾〈邏輯學〉一書摘要》，《列寧全集》第三八卷，第二一一頁。
③《毛澤東選集》第一卷，人民出版社，一九五一，第三二一頁。

的辯證法在強調的重點上必須有所轉移，而我們卻沒有及時做這件事。馮先生在一九九〇年寫成的《中國哲學史新編》第七冊指出：「任何革命都是要破壞兩個對立面所共處的那個統一體」，①因此革命政黨當然要主張「仇必仇到底」，即將革命進行到底。可是「革命家和革命政黨，原來反抗當時的統治者，現在轉化為統治者了。作為新的統治者，他們的任務就不是要破壞什麼統一體，而是要維護這個新的統一體，使之更加鞏固，更加發展。這樣，就從『仇必仇到底』的路線轉到『仇必和而解』的路線。這是一個大轉變」。②回顧新中國成立以來我們的理論與實踐，從強調階級鬥爭到強調團結穩定，從以鬥為貴到以和為貴，我們經歷了三十年才把這個大彎轉過來，雖然有些晚了，但一轉過來就很快見效，中國的社會主義現代化事業迅速得到發展。馮先生對辯證法的重新解釋正符合鄧小平中國特色社會主義理論和解放思想、實事求是的精神，符合當代世界和平與發展的主題，從哲學上體現了時代的重大變化，發展了馬克思主義，把它與

①馮友蘭：《中國現代哲學史》，廣東人民出版社，一九九九，第二五一頁。
②馮友蘭：《中國現代哲學史》，第二五二頁。

中國古典哲學的精華相結合，高高舉起了貴和哲學的大旗，這在當時哲學界沒有第二個人能夠與之比肩的。

貴和哲學是不是不要必需的鬥爭了呢？不是。馮先生指出兩點：第一，「所謂『和』，並不是沒有矛盾鬥爭，而是充滿了矛盾鬥爭。所謂『浮沉、升降、動靜、相感之性』，就是矛盾；『所謂絪緼、相蕩、勝負、屈伸』，就是鬥爭」。①一個有生機的統一體，內部必然是多種成分的交錯、互動、競爭。第二，「兩個對立面矛盾鬥爭，當然不是『同』，而是『異』；但卻同處於一個統一體中，這又是『和』」。②這就是說，「和」所包含的多樣性和差異性不應造成對抗和分裂，矛盾和鬥爭以維繫和鞏固統一體為目標和前提。我們不能把貴和哲學理解成庸人的不講原則的一團和氣；貴和哲學恰恰是承認矛盾、能按公平原則去及時解決和協調矛盾的哲學。孔子弟子有子說：「禮之用，和為貴。」這段話人們反覆引用，但往往忽略了下面一段話：「有所不行，知和而和，不以禮節之，亦不可行也。」③這段

①馮友蘭：《中國現代哲學史》，第二五二頁。
②馮友蘭：《中國現代哲學史》，第二五三頁。
③《論語・學而》。

話的意思是，和諧固然重要，還需要禮義加以節制。古代的禮，有宗法等級制度的時代局限性，如果我們棄其具體意義取其一般意義，即社會秩序，並加現代的解釋和轉換，那麼可以理解成：和諧要符合社會公共生活規則，要遵守當代民主與法制的秩序。我們不能與敵對勢力和諧，我們不能與犯罪行為和諧，這需要以法治之。而民事糾紛的處理，也是要按照一定的程式進行的。

貴和哲學擯棄了急風暴雨式的集團對抗和激烈衝突的鬥爭方式，主張用和風細雨式的對話、和解、協調、妥協的方式解決族群之間的矛盾衝突，這對於國際政治生活有重要指導意義。有實力的西方大國如果仍然迷信貴鬥哲學，以為靠武力威脅和發動戰爭便可以稱霸世界，那麼必然引起更加普遍的反抗，並激發出民族和宗教的極端主義和國際恐怖主義，世界將永無寧日，強權國家亦不得平安，對抗下去，人類有可能被帶到可怕的災難之中。

未來將會如何呢？對於人類的前途馮先生有擔心，但總體上是樂觀的。他在他一生最後的著作《中國哲學史新編》第七冊最後的一段文字裏說：「現代歷史是向著『仇必和而解』這個方向發展的，但歷史發展的過程是曲折的，所需要的時間，必須以世紀計算。聯合國可能失敗，如果它失敗了，必將還有那樣的國際組織跟著出來。人是最聰明、最有理性的動物，不會永遠走『仇必仇到底』那樣的道路。這就是中國哲學的傳統和世界哲學的未來。」馮先生的哲學向來是「要言不煩」，他的上述偉大的著作也是「要言不煩」，精確地指明了哲學的時代精神和人類社會前進的方向。他是位理性主義的哲學家，相信人類理性的覺醒和力量。我們要繼承馮先生的事業，把貴和哲學接著講下去，讓它傳播到更廣更遠的地方，為世界的和平與發展作出新的貢獻。

（本文原載於胡軍主編《反思與境界——紀念馮友蘭先生誕生一百一十周年暨馮友蘭學術國際研討會文集》，北京大學出版社，二〇〇八；標題有改動）

求變與貴和
——馮友蘭先生的儒家精神

陳戰國*

儒學之所以在中國歷史上流傳數千年而不衰，很重要的原因就是因為它不僅蘊涵著許多具有永久價值的因素，而且能隨著時代的發展而與之俱進。「求變」精神與「貴和」精神可以說是儒家思想中具有永久價值的因素之一。由於時代的需要，這兩種觀念在中國近現代又重新被凸顯出來，並得到了進一步的發展，成了近現代儒家思想的核心與精華，而馮友蘭先生的文化社會哲學正是集中地體現了這種精神。

一　求變

* 陳戰國，北京市社會科學院哲學所前所長，研究員。

「求變」的思想主要體現在《周易》之中。《周易》一書就是講變化的。它不僅講天地萬物的變化，而且講社會人生的變化。依《周易》看來，天地萬物，社會人生，無一不在永不停頓的變化之中。因此，人必須認識這些變化，順應這些變化，以正確的態度和方法應對外在事物和自身的變化。《周易》中有一句非常著名的話：「易，窮則變，變則通，通則久。」（《繫辭下》）這句話告訴人們，一個事物能夠存在，全在於它能適時而變；如果不變，其生命也就停止了。

《周易》是儒家經典，並被漢儒奉為「五經之首」，其在儒學史上的地位是不言而喻的。然而在近代之前，《周易》中關於變化的思想並沒有得到儒家學者足夠的重視，他們奉行的是「天不變，道亦不變」的思想宗旨，認為治理國家的根本原則和大政方針自古以來就是如此，並且應該永遠如此。在他們看來，舜繼承了堯，禹繼承了舜，商湯周文繼承了禹，先王后王一脈相承，期間雖有一些損益，但無根本性的改變。所以荀子才會說：「欲觀千歲，則數今日；欲知億萬，則審一二；欲知上世，則審周道；欲知周道，則審其人所貴君子。故曰：以近知遠，以一知萬，以微知明。此之謂也。」（《荀子・非相》）由於先秦儒家沒有認識到當時的中國社會正在發生著根本性的改變，所以他們在政治上沒有得到統治者的認可。倒是以商鞅為代表的法家，因為認識到了「治世不一道，便國不必法古」的道理而主張變法，在治國平天下中獲得了巨大的成功。自秦漢之後直至清朝中期，中國社會再也沒有發生過根本性的變化，有關變法的思想也就不再突出了。

到了十九世紀中葉，情況發生了重大變化，中國進入了又一次大變革的時代。這次大變革與第一次大變革不太一樣。第一次大變革是由中國內部的原因引起的，這次大變革則是由於與西方的碰撞發生的。因此這個時代不同於先秦，也不同於兩漢，更不同於宋明。在兩漢、宋明時期，中國也曾遇到過「外族」的入侵，但在那個時期，中國在文化上還是占有優勢的。因此，當時的知識份子並不擔心中國會亡國滅種，他們堅信，「外族」侵略者即使統治了中國，他們早晚也會被先進的中國文化所同化。十九世紀中葉以後的情況大不相同了。中華民族遇到了一些比自己更先進的民族，中國文化遇到了一個比自己更先進的文化。在與這些更先進的民族和文化的衝突之中，中華民族處處落後，處處挨打，已經完全失去了往日的風采。在這種形勢之下中國應該向何處去？先進的思想家們一致認為中國要變，只有通過變，中國才能恢復昔日的輝煌。自覺地求變成了中國先進的思想家們共同的特點。在這些先進的思想家中當然也有近現代的儒家學者，從近代的康有為、譚嗣同，到當代新儒家的熊十力、馮友蘭，他們的思想無不以謀求中國社會之變化為核心。

馮友蘭的思想形成於中國「貞下起元」時期。「貞下起元」是馮友蘭對抗戰時期的特殊稱呼，又叫作「否極泰來」。他說：「我們的時代是中國中興的時代，而不是中國衰亡的時代。舊說『否極泰來』。在近代，中國否極的時候在清末民初，現在已是泰來的時候了。」（《新事論‧論抗建》）在這個時期他連續寫了六部哲學著作，世人稱之為「貞元六書」。

馮先生把自己的哲學叫作「新理學」，是接著程朱理學講的。「新理學」認為整個宇宙是由理世界和事世界共同構成的。理不會變化，因為它們是一類事物最理想的形式和最高的標準；事會不斷地變化，因為它們要去實現自己的理。馮先生認為，從動的方面看，整個宇宙是一個「由無極而太極」的不斷變化的過程。無極而太極是一件無頭無尾的大事，此事所依照之理是整個太極，所依據之氣是全體的無極。全體的貞元之氣依照所有的理而成為整個的實際世界，這一過程就是無極而太極之「而」。理是體，「而」是用。一切用都在此用之中，所以說「而」是「全體大用」。這一全體大用說明整個宇宙都是動的，所以全體大用又叫作「大用流行」。在實際世界中，一切事物均經過成、盛、衰、毀四個階段，舊事物如此滅，新事物如此生，生生滅滅的不斷流行就是「大用流行」，或曰「大化流行」。

馮先生認為，一切事物都在變化，社會是一種事物，所以社會也在變化。他說：「歷史是變的。各種社會政治制度，則即窮而要變。沒有永久不變的社會政治制度。《周易》所謂『窮則變，變則通』之言，很可以拿來說這個意思。」（《秦漢歷史哲學》）馮先生指出，社會的變化具有以下幾個特點：

㈠歷史演變所依據的是非精神的力量。他說：「依照唯物史觀的說法，一種社會的經濟制度要一有變化，其他方面的制度也一定跟著要變。例如我們舊日的宗法制度，顯然是跟著農業經濟而有的宗族世居其地，世耕其田，其情誼自然親了。及到工業經濟的社會，人離地散而至四方，所謂宗族、親戚，有終生不見面的，其情誼自然疏了，大家庭自然不能維持了。」由此例看來，我們就知道唯物史觀的看法，以為社會政治制度，都是建築在經濟制度上的，實在是一點不錯。

㈡社會制度是一套一套的。比如下棋，你手上如果只有象棋盤、象棋子，你就只得下象棋。你要下象棋，你就需要照著象棋的一套規矩。在一種社會中，有某種經濟制度，就要有某種社會政治制度；有某種所謂物質文明，就要有某種所謂精神文明。一種社會政治制度，都要有適合此種的經濟制度。在其與經濟制度成一套時即是好的。不然，就是壞的。

㈢歷史是不錯的。對於過去的社會制度，我們可以說它已經過時了，而不能說它一定是錯的。我們不能離開歷史上一件事情或制度的環境，抽象地批評其好壞。有許多事情或制度，若只就其本身看似乎是不合理的，但若把它與它的環境結合起來看，就知其所以如此是不無理由的了。

㈣歷史的演變是辯證的。在歷史的演變中，我們不能恢復過去，也不能取消過去。我們只能繼續過去。歷史的現在，包含著歷史的過去。這就是說，歷史的演變，所遵循的規律是辯證的。

㈤在歷史的演變中，變之中有不變者。人類社會雖可有各種一套一套的制度，而人類社會之所以能成立的一些基本條件是不變的。例如「誠信」。如果一個社會中每個人都說話不算話，這個社會就不能存在。人的生活越是進步，人越是離不開社會。越是進步的社會，其中的人越是要講誠信。由此看來，誠信等基本道德是任何社會都要有的，是不因為社會制度的變化而變化的。

馮先生認為，實際世界中的事物都在變化，都在「日新」。他把事物的「日新」分為四種：一是循環的日新，二是進退的日新，三是損益的日新，四是變通的日新。馮先生認為人類社會也有這四種日新。而就當時的中國說，我們所求的應該是變通的日新，亦即社會的轉型。所謂「變通的日新」，所謂「社會的轉型」，就是一個個體從原來的類進入另一類，就是中國從原來的社會類型轉入另一種新的社會類型。

馮先生指出，中國文化、西方文化、中國社會、西方社會，都是一個一個的實際事物，都是一個一個的實際社會。事物必是某種事物，社會必是某種社會。也就是說，一件一件的事物，一個一個的社會，從一方面說，都是一個個體，一個殊相。從另一方面說，這些個體，這些殊相又屬於一定的類。對於一件事物的認識，可以從個體的角度出發，也可以從其所屬的類出發。近百年來，為了擺脫落後挨打的局面，許多中國人都在研究中西文化的差別，他們都不同程度地主張向西方學習。但是由於他們對中西文化的差別缺乏正確的認識，始終沒有為中國找到自由富強的正確途徑。清末人知道從類的觀點看文化，如康有為把文化分為「白統」「黑統」，但他們的看法都是一些可笑的附會。民初人不知類，他們往往從特殊的觀點看文化。因此，他們不知道西方人為什麼是西方人，西方文化為什麼是西方文化。「他們常說，中國人如何如何，西洋人如何如何。好像在他們的心目中，中國人如何如何，是因為其是中國人；西洋人如何如何，是因為其是西洋人。他們似乎不知，至少是不注意，中國人之所以如何如何，乃因中國文化在某方面是屬於某類文化；西洋人之所以如何如何，乃因西洋文化在某方面是屬於某類文化」。（《新事論》）

馮先生指出，從特殊的觀點看文化，不僅無法認清西方文化之所以為西方文化，而且也無法認清中國文化之所以為中國文化，因為一個特殊的事物可以屬於許多類，可以有許多性。我們要想知道它的主要的性是什麼，就必須從類的觀點看待它。從類的觀點看文化，就是對一種文化的各種要素進行分析，從中找出屬於此類文化的各個文化所共有的要素，根本的要素，決定其他要素的要素。馮先生把文化要素分為幾個不同的層次：第一個層次是生產方法，第二個層次是生產制度即經濟制度，第三個層次是社會政治制度，第四個層次是道德等觀念因素。文化中的這些層次都是一環扣一環，一環決定一環的。看一個文化屬於何類，關鍵是看它採用了什麼樣的生產方法。

馮先生說，以此種觀點看問題，我們就會發現，所謂西方文化，是以社會為本位的生產方法為基礎的，是實行了以社會為本位的生產制度和以社會為本位的社會制度。以這樣的制度為中心的文化，叫作「生產社會化的文化」。所謂中國文化，是以家庭為本位的生產方法為基礎的，是實行了以家庭為本位的生產制度和以家庭為本位的社會制度，以這種制度為中心的文化，叫作「生產家庭化的文化」。不過，生產方法不是人所能隨意採用的，因為用某種生產方法，必須用某種生產工具，如某種生產工具尚未發明，就不能用某種生產方法。生產方法隨著生產工具而定，社會組織隨著生產方法而定，道德隨著社會組織而定。西方文化之所以先有了生產社會化的文化，是由於他們在經濟上先有了一個大改革。這個大改革即產業革命。中國文化之所以還屬於生產家庭化的文化類型，是由於中國在經濟上還沒有進行產業革命。

馮先生指出，首先在西方國家發生的產業革命，不僅使西方文化率先從生產家庭化的文化類型轉入了生產社會化的文化類型，使西方國家率先實現了近代化，而且也使得東西方的關係發生了重大變化——西方成了城裏，東方成了鄉下，鄉下人總是受城裏人侵略和盤剝。在國與國的衝突中，尤其是在近代以來的東西方衝突中，宗教、決心等精神力量是無法抵禦經濟力量的。因此，東方的鄉下，如果想不靠西方的城裏，如果想不受西方城裏的盤剝，如果想得到解放，唯一的方法就是也要進行產業革命。這種產業革命的要素，是以機器生產代替人工生產。這種事情，初看似乎不過是經濟方面的事情，但是影響卻是異常重大。

馮先生說，社會制度是一套一套的，當一個社會的生產方法發生了改變時，這個社會的經濟制度、社會政治制度等就會自然跟著變化。因此有人認為馮先生的觀點是「唯生產力論」。其實這是一種誤解。馮先生所謂「自然」，並不是否定人為的作用，也不是否定其他因素對社會變革的影響，而是說在社會變革中，生產方法的改變是最根本的，是具有決定性的。當一個社會的生產方法發生了改變時，其他制度一定要隨之而改變，一定要與之相配套，否則這些制度就不能繼續存在。馮先生對於這種誤解也有自己的解釋，他說：「因為《新事論》強調發展生產力的重要，書中似乎也贊成清末派的『中學為體，西學為用』的主張，其實並不是如此。我是主張不可分的，有什麼體就有什麼用，有什麼用就可以知道它有什麼體。如果要用中國哲學中所謂體、用那一對範疇說，我認為，在一個社會類型中，生產力等經濟基礎是體，政治、文化等上層建築是用。體要改了，用會跟著改的。所謂跟著改，並不是說不需要人的努力，人的努力是需要的，不過人會跟著努力的。」（《三松堂自序》）至於人們應該如何努力，如何改變這些制度，馮先生認為有兩種方式：一是變法，二是革命。變法就是以和平的方式改變原有的經濟、政治等各種社會制度，使之能夠適應生產方法的變革。革命即以暴力的方式推翻原來的政權，其目的也是為了改變原有的經濟、政治等各種社會制度。馮先生認為，如果一個政權願意並著手實行社會制度的變革，那就不要訴諸革命，因為革命會導致國家組織中心的崩壞，會遲滯生產力的發展和社會的進步。不過，當中國需要社會制度的變革而這種變革又不能成功時，那就只好訴諸革命。他說：「革命是痛苦的，守舊的人反對維新，尤反對革命，並不是沒有理由的。不過如一國或一民族在某種情形中必須有某種新性，否則此國或民族即不能存在，而此種新性，又非用革命不能得到，則革命雖痛苦亦是不得不有的。」

（《新事論》）

馮先生關於社會轉型的理論非常實際，也非常理性。他說：「中國人的城裏人的資格，保持了一二千年，不意到了清末，中國人遇見了一個空前的變局。中國人本來是城裏人，到此時忽然成為鄉下人了。這是一個空前的變局。這是中國人所遇到的一個空前的挫折，一個空前的恥辱。」（《新事論》）做慣了城裏人的中國人無法容忍這一恥辱，他們恨不得一個早晨就把中國變得強大起來。因此一些人總是不停地批評前人的理論和實踐，總是不停地鼓吹「革命」。企圖找到一個法寶，一下子就能改變中國的命運。馮先生告訴人們，只有靜下心來腳踏實地地發展經濟，中國社會的各個方面才能逐步改變。沒有生產力的發展，沒有生產方式的變革，一切所謂「革命」，到頭來都是空的。

馮先生還特別指出，社會轉型並不意味著文化的全體都要變，而是有需要改變的東西，有需要保持的東西，也有不變的東西。在謀求中國社會轉型的時候，中國文化需要改變的是它的「質」而不是它的「文」。馮先生認為，每種文化都有自己的「質」和「文」。所謂「質」，即文化的實質性內容。所謂「文」，即文化的外在形式。例如，各民族都要穿衣、吃飯、住房子，但不同民族的人所穿的衣服，所吃的飯，所住的房子可以各不相同。正是這種不同的文化樣式，體現了一個民族與其他民族的區別，體現了文化的民族性。中國的近代化，主要是中國文化的「質」的近代化，亦即使中國文化的「質」具有近代性。至於中國文化的「文」，則需要保持其民族性。經過變革之後，「在新中國裏，有鐵路，有工廠，有槍炮，但中國人仍穿中國衣服，吃中國飯，說中國話，唱中國歌，畫中國畫。這些東西都不止是中國『的』，而且是中國『底』。在這些方面，我們看見中國之為中國。」（《新事論》）不變的文化成分主要是某些一切社會所共有的基本道德。如仁、義、禮、智、信等。「仁」就是「兼相愛，交相利」。「一社會若欲成為一完全的社會，其中之分子，必皆『兼相愛，交相利』。此可以說是社會之理所規定之規律中之最主要的一規律。」在處理社會事物時，必有一種本然的、最合乎道德的處置辦法，這種辦法就是「義」。把處理各種社會事物的最合乎道德的辦法定為規則，使人遵守，就是「禮」。對於道德及其所依照之理的認識就是「智」。在社會生活中，一個人與別人所說的話必須可靠，就是「信」。馮先生說：「此諸德不是隨著某種社會之理所規定之規律而有，而是隨著社會之理所規定之規律而有。無論何種社會之內必須有此諸德。所以可謂之常。」(《新理學》)「常」就是不變。在社會變革中，這些基本道德是需要繼承的。

不難看出，馮先生關於社會變革的思想與傳統儒家有很大的區別。在他的社會轉型理論中，已經自覺地融合吸收了馬克思主義的唯物史觀。

二　貴和

與「變」相比較而言，傳統儒家更看重「和」。孔子「貴和」，《中庸》「貴和」，《周易》也「貴和」。大概是因為社會動亂的時間太久了，先秦儒家一再呼籲社會需要和諧。

從動盪走向和諧，這是每一次社會大變革的必由之路。先秦時期如此，近現代也是如此。馮友蘭先生不同於其他近現代新儒家的重要特徵之一，就是他明確地指出了這條社會發展的必由之路。這與他所處的時代有關，也與他的哲學修養有關。和他生活在同一個時代的其他儒家學者，並沒有過多地關注這個問題。

敏銳地發現社會中出現的新問題，需要有哲學的眼光和深刻的洞察力。馮友蘭先生對這個問題關注得很早，抗日戰爭勝利不久，他就期盼著中國能夠走向和諧發展的道路。但是他的願望落空了，中國又陷入了內戰，一打就是三年。一九四九年共產黨推翻了國民黨的統治，建立了新的政權，這是中國又一次從動亂走向和諧的契機。也許是歷史和思想的雙重慣性使然，毛澤東搞慣了階級鬥爭，他那「將革命進行到底」的思想已經根深柢固，執政之後仍然堅持以階級鬥爭為綱，仍然堅持「不斷革命」。到了二十世紀六〇年代，中國在鬥爭哲學的引導下一步一步走向了崩潰的邊緣。

「文革」之後，馮先生開始對中國遇到的新問題進行反思。在反思中他意識到，中國能否從動亂中走出來，能否實現社會和諧，主要不在百姓，而在執政者能否放棄鬥爭哲學。他說：「客觀的辯證法有兩個主要範疇：一個是統一，一個是鬥爭。……一個統一體的兩個對立面，必須先是一個統一體，然後才成為兩個對立面。這個『先』是邏輯上的先。用邏輯的話說，一個統一體的兩個對立面，蘊涵它們的統一性，而不蘊涵它們的鬥爭性，一個統一體的兩個對立面，又統一又鬥爭，好像一對夫婦，不是冤家不聚頭，這是兩個男女已經成為夫婦之後，才有了的情況；並不是任何一對男女都可能有這種情況。他們之所以有這種情況，是以他們之統一為夫婦為前提的。」（《中國哲學史新編》第七冊，第八十一章）

馮先生指出，任何革命都是要破壞兩個對立面所共處的那個統一體。那個統一體破壞了，兩個對立面就同歸於盡，這就是「底」。革命到這個程度就是「到底」了。這是一個事物發展過程中的一個段落。就一個社會說，這是它的總發展的一個段落。一個革命「到底」了，作為這個革命對象的那個統一體被破壞了，共處於這個統一體中的兩個對立面同歸於盡了，可是這個社會仍然存在，不過它要從一個統一體轉入到另一個統一體。社會轉變了，作為原來統一體的兩個對立面的人仍然存在，人還是那些人，不過他們轉化了。革命家和革命政黨，原來反抗當時的統治者，現在轉化為統治者了。作為新的統治者，他們的任務就不是要破壞什麼統一體，而是要維護這個新的統一體，使之更加鞏固，更加發展。這樣就需要從「仇必仇到底」的路線轉到「仇必和而解」的路線上來。這是一個大轉變。在任何一個社會的大轉變時期，都有這麼一個大轉變。

馮先生認為，一個社會的正常狀態是「和」，宇宙的正常狀態也是「和」。這個「和」，稱為「太和」。在中國古典哲學中，「和」與「同」不一樣。「同」不能容「異」；「和」不但能容「異」，而且必須有「異」，才能稱其為「和」。

「和不但能容異，而且必須有異。」這句話道出了一個非常深刻的道理。社會是一個非常複雜的事物，它是由許多因素構成的。社會中的每一個成員都有自己的意願，自己的思想，自己的行為，都在不同的位置上做著不同的事情。一個社會有許許多多的「不同」是它的正常狀態，有這樣的「不同」才能有社會的存在，沒有了「不同」，社會也就不能存在了。因此，社會中的每一個成員都有權力自由地思想，都有權力自由地表達自己的思想和意願，並且都有權力在不違背法律和道德律的前提下按照自己的意志生活。對於社會中的這些「不同」，必須要相互尊重、相互包容，任何人都不得強人之不同以為同。

如何才能真正實現社會的和而不同呢？馮先生指出，這需要實行民主政治。

早在一九四六年十月，馮先生就曾發表過兩篇文章專門討論過這個問題。他說：「什麼是民主政治？」「民主包含有平等、自由等概念，它的含義就是思想自由、言論自由，等等。政治設施，能使人得到自由的，就稱為『民主政治』。」（《中國哲學與民主政治》）在民主政治的社會裏，人對於人應當怎樣瞭解？人對於他人應當持怎樣的態度？馮先生指出：

第一點，要有「人是人」的觀感，而確實知道「人是人」。「人是人」這句話應有以下兩種解釋：

「人是人」的第一種解釋，就是說人有獨立的人格，自由的意志，凡人都是彼此平等的，絕不能拿任何人做工具。這是講民主政治應有的常識，也是應持的態度。儒家認為，人們的能力和知識儘管不同，而在道德價值上，倒是人人平等，人人可以為堯舜，自然不能以別人為工具。世界上最不道德之事，就是以別人為工具而達到他自己的目的。孟子說：「行一不義，殺一不辜，而得天下，皆不為也。」這句話乍看起來，似嫌迂闊，以為執政者殺人不當的時候是常有的。如果說不冤殺一人，未免過於理想。如以殺人為手段而圖達任何目的，那就是罪惡，就是不義。用現在的話說，就是違反民主，那是絕對不應該的。

「人是人」的第二種解釋，是「人不是神」。就神的概念說，神是超乎人的，可以沒有過失。人則不然，人不是超人，不可能沒有錯誤，有錯誤就可以批評。也就是說，人可以受批評，但批評只限於批評其錯誤，而不應涉及其他事情。人人可以批評別人，人人可以接受批評，這是民主社會裏應有的風度。每個人都可以有錯誤，都可以受批評，這種能受批評的容忍態度，在實行民主政治的條件上是很需要的。

第二點，對一切的事物都有多元論的看法。就是說，天下的事事物物都是多方面的，不能執一種見解而概括一切。我們覺得唯什麼論，都是不對的。人們應該持多元論的看法，就是特別強調，人如有所不同，最好聽其自然發展，各適其適，順其性情，不必使其整齊劃一。有人以為儒家主張整齊劃一，其實並不如此。主張整齊劃一的是墨家。儒家主張「和而不同」，而且特別強調「和」。和就必須有異，就是有所不同。把各種不同的「異」調和起來，就叫作「和」。儒家講和，還主張「中和」。中則無過無不及。任何一種東西之所以能夠存在，是因為它得到了和的條件，否則便不是常態，或致不能繼續生存。

第三點，要有超越感。就是要站在一切不同之上而有超越感，切不可站在自己的觀點之上而權衡其他的一切。假如一個人沒有超越感，則必以為自己是絕對的正確，而別人的見解和自己不合之處，便以為是錯誤的。一個人被自己狹隘的觀點所限，便不能有超越感。《莊子・齊物論》說，「有儒墨之是非……此亦一是非，彼亦一是非」，而互相爭辯，那是不對的。他主張「得其環中」，「和之以天倪」，對萬物不齊，即以不齊齊知。

這就是超越的觀感。有此見解，彼此互忍相讓，才能談到民主政治。

第四點，要有幽默感。幽默感在實行民主政治上也是很必要的。比如別人批評自己，自己不應因為被批評而難過，而憤恨，至多報以批評就可以了，或者一笑了之。此等「一笑了之」就是幽默感。不論做任何事情，總是失敗的機會多，成功的機會少。因為每做一件事情，都需要許多條件，齊全適合，才能完成。所以凡事成功都不容易，不成功，只好「一笑了之」。

馮先生認為，以上四種態度，是實行民主政治的必要條件，必須大家都具這種見解，抱這種態度，人人尊重此種作風，才能實行真正的民主政治。

在一個民主的社會裏人應該怎樣生活呢？馮先生認為，一定要貫徹「中」與「和」的為人之道。他說：「每人都有完全的自由去做他喜歡做的事，去想他喜歡的東西。『想』和『喜歡』當然有不同的途徑，但是我們不能說哪一個途徑是絕對的對，或者說哪一個途徑絕對的錯。……於是道家教給人們對於彼此的不同，採取絕對放任的辦法，而對強使相同的辦法，認為大惡。因為這些全是對的，不需要強不同以使之同。這種見解也是民主的。但是我們就可能問了：『如果人人都順著他自己所想做的去做，所想的去想，若彼此間發生了衝突，有什麼辦法呢？』」馮先生指出，要解決這個問題，需要人們都採取儒家所說的「中」與「和」的生活態度。他說：「『中』的概念有點類似亞里士多德的『黃金的中和（Golden Mean）』這個概念時常發生誤解，尤其是在現在的中國，有些人以為做事做到一半就叫『中』，這完全是沒有意義的見解。真正『中』的意義是也不多也不少，『中』是恰到好處。……不管在個人的行為和社會的關係裏，都有這種『中點』存在，這種『中點』，就是滿足欲望和表現感覺的一個適當的限度。如果一個人為了滿足他的欲望或是表現他的感覺而超過了這個限度，則太過；如果沒到這個限度，則太少；太過太少，皆不合於中道。」（《中國哲學中之民主思想》）馮先生指出，在社會生活中，一個人滿足他的欲望必須要有一個限度，如果超過了這個限度，有些欲望則不能滿足，或者需要被勉強地抑制下去。如果達不到這個限度，就會影響他的幸福。法律、道德的規律和組織等的目的，都是為了決定一個適當的限度，這個適當的限度就是「中」。

馮先生說，「和」的意思是不同事物之間的協和。史伯說：「夫和實生物，同則不繼。以他平他謂之和，故能豐長而物歸之。若以同裨同，盡乃棄矣。」（《國語・鄭語》）一個「和」的團體，必須是這個團體裏的每一個人都處在他的適當的地位，每個人的欲望都得到適當的滿足而彼此之間沒有衝突。為了做到這一點，這個團體中的每一個人，都必須按照「中」的原則去做。馮先生還說，一個有序的社會，也是一個和的團體，在這個社會裏，有不同才能、不同職業的人民，處在適當的地位，做著適當的工作，人人滿足，各不相犯。一個理想的世界，也是一個和的團體。《中庸》說：「萬物並育，而不相害，道並行而不悖。小德川流，大德敦化，此天地之所以為大也。」這句話很有道家味，但它是儒家說的話。道家和儒家的分別就是，道家的理想世界是自然的禮物，人類之所以失去理想的世界，是由於「人為」。儒家以為理想世界是人類精神的成就，人類必須有所成就才能獲得。馮先生說，「萬物並育，而不相害」，這叫作「太和」。我們可以說，「和」是使民主偉大的原因。也就是說，民主政治是通向社會和諧的必由之路，只有實行民主政治，才能真正實現社會和諧。

國家需要和諧，世界也需要和諧。人與人之間需要相互尊重、相互包容，國與國之間也需要相互尊重、相互包容。馮先生指出，「仇必和而解」

是客觀的辯證法。不管人們的意願如何，現代的社會，特別是國際社會，都是要照著這個客觀辯證法發展的。

二〇〇一年八月二十二日

為「抽象繼承法」正名

孔　繁*

馮友蘭先生在《三松堂自序》第七章「五〇年代及以後」當中，對於他在五〇年代以後提出關於中國哲學遺產問題所遭受之第一次大的批判，作了回顧。馮友蘭於回顧中，又提出許多寶貴的關於繼承哲學遺產的見解，讀來頗能發人深省。

一九五七年七月八日，馮友蘭先生在《光明日報》上發表了《關於中國哲學遺產的繼承問題》，隨後便展開了一場對馮先生「抽象繼承法」的批判運動。其實這場批判運動的實質問題乃是要不要繼承哲學遺產以及如何正確地繼承哲學遺產問題。

一

* 孔繁，中國社會科學院世界宗教研究所研究員，博士生導師。

馮先生在寫那篇文章時，對當時的歷史背景寫得很清楚：

我們近幾年來，在中國哲學史的教學研究中，對中國古代哲學似乎是否定得太多了一些。否定的多了，可繼承的遺產也就少了。我覺得我們應該對中國的哲學思想，作更全面的瞭解。①

馮先生這話說得很含蓄，只是說當時對古代哲學似乎是否定得太多了些。其實，當時隨著對古代遺產批判的日益緊張，在哲學史領域，對古代哲學大部分持否定態度，而在某些領域，例如宋明理學的研究已成為禁區。這種形勢的出現，與強調反封建的歷史背景相關，然而在繼承遺產方面發生的偏差，卻不能不引起人的憂慮。哲學史研究工作者的任務，或者說他們研究工作的中心課題，便是如何正確繼承哲學遺產問題。如果哲學史上的哲學思想大部分都應加以否定，而可繼承的很少，甚至沒有什麼可以繼

①馮友蘭：《關於中國哲學遺產的繼承問題》，《三松堂自序》，第七章「五〇年代及以後」，人民出版社，一九八四。

承的，那麼，講授哲學史還有什麼意義？這可以說是馮先生寫那篇文章的大前提，即要不要繼承哲學遺產的問題。

我們接著要講的是馮先生當時寫文章的又一前提，這便是如何正確繼承遺產的問題。這裏重要的是對遺產的評估問題，即哲學遺產中是精華多於糟粕，還是糟粕多於精華。而在當時以唯物和唯心畫線、以階級畫線（注：筆者並非否定這些畫線，而是不贊成這些畫線的簡單化處理辦法）而將古代哲學思想大部分歸入糟粕，因而出現馮先生所說否定太多的情況。如果這種評估不改變，哲學遺產當中大部分精華便會被當作糟粕而毀棄。馮先生作為哲學史家，他熱愛古代哲學思想之精華，他對於繼承哲學遺產的執著精神，使他迎風而上肩負起拯救文化遺產的使命。馮先生又作為教育家，他亦有責任矯正被曲解了的哲學史，而不至於在教學當中誤人子弟。

二

為了解決如何繼承哲學遺產問題，馮先生從哲學方法論的高度，提出要區別哲學命題的抽象意義和具體意義，或一般意義和特殊意義。本來專就哲學遺產的繼承問題來說，是不必強調區分抽象和具體或一般和特殊意義的。因為對於遺產，無論從抽象意義、一般意義或具體意義、特殊意義，都是可以繼承的。不能絕對地說只有抽象的可以繼承，而具體的不可以繼承。但在當時要衝破禁區，馮先生不得不對哲學命題的抽象意義和具體意義作出區分。馮先生所說抽象的可以繼承，乃是指具有超時空的永久性的哲學命題，也可以說是超越時代和階級局限的具有永恆性的命題。這些當然是不言而喻的。如果不承認這一點，那麼無論任何文化遺產的繼承問題，都將是談不到了。

馮先生當時區分抽象和具體，亦因為「具體」是實實在在、有確切意義的東西（馮先生語），而在強調歷史是階級鬥爭的歷史條件下，強調哲學的黨派性，以往哲學史上的哲學體系又多是剝削階級的思想家所建立，幾乎沒有農民、勞動人民的哲學思想體系出現。因此，談「具體」可否繼承，甚不容易。所以馮先生僅就其抽象意義立說。馮先生先是提出抽象和具體，為了避免這對範疇在概念上發生混亂，經過審思，又提出一般和特殊。馮先生於哲理的高度，對於抽象和具體、一般和特殊講述十分透徹。他對於一般寓於特殊之中，而特殊亦不能脫離一般而單獨存在這個哲學基本原理，從宇宙論和辯證法方面作了全面的深刻的而又十分生動的論述。

可以說，當時馮先生從一般和特殊的哲理敘述上將如何繼承哲學遺產問題，解說得比較周密和完備。然而由於馮先生強調繼承之重要，而觸犯「繼承」之忌，他的觀點仍被斷章取義地曲解為「抽象繼承法」，將馮先生所說的「抽象」指為脫離具體的抽象，或脫離特殊的一般，這樣，馮先生所說之「抽象」便成為徹頭徹尾的唯心論了。對此，馮先生指出：

> 把我的主張名為「抽象繼承法」，就是要利用人們對於抽象的這種混亂的理解，以說明我的主張的荒謬和不可能，這也是戴帽子的一種辦法。①

馮先生這裏所說人們對於抽象的混亂理解，即指那種認為只要說「抽象」，便是虛無縹緲，不可捉摸，而這並非馮先生所說之「抽象」本義。在強調唯物和唯心兩條路線不可調和時，有關抽象與具體、一般和特殊，其對立統一關係解決不好，發生某種偏離，便有可能被指責為「滑向」唯心論。因為這些命題牽涉到哲學基本原理，比較難於發揮。馮先生面對

①馮友蘭：《三松堂自序》，第七章「五〇年代及以後」。

這些困難，並沒有退縮，他認為從哲理的高度和深度，經過深刻思考，這些命題亦可以得到比較完滿的解答。馮先生提出哲學方法和科學方法之區分，並且採取了邏輯在先的分析方法，他舉例說：

人是動物，這個命題還說明一個道理，那就是，如果要是人，必須先是動物，是動物，是在人之先。這個在先，就叫邏輯的在先，它不是時間的在先，它與時間的先後毫無關係。這並不是說，他必須要今天是動物，明天進化為人。這是進化論的說法，是科學的說法，不是哲學的說法。用這種哲學方法講宇宙，那就叫本體論，用時間先後的講法講宇宙，那就叫宇宙發生論或宇宙形成論。它不就是科學，但類似科學，因為它所用的方法就是科學所用的方法。①

馮先生所說邏輯的在先，並將這種哲學方法與科學方法相區分，甚至將宇宙本體論的方法與宇宙發生論的方法相區分，而採用宇宙論之邏輯的在先的方法，這表明他所用的方法是哲學的最高的方法，是以高度的哲學

① 馮友蘭：《三松堂自序》，第七章「五〇年代及以後」。

思辨和邏輯思維去認識「共相」，即認識一切事物所必須遵循的普遍規律，此即他所說的「抽象」或「一般」。馮先生所說的邏輯的在先，不同於朱熹所說的「理」，也不同於柏拉圖所說的「理念」，亦超越了馮先生《新理學》一書中「理」的觀念。因為他是專就哲學遺產問題來運用邏輯的在先這一哲學方法，這裏並不存在有「理」或「理念」這個前提。可以說，馮先生這裏將「共相」作為一切事物所共同有的性質或一切事物所必須遵循的普遍規律看待時，他的求證方法採取了唯物主義而非唯心主義。因此，將馮先生關於繼承哲學遺產的方法論主張說成「抽象繼承法」，歸入唯心論而大張討伐，那未免更是冤枉了。

三

當時對馮先生「抽象繼承法」之批判，具有結論性的兩條意見是由陳伯達提出的。其第一條，馮先生援引：

也有些人，他們倒不去搞許多繁瑣的考證，卻是在繼承歷史遺產、文化遺產的名義下，在玄虛中繞圈子，把古代加以現代化，把現代加以古代化。例如馮友蘭先生曾經提出所謂「抽象繼承法」，在實質上就是這樣。①

當時陳伯達所批評的馮友蘭把古代加以現代化，把現代加以古代化，可以說是在研究繼承遺產問題上的兩個緊箍咒。因為要繼承歷史遺產，就必須有因有革。因是繼承，革是創新，創新和繼承是辯證關係。創新離不開繼承，繼承是為了創新，這便是繼往開來，即是「化」的歷程，化即發展、演化。馮先生說：

問題在於「化」得對不對，在於「化」之中有沒有歪曲誇張，而不在於「化」，如果不注意於前者，而僅注意於「化」，那就沒有人敢講歷史了，因為講歷史，無論是什麼史，都要對於古代的東西加以解釋，那就是說，都要有點「化」。②

①馮友蘭：《批判的繼承與新的探索》，《紅旗》一九五九年第十三期（轉引自《三松堂自序》，第七章「五〇年代及以後」）。

②馮友蘭：《三松堂自序》，第七章「五〇年代及以後」。

當時大批判的形勢便是像馮先生所說的，講歷史不管你「化」得對與不對，而注意的只是「化」。講繼承歷史遺產，總要涉及對歷史遺產的評估，也要涉及古與今的聯繫。然而，你要是說古代好，那便有以古非今之嫌，以古非今，其罪不小；你要說古代不好，那便有借古諷今之嫌，借古諷今與以古非今同罪。對「化」的這種理解和以「化」論罪，到十年「文革」時期終於惡性發展到不可收拾的地步，真像馮先生所說，哪兒還有人敢講歷史。

關於陳伯達批判馮先生之第二條結論性意見，馮先生援引說：

……在這種所謂「抽象繼承法」裏面，倒真正有它的具體內容，是什麼呢？那就是蘊藏著一種具體的復古主義，即企圖經過某種形式保留中國歷史上的唯心主義體系，企圖把中國封建時代統治階級的一套道德都當作永恆不變的道德。①

①馮友蘭：《批判的繼承與新的探索》，《紅旗》一九五九年第十三期（轉引自《三松堂自序》第七章「五〇年代及以後」）。

這話也有兩個緊箍咒：其一，否定了對唯心主義哲學思想的歷史的應有的評價。其二，否定了傳統道德的可繼承性。它所造成的後果，一是對古代哲學遺產無法再談繼承了；二是對傳統道德是否還有好的優秀的成分，也都一筆抹殺了。對於傳統道德的繼承問題，馮先生亦是十分重視的，他說：

……有些道德是跟著社會來的，只要有社會，就得有那種道德，如果沒有，社會就根本組織不起來，即使暫時組織起來，最後也要土崩瓦解。有些道德是跟著某種社會來的，只有這一種社會才需要的，如果不是這種社會，就不需要它。前者我稱之為「不變的道德」，後者我稱之為「可變的道德」。①

馮先生區分不變的道德和可變的道德，亦是注意到道德也有其普遍意義和特殊意義，或者說一般性和特殊性，任何社會都不能沒有道德，這是道德的普遍性和一般性；而某一種特定的社會又有該社會特定的道德，這

① 馮友蘭：《三松堂自序》，第七章「五〇年代及以後」。

是道德的特殊性。道德的普遍性是不變的，而道德的特殊性是可變的。然而普遍性和特殊性又是辯證統一的。因此，社會道德是不斷地隨著歷史的發展而變化和演進的。倫理道德當中好的傳統是由歷史長期發展積澱形成的，對於傳統道德不容一筆抹殺。馮先生說：

我的企圖並不是要把封建時代傳統階級的「一套」道德都當成不變的道德，正好是相反，我的企圖是要把中國封建時代統治階級的一套道德，加以分析，看看哪些是隨著封建社會而有，所以是可變的；哪些是隨著社會而有，所以是不變的。所謂不變，並不是專靠什麼人說的，靠的是它本身的作用，誰硬要改變它，誰的社會就有土崩瓦解之虞，十年浩劫就給了我們一個例子。①

馮先生這些說法，是主張要有分析、有批判地吸收傳統道德當中的好的東西。哪怕是封建傳統階級的道德，也不能簡單地加以否定，如果一個社會將傳統的道德全否定了，那麼那個社會便沒有道德可言了，十年浩劫

①馮友蘭：《三松堂自序》，第七章「五〇年代及以後」。

不是恰好證明了這一點嗎？

四

上引《三松堂自序》中，馮先生還提出一個重要思想，即關於哲學命題與哲學體系的關係，他說：

其實，把哲學的繼承歸結為對於某些命題的繼承，這就不妥當。哲學上的繼承應該說是對於體系的繼承，一個體系，可以歸結為一個或幾個命題，但是，這些命題是不能離開體系的。離開了體系，那些命題就顯得單薄、空虛，而且對它可以有不同的解釋，容易作出誤解。①

馮先生這裏似乎是在矯正他只是就哲學命題區分抽象與具體的說法，而提醒人們注意命題與體系的聯繫，由此說明繼承不能單單著眼於命題，更應著眼於體系。繼承哲學遺產，只有繼承歷史上那些大思想家所創立的

① 馮友蘭：《三松堂自序》，第七章「五〇年代及以後」。

豐富的哲學體系，哲學史才會是豐富多彩的。這也可以說是馮先生治中國哲學史的一貫思想，馮先生早在三〇年代為他《中國哲學史》作序時即曾說：

吾作此書，見歷史上能為一時之大儒自成派別者，其思想學說大多卓然有所樹立，即以現在之眼光觀之，亦有不可磨滅者。①

馮先生此處所指自成派別者，即指創立哲學體系的思想家，包括儒、釋、道三教的思想家。馮先生所寫哲學史，其墨筆所著力即卓然有所建樹的思想體系之發生和發展。馮先生一九五七年發表的文章是由分析哲學命題入手談如何正確地繼承哲學遺產，而他將哲學遺產的繼承，仍然落腳到對偉大的哲學體系的繼承。中國哲學史是古代哲學家的哲學思想長期發展積澱而成的哲學遺產寶庫，對於這一寶庫，我們應當視為發揚優秀傳統文化的源泉，要十分珍惜它，而不應妄自菲薄。十年「文革」結束之後，經

①馮友蘭：《中國哲學史》（二），商務印書館，一九三三，自序。

過撥亂反正，關於繼承歷史文化遺產的問題成為學術界最為中心的課題，馮先生對繼承哲學遺產的高度重視，以及他在這個問題上提出的正確的指導思想，也日益顯示出它的歷史意義和時代意義。

（本文原載於高秀昌編《舊邦新命——馮友蘭研究（第二期）》，大象出版社，一九九九）

馮友蘭先生的「抽象繼承法」

余敦康*

關於中國哲學遺產的繼承問題，馮友蘭先生稟承「舊邦新命」的文化情懷，畢生都在進行緊張的探索，但在長達近百年的不同時期，由於受時勢的影響，卻是作出了不同的回答，提出了不同的說法。蔡仲德先生將馮友蘭先生的哲學生命歷程分為三個時期：一九四八年以前為第一時期，一九四九年至一九七六年為第二時期，一九七七年至一九九〇年為第三時期。先生在第一時期寫了「三史」「六書」，確立了自己的學術地位，屬於「實現自我」時期。在第二時期，連年接受批判，不斷進行自我批判，屬於「失落自我」時期（事實上馮先生從未完全失落自我，仍然有所堅守，才不斷遭到批判）。一九七七年以後，經歷了肯定、否定、否定之否定的苦難歷

* 余敦康，中國社會科學院世界宗教研究所研究員。

程，走進了「回歸自我」時期。在《三松堂自序》中，馮友蘭先生表明心跡：「在振興中華的偉大事業中，每一個中華民族的成員，都應該盡其力之所及做一點事。我所能做的事，就是把中國古典哲學中的有永久價值的東西闡發出來，以作為中國哲學發展的養料，看它是否可以作為中國哲學發展的一個來源。」臨終前夕，先生住院，《馮友蘭年譜》記載，一九九〇年十一月二日，「下午李澤厚、陳來來探視，先生說：中國哲學將來一定會大放光彩，要注意《周易》哲學」。這是馮友蘭先生圍繞著中國哲學遺產的繼承問題畢生探索的晚年定論，至於一九五七年所提出的「抽象繼承法」則是迫於當時的時勢處於「失落自我」時期所採取的一種變通的說法。因此，我們只有聯繫三個不同時期的說法進行全方位的考察，才能對馮先生前後一貫的用心所在有一個如實的瞭解。

一　實現自我時期

在這個時期，馮友蘭先生站在時代的高度，立足於中國哲學由傳統向現代的轉型，建構了一個「卓然自成一系統」的新理學的體系，並且進一步探索中國哲學對於未來的世界哲學可能作出的貢獻，從而通過「二史」

「六書」的寫作，完滿地實現了自己作為一個世紀哲人的自我。

一九三三年，馮先生寫畢《中國哲學史》下卷，自序云：「此第二篇稿最後校改時，故都正在危急之中，身處其境，乃真知古人銅駝荊棘之語之悲也。值此存亡絕續之交，吾人重思先哲之思想，其感覺當如人疾痛時之見父母也。吾先哲之思想，有不必無錯誤者，然『為天地立心，為生民立命，為往聖繼絕學，為萬世開太平』，乃吾一切先哲著書立說之宗旨，無論其派別為何，而其言之字裏行間，皆有此精神之瀰漫，則善讀者可覺而知也。」在一九四二年寫成的《新原人》的自序中，馮先生又說：「『為天地立心，為生民立命，為往聖繼絕學，為萬世開太平』。此哲學家所應自期許者也。況我國家民族，值貞元之會，當絕續之交，通天人之際，達古今之變，明內聖外王之道者，豈可不盡所欲言，以為我國家致太平，我億兆安心立命之用乎？雖不能至，心嚮往之。非曰能之，願學焉。」

馮先生反覆強調「橫渠四句」既是歷史上「一切先哲著書立說之宗旨」，也是現代哲學家「所應自期許」的學術使命和終極關懷。中國需要現代化，哲學也需要現代化。現代化的中國哲學，並不是憑空創造一個新的中國哲學，歷史的發展是不能割斷的，在發展的過程中，任何一個時代對於前一個時代，都不能全盤否定，而是揚棄，在揚棄中完成了承先啟後、繼往開來的責任。馮先生並不認為自己成功地完成了這種揚棄，而是強調以「橫渠四句」作為終生追求的目標，「雖不能至，心嚮往之。非曰能之，願學焉。」繼承其中的精神，為建構一個適應現代化需要的中國哲學而努力奮鬥。

在這個時期，馮先生著重探索了三個關鍵問題，取得階段性的進展，為建構現代化的中國哲學作出了卓越的貢獻。

首先就是以哲學史為中心，探索中國哲學進入現代化時代的發展趨勢，在兩卷本的《中國哲學史》中，其最後一章的最後一節，題為「經學時代之結束」。馮先生指出，故中國哲學史中之新時代，已在經學時代方結束之時開始。不過此新時代之思想家，尚無卓然能自成一系統者。故此新時代之中國哲學史，尚在創造之中。為了促使中國哲學由經學時代進入現代化時代，必須創造一種「卓然能自成一系統」的新哲學，妥善地處理現代化與民族化的關係，使之融合為一，而不是彼此衝突。這就是中國哲學下一個階段發展的任務了。

二十世紀三〇年代以後，建立自己的哲學體系開始成為哲學界的普遍追求。馮先生認為，當時在中國已經形成了兩個學派，一個是北大學派，一個是清華學派，它們各有自己的傳統和重點。北大哲學系的傳統和重點是歷史研究，其哲學傾向是觀念論，用西方哲學的名詞說是康德派、黑格爾派，用中國哲學的名詞說是陸王。相反，清華哲學系的傳統和重點是用邏輯分析方法研究哲學問題，其哲學傾向是實在論，用西方哲學的名詞說是柏拉圖派，用中國哲學的名詞說是程朱。北大學派繼承了宋明道學中的陸王心學，與西方哲學中的觀念論會通，形成了新心學。清華學派繼承了宋明道學中的程朱理學，與西方哲學中的實在論會通，形成了新理學。這兩個學派所建立的體系雖然傾向不同，重點有異，但卻共同標誌著中國哲學由傳統進入現代化時代的合規律的發展，既是民族的，又是現代的。

一九四六年，馮先生在美國賓夕法尼亞大學講授中國哲學史。這使中國哲學走向世界，將中國傳統哲學介紹給西方，並使西方人士能夠理解。李慎之先生曾經高度評價馮先生的貢獻，認為如果說中國人因為有嚴復而知有西方學術，外國人因為有馮友蘭而知有中國哲學，這大概不會是誇張。

在講稿中，馮先生專門探討了中國哲學中不變的和可變的成分，可變的成分隨著具體歷史條件的變化而變化，不變的成分是更為普遍的東西，具有長遠的價值。正是由於中國哲學中的不變的成分，所以可以和西方哲學相互比較，彼此翻譯，並且在未來的世界哲學中作出獨特的貢獻。

二　失落自我時期

新中國成立後，馬克思列寧主義成為占指導地位的意識形態，如何通過一系列的思想改造運動，學習、認同並在此意識形態指導下進行相關學科的研究，是所有從舊社會過來的知識份子的首要任務。

這時的馮先生，一方面，像當時大多數人一樣，對新社會滿懷希望；另一方面，他對改造深感痛苦。關於這種矛盾的心態，馮先生自己曾經作了具體的說明。馮先生說：「在解放以後，我也寫了一些東西，其內容主要是懺悔。首先是對我在四〇年代所寫的那幾本書的懺悔，並在懺悔中重新研究中國哲學史。但是在有些時候，也發表了一些不是懺悔的見解和主張。這些見解和主張剛一提出來，就受到了批判。其中比較大的有兩次：一次是關於哲學遺產的繼承問題，另一次是關於理論與實踐的問題。」

一九五七年春天的中國哲學史討論會在北京大學臨湖軒召開，由中宣部組織指導，哲學系主任鄭昕教授主持，參加者有馮友蘭、賀麟等老一輩學者，還有張世英、陳修齋、朱伯崑等中青年學者，更有馬克思主義哲學權威艾思奇、胡繩等，以及當時理論戰線紅人關鋒、吳傳啟等，共四五十人。我是作為旁聽的研究生與會的，有幸成為一名在場者。會議的氛圍並非如後來有人想像的那樣：由於尚未開展反右派鬥爭，討論會便成為一次學術上的百家爭鳴；恰恰相反，當時是理論宣傳部門看到哲學史學術研究態度和方法有多元化的苗頭，想通過這次會議統一思想，目標是使日丹諾夫的哲學史定義成為學界共識。稟承上級意旨參會的關鋒是活躍人物，發言強調哲學黨性原則，語調尖銳，鋒芒逼人。在這種情勢下，學者的發言，敢講與會議主旨有所不同的意見是需要有些勇氣和智慧的。會上馮先生首先肯定了日丹諾夫的哲學史定義，認為哲學史是唯物主義思想在與唯心主義鬥爭中發展的歷史，是辯證法思想在與形而上學的鬥爭中發展的歷史。這種哲學史觀是關於哲學史研究的正確的理論，同時，也是研究哲學史的正確的方法。但是，在把這種哲學史觀運用於中國哲學史的教學研究中，對中國古代哲學似乎是否定得太多了一些。否定的多了，可繼承的遺產也就少了。因此，我們應該注意到哲學命題的兩方面的意義：一是抽象的意義，一是具體的意義。具體的意義沒有什麼可以繼承的，但按其抽象意義說，大部分還是可以繼承的。

所謂具體的意義，是指按照哲學史的黨性原則，認為唯物主義和唯心主義具有階級屬性，唯物主義代表進步階級利益，唯心主義代表反動或沒落階級利益，哲學史上兩條路線的鬥爭，是階級鬥爭在意識形態領域的反映。所謂抽象的意義，是指哲學思想中有為一切階級服務的成分，對一切階級都有用。馮先生並沒有否定具體的意義，只是強調，同時具有抽象的意義，一部哲學史如果單從具體的意義看是相互之間的對立和鬥爭，如果同時注意到其中的抽象的意義，就會看到繼承和延續的一面。在當時貫徹落實哲學史黨性原則的時代氛圍中，馮先生提出了著名的「抽象繼承法」，殫精竭慮、苦心孤詣為哲學傳統的延續提供了一條新的思路。

這是馮先生在失落自我時期最重要的一次反思，也是他在嚴峻環境中重新探尋自我的可貴努力。值得注意的是，馮先生的反思不為人們所理解，受到多數人的反對，成為批判的靶子。反對的意見主要是維護黨性原則，堅持階級分析的方法，認為馮先生抹殺唯物主義與唯心主義的鬥爭，忽視哲學思想的階級性，表現了過去新理學體系中「理在事先的客觀唯心主義」。後來，馮先生對自己的說法多次辯解，比如認為可以把「抽象意義」「具體意義」修正為「一般意義」與「特殊意義」，即可避免人們的誤解，但仍然堅持說，其基本的主張，我現在認為還是可以成立的。

實際上，關於哲學遺產繼承的問題，馮先生在新中國成立前已經進行了全面的研究，並且建立了自己的體系，有一套系統的主張，新中國成立以後，由於接受改造，處於失去自我時期，其中有一些主張不合時宜，不能再提了。比如把「橫渠四句」奉為歷代先哲著書立說之宗旨，是現代哲學家所應自期許的學術使命；比如鼓勵哲學家建立卓然自成一系統的體系，要接著講，不要照著講；比如推崇當時的兩個學派，一個是結合西方觀念論和中國陸王的北大學派，另一個是結合西方實在論和中國程朱的清華學派，認為這兩個屬於唯心主義陣營的學派可以使中國哲學走向世界，為世界哲學作出貢獻。諸如此類的一些主張，從意識形態的角度看，明顯地站在反動的立場，公然與馬列主義相抗衡。馮先生採取了步步退卻的辦法，閉口不談這些帶有政治敏感性的主張，僅僅局限於談論哲學遺產的抽象繼承問題，即令出現偏差，受到批判，也可以自我辯解，從容應對。

三　回歸自我時期

在這個時期，通過對「文革」極「左」思潮的反思，馮先生在《中國哲學史新編》的全書總結中談了兩部分的內容：一為從中國哲學史的傳統看哲學的性質及其作用，一為從中國哲學的傳統看世界哲學的未來。

關於哲學的性質，馮先生認為，哲學不是初級的科學，不是太上科學，也不是科學，而是人類精神的反思。所謂反思就是人類精神反過來以自己為對象而思之，人類的精神生活的主要部分是認識，所以也可以說，哲學是對於認識的認識。但哲學並不等於認識論，不就是認識論。認識論是不問認識的內容的，而對於人類精神生活的反思則必包括這些認識的內容。人類的精神生活是極其廣泛的，概括地說，有三個方面：自然、社會、個人的人事。人類精神的反思包括三個方面以及其間互相關係的問題。這些都是人類精神的反思的對象，也就是哲學的對象。

哲學是一種理論思維，用抽象概念比較多。抽象則易流於空虛，概念則易流入僵化。空虛和僵化是與豐富多彩、變化多端的客觀存在不相符合的。因而哲學講的是「具體的共相」，反對「抽象的共相」。共相即一般，具體即特殊。一般寓於特殊之中，特殊不能離開其中所寓之一般而存在。講一般而又顧及其所寓之特殊，這個一般就是「具體的共相」。可以看出，馮先生的這個講法和失落自我時期的「抽象繼承法」的講法有所不同，而回歸於新理學的「別共殊」的講法了。在新理學的系統中，馮先生著重討論了共相與殊相、一般與個別的關係問題，認為這是哲學的根本問題，也是中西哲學共同的問題，如果過去為了避免人們橫加指責，扣上實在論的唯心主義的帽子，現在回歸自我時期，則是恢復了學術自信，可以重新論證了。

「文化大革命」中，先生遭受種種迫害，苦不堪言。進入新時期，先生開始「新編」的寫作，立足於個人的切身感受，總結歷史的經驗教訓，對中國的哲學與文化有了更為深刻的理解，建立了新的哲學觀。先生指出，人類精神的反思是人類精神生活達到很高階段的產物。人類精神的反思，只有人類精神生活中的過來人，經過了其中的曲折與鬥爭、成功與失敗，深知其中甘苦的過來人，才能充分地瞭解。哲學史中的大哲學體系都是一套人類精神的反思。一個民族的文化，是一個民族精神活動的結晶。一個民族的哲學是一個民族的精神對於它的精神活動的反思，從這個意義說，一個民族的哲學是一個民族的文化的最高成就，也是它的理論思維的最高發展。

馮先生指出，黑格爾的《精神現象學》，是一部完整的哲學著作，他講的確切就是精神的反思，就是人類精神發展的全部過程。人類精神經過了艱苦的鬥爭，曲折的道路，最後達到了自覺。好像玄奘往西天取經，在路上經過了許多艱險，戰勝了許多妖魔，終於到了雷音寺，見了如來佛。可是如來佛就是他自己，見了如來佛就是認識了他自己。所謂精神的自覺，也就是精神認識了他自己。如果黑格爾把他所說的精神確定為人類的精神，《精神現象學》不失為一部人類精神發展史。

在中國哲學史中，《周易》這部書可以說是一部《精神現象學》。不過這一部《精神現象學》不是一個人作的，而是經過許多年代，通過許多人的發揮才完成的。歷代為《周易》作傳、作注的人，都是對於這部《精神現象學》有貢獻的。不過，在戰國時期出現的《易傳》中，這部《精神現象學》之為精神現象學的面貌，就已經確定了。

宋代的哲學家張載在《正蒙・太和篇》中曾經把《周易》的核心思想概括成四句話：「有象斯有對，對必反其為，有反斯有仇，仇必和而解。」

其中第一句話「有象斯有對」，是說世界上林林總總的各種法象必然形成相互對立的方面。第二句話「對必反其為」，是說其對立方面的行為方式必然相反，彼此排斥。第三句話「有反斯有仇」，是說有了排斥，就免不了產生矛盾、衝突和鬥爭。第四句話「仇必和而解」，是說這種對立和鬥爭並不以一方消滅另一方作為最終的結局，而是相反相成，協調配合，趨向於和解，使整個世界煥發出蓬勃的生機。張載所概括的《周易》的核心思想也就是中國古典哲學的精神，這種哲學精神也就是從對立中求統一的精神，化衝突為和諧的精神。這種哲學所追求的理想目標，就是凝結著真、善、美的太極，是貫穿著和諧統一的太和。太極和太和作為一種理想的目標，幾千年來，一直激勵著中國歷代的哲學家進行不懈的探索，在苦難卑微的現實中，它如同熊熊燃燒的火炬，如同永不熄滅的理想之光，照亮人們前進的道路，也必將指引現代的中國人走向未來。

馮先生根據這種體現在《周易》中的中國哲學傳統的精神來反思進入現代化時代的中國人的歷史，特別是反思毛澤東和中國現代革命的歷史。馮先生指出，毛澤東思想的發展，可分為三個階段：㈠新民主主義階段；㈡社會主義階段；㈢極「左」思想階段。毛澤東的思想發展的三個階段，其性質是大不相同的。第一階段是科學的，第二階段是空想的，第三階段是荒謬的。第三階段是指「史無前例」的「文化大革命」，其所以是「荒謬」的，是因為它公然違反既講對立又講統一的客觀的辯證法，把矛盾鬥爭奉為絕對，宣揚在無產階級專政下的繼續革命，極力破壞兩個對立面所共處的那個統一體。中國古典哲學的「仇必和而解」的思想，是要維持兩個對立面所處的那個統一體，是把統一放在第一位，因而這種極「左」思潮的鬥爭哲學也是與中國古典哲學不合的。

在當今的世界上，存在著一系列的衝突，就全球範圍而言，有各種文明之間的衝突，也有各個地區之間的衝突。就一個國家的內部而言，有個體與群體之間的衝突，也有不同利益集團之間的衝突。至於解決這些衝突的方法，可以有兩種不同的選擇：一種是立足於鬥爭，把衝突的雙方看成是二元對立，採取激烈鬥爭的方法，進行強制性的控制。另一種是立足於和諧，採取「仇必和而解」的方法，盡可能地化解矛盾，把衝突的雙方納入一種相反相成的關係之中。從中外古今人類所積累的大量實踐經驗來看，前一種方法並不能有效地解決衝突，而後一種方法才是唯一正確的選擇。《周易》作為人類精神的反思，經過了艱苦的鬥爭，曲折的道路，最後達到了自覺，提出了「仇必和而解」的方法解決衝突，凝聚了豐富的智慧，雖然形成於古代，但在現代仍然具有強大的生命力和普遍的指導意義。這就是中國哲學的傳統和世界哲學的未來。

馮友蘭關於傳統與現代化的思考

余敦康

馮友蘭先生是二十世紀的同齡人，經歷了從辛亥革命、五四運動、抗日戰爭、新中國建立、「文革」動亂直到改革開放新時期的全過程。在他漫長的一生中，雖然馮先生的哲學思想發生了多次變化，但是變中自有不變者在，這就是始終不渝地聯繫到中華民族的興亡和中國文化的前途，圍繞著傳統與現代化的關係堅持不懈地上下求索，試圖找到一條切實可行的轉化之路。馮先生曾說：「我生活在不同的文化矛盾衝突的時代。我所要回答的問題是如何理解這種矛盾衝突的性質，如何適當地處理這種衝突，解決這種矛盾。又如何在這種矛盾衝突中使自己與之能適應。」①這段話不僅表述了馮先生個人的心聲，同時也具有普遍的意義，代表了生活在現代

①馮友蘭著《三松堂自序》，〈明志〉，人民出版社，一九八四。

的一大批中國哲學家的共同的心聲。關於中西古今文化的矛盾衝突是時代的主題，所有站在時代前列從事思考的哲學家，莫不為這個主題所困擾，普遍抱著「以憂患之心思憂患之故」的心態，提出了各種不同的理解和解決思路，創建了各種不同的哲學體系，這就使得中國的現代哲學再現了如同春秋戰國時期「百家爭鳴」那樣的輝煌，營造了一種如同《易大傳》所說的「天下同歸而殊途，一致而百慮」那樣的格局。如果單就「殊途」「百慮」的一面而言，各家之間相互攻駁，爭論不休，一部現代中國哲學史可以說是由一系列的論戰所構成的鬥爭史。馮先生的新理學的體系，由於個性鮮明，思路獨特，往往被捲入到鬥爭的中心，褒貶不一，讚揚者有之，譴責者亦有之，他成為二十世紀最有影響也最有爭議的一位哲學家。但是，如果我們撇開由歷史的偶然因素所形成的學派偏見，站在中國從傳統向現代轉化的複雜進路和坎坷歷程的宏觀角度，著眼於其「一致」和「同歸」的一面，就可以看出，馮先生和其他各位同時代的哲學大師一樣，他們所探索的主題以及所研究的對象是共同的，所以雖「百慮」而「一致」；他們都有一顆拳拳的愛國之心，無限關懷祖國的命運和文化的重建，所追求的目標是相通的，所以雖「殊途」而「同歸」。據此而言，一部現代中國哲學史就不能簡單地歸結為各種學派和各種思潮互爭雄長的鬥爭史，而應該看成是圍繞著共同的時代主題進行探索的歷史，從總體上呈現出一種多元並存、互動互補、和而不同的豐富多彩、儀態萬千的面貌。馮先生的哲學體系作為多元中的一元，因而也就具有不可磨滅的價值和不可取代的地位。當我們立足於這種宏觀的歷史背景來重新研究馮先生的哲學著作時，可以發現，馮先生畢生辛勤的探索從來沒有脫離時代的主題，其所凝結的探索成果貫穿了一條獨特的一以貫之的思路，顯示了理性的洞見和深邃的智慧，直到今天仍未喪失現實的意義，給後人以啟迪。

一 「貞下起元」「舊邦新命」：馮先生哲學探索的根本關懷

在《新原人・自序》中，馮先生說：「『為天地立心，為生民立命，為往聖繼絕學，為萬世開太平』。此哲學家所應自期許者也。況我國家民族，值貞元之會，當絕續之交，通天人之際，達古今之變，明內聖外王之道者，豈可不盡所欲言，以為我國家致太平，我億兆安心立命之用乎？雖不能至，心嚮往之。非曰能之，願學焉。此《新理學》《新事論》《新世訓》，及此書所由作也。」這四部書後來加上《新原道》《新知言》，總名之曰「貞元之際所著書」。在《三松堂自序》中，馮先生解釋說：「所謂『貞元之際』，就是說，抗戰時期是中華民族復興的時期。當時我想，日本帝國主義侵略了中國大部分領土，把當時的中國政府和文化機關都趕到西南角上。歷史上有過晉、宋、明三朝的南渡。南渡的人都沒有能夠活著回來的。可是這次抗日戰爭，中國一定要勝利，中華民族一定要復興，這次『南渡』的人一定要活著回來，這就叫『貞下起元』，這個時期就叫『貞元之際』。」這種發自肺腑的真誠的表白，說明馮先生的哲學探索，並非是躲在象牙塔裏從事概念的遊戲，為了建構一種玄虛的純哲學體系以自娛，而是服務於救亡圖存、振興中華的崇高目標，表現了一位偉大的愛國主義者的廣闊的胸懷。

當時馮先生以清醒的理性分析了中日戰爭的性質，指出日本是工業國，中國是農業國；日本業已完成了向現代的轉化，中國則仍然處於前現代的半殖民地的地位；日本成為東亞的城裏人，中國成為東亞的鄉下人。為了壓制中國，叫中國永遠當鄉下人，所以日本必須派大量軍隊來侵略中國，這就是中日衝突的根本原因，而衝突的性質也就是工業國與農業國、現代與前現代之爭。馮先生認為，為了取得抗戰的勝利，唯一可行的路就是擺脫落後的狀態，迅速由農業國轉變為工業國，進行現代化的建設。這是中國進步的一個必經的階段，一個必過的關。知其是必過的關，則即非往前闖不可。闖過也要闖，闖不過也要闖。因此，馮先生提出了「且戰且走」的口號，主張一面抗戰，一面建國，弘揚中國文化與「鬥爭的精神」異曲同工的「無逸」的精神。馮先生指出，中華民族四千年的生存，就是靠這種精神維持的，以這種精神作為強大的精神力和道德力，再加上現代的知識、技術和工業的補充，加速現代化的進程，抗戰必勝，中華民族也一定會復興。在《新事論・贊中華》篇中，馮先生滿懷信心地指出：「真正底『中國人』已造成過去底偉大底中國。這些『中國人』將要造成一個新中國，在任何方面，比世界上任何一國，都有過無不及。這是我們所深信，而沒有絲毫懷疑底。」這種完全以國家民族為念的根本關懷和堅定樂觀的信念，是推動馮先生從事哲學探索的最基本的原動力，也構成了「貞元之際所著書」的總的基調。

五〇年代以後，經歷了「文革」前的批判和「文革」中的折騰，到了晚年，馮先生仍然是未改初衷，矢志不移，抱著這種根本關懷和樂觀信念從事「新編」的寫作。在《三松堂自序・明志》中，馮先生說：「中華民族的古老文化雖然已經過去了，但它也是中國新文化的一個來源，它不僅是過去的終點，也是將來的起點。將來中國的現代化成功，它將成為世界上最古、又是最新的國家，這就堅強了我的『舊邦新命』的信心。新舊結合，舊的就有了生命力，就不是博物館中陳列的樣品了；新的也就具有了中國自己民族的特色。新舊相續，源遠流長，使古老的中華民族文化放出新的光彩。現在我更覺得這個展望並不是一種空想、幻想，而是一定要實現，而且一定能實現的。」

長期以來，學術界對馮先生哲學思想的評論，多半側重於意識形態的批判或者純哲學理論的邏輯分析，不大重視馮先生的根本關懷所在，模糊淡化馮先生「貞下起元」「舊邦新命」的哲學抱負，這就免不了會產生許多誤解。為了對馮先生所創造的哲學業績求得一個客觀公正的評價，對馮先生在中國現代化的思想進程中作出合理的定位，有必要特別強調馮先生畢生追求的目標和探索的重點。這是我們重新研究馮先生哲學思想的一個基本的出發點。

二 「貞元六書」：一個理事兼備、體用一源的完整體系

馮先生的新理學體系，形成於抗日戰爭的四〇年代，由「貞元六書」所構成。馮先生指出：「這六部，實際上只是一部書，分為六個章節。這一部書的主要內容，是對於中華民族的傳統精神生活的反思。凡是反思，總是在生活中遇見什麼困難，受到什麼阻礙，感到什麼痛苦，才會有的。如同一條河，在平坦的地區，它只會慢慢地流下去。總是碰到崖石或者暗礁，它才會激起浪花。或者遇到了狂風，它才能湧起波濤。」①所有這些困難、阻礙和痛苦，都是由中國社會沒有完成向現代化轉型所引起的，在經濟上缺乏一個產業革命的變革，在文化上落後於世界上的先進各國，落後就要挨打，因而中國人遇到了「一個空前底挫折，一個空前底恥辱」。這種民族的興亡與歷史的變化在馮先生的內心深處引起了軒然大波，促使他進行反思。由此可以看出，「貞元六書」所反思的問題並不是與人生日用毫無關聯的純哲學的問題，也並非是引進西方的新實在論接著程朱理學講，僅僅著眼於中西哲學的結合。實際上，其所反思的問題雖然涉及方方面面，就總體而言，全部是關乎國家民族命運，探索如何使之克服前進道路上所

① 《三松堂自序》，第二四五頁。

遇到的困難、阻礙和痛苦，由一個傳統的舊中國轉變為一個現代化的新中國，以平等的姿態自立於世界民族之林。換句話說，「貞元六書」是一部憂患之書，是一部中華民族在那個面臨著「空前的挫折」和「空前的恥辱」時代尋找如何脫困的出路之書。

關於這六部書的內在結構及其在新理學體系中的地位，馮先生本人在前後不同時期有各種不同的說法。在一九四〇年寫成的《新世訓》的自序中，馮先生說：「事變以來，已寫三書。曰《新理學》，講純粹哲學。曰《新事論》，講社會文化問題。曰《新世訓》，論生活方法，即此是也。書雖三分，義則一貫。所謂『天人之際』，『內聖外王之道』也。合名曰《貞元三書》。貞元者，紀時也。當我國家民族復興之際，所謂貞下起元之時也。我國家民族方建震古鑠今之大業，譬之築室，此三書者，或能為其壁間之一磚一石歟？是所望也。」一九四六年寫成《新知言》，馮先生在自序中又提出了另一個說法：「《新原道》述中國哲學之主流，以見新理學在中國哲學中之地位。此書論新理學之方法，由其方法，亦可見新理學在現代世界哲學中之地位。」「新理學之純哲學底系統，將以《新理學》《新原人》《新原道》及此書，為其骨幹。」五〇年代以後，馮先生的純哲學系統受到猛烈的批判，他的哲學抱負被視為狂妄，受到主流意識形態的排斥，被迫無奈，有時為《新原人》辯護，有時為《新原道》辯護，似乎是以為其他的四部書都可以否定，唯獨這兩部書對於提高人的精神境界和闡明中國哲學的特點多少有一點價值。馮先生前前後後的這三種說法，語境不同，強調的重點很不一樣，這對我們準確地把握六書的內部關係，如實地理解新理學體系的性質，確實是增加了不少困難。

應當承認，馮先生對自己的純哲學系統是十分鍾愛的。《新理學》是這個系統的總綱，著重討論共相與殊相、一般與個別的關係問題。馮先生認為，這是哲學的根本問題，也是中西哲學共同的問題，中國哲學從公孫龍一直討論到程朱理學，西方哲學從柏拉圖一直討論到新實在論，但是這種討論在中國哲學中卻有著特殊的表現形式和特殊的方法。就其表現形式而言，涉及真際與實際、道與器、理與事、體與用、天與人、內聖與外王諸多方面的關係。就其所用的方法而言，主要是一種負的方法、直覺的方法，至於西方所慣用的邏輯分析的方法則非其所長。新理學融貫中西，接著程朱理學繼續討論，建立了一個名之曰「新統」的純哲學系統，作出了很大的創新，解決了存留於中西哲學中的許多疑難問題。從這個角度看，馮先生著眼於純哲學系統的成功的建構，把《新理學》《新原人》《新原道》《新知言》說成是這個系統的骨幹，自有充分的理由，如同當年張載在完成了自己的體系時所說的，「此某不敢自欺，亦不敢自謙，所言皆實事」。

但是，純哲學系統所討論的問題，有真際而不著實際，極高明而不道中庸，如果僅僅停留於這個層面，不進一步討論實際的文化社會問題，用中國哲學的標準來衡量，就叫作有體而無用，有虛而無實，明於理而暗於事，蔽於天而不知人，內聖與外王不相貫通。這是中國哲學的大忌，馮先生當然不會滿足於只做一個專門從事抽象思辨的純哲學家，他反覆引用「橫渠四句」以自勉，追求此二者的結合，以達到經世致用的目的，使自己的哲學服務於貞下起元振興中華的大業，所以他不能不走出純哲學的領域，去討論許多實際的問題。從這個角度看，《新事論》和《新世訓》這兩部書在新理學體系中就占有十分重要的地位，值得認真研究。

馮先生晚年並不把《新事論》看得很重。關於《新世訓》，馮先生說：「現在看起來，這部所講的主要是一種處世術，說不上有什麼哲學意義，境界也不高，不過是功利境界中人的一種成功之路，也無可值得回憶了。」①這種有意的忽視和貶抑是在晚年經過自我否定後的特殊語境下說的，當他早年剛剛寫成了「貞元三書」之時，卻是充滿著一種無限欣喜的自豪自詡的心態，並對三書作了很高的評價：「書雖三分，義則一貫。所謂『天人之際』，『內聖外王之道』也。」如今時過境遷，歷史的偶然因素不復存在，我們可以不必拘泥於馮先生本人晚年過分的貶抑，而應該以早年的說法為據，重新恢復這兩部書本來應有的地位。

照馮先生看來，新理學作為一個完整的體系，業已由「貞元三書」所完成，《新理學》是這個體系的純哲學的依據，著重於講理；《新事論》是純哲學的實際運用，著重於講事；《新世訓》討論功利境界中人的成功之路，也是講事的。這三部書合起來看，就是一個明體達用、理事無礙的完整的體系。因此，他對「貞元三書」作了很高的評價，意思是他的新理學的體系已經完整體現在這三部書之中了。但是，就純哲學的系統而言，意猶未盡，還有許多問題沒有討論到，所以又接著寫了另外三部書，即《新原人》《新原道》《新知言》，作為「新理學之純哲學底系統」的補充。

①《三松堂自序》，第二六〇頁。

馮先生純哲學系統的幾部著作從問世之日起，就引來了許多批判，認為這是一種玄虛的哲學，背離了中國哲學傳統的精神，體用殊絕，理事割裂，無實事求是之意。但是，如果我們聯繫《新事論》《新世訓》這兩部書看，這種批判完全是一種誤解，不僅誤解了新理學的根本性質，而且也誤解了馮先生在貞元之際所探索的時代主題。實際上，《新事論》的宗旨是「中國到自由之路」，《新世訓》的宗旨是「生活方法新論」，其中所討論的問題都是當時國家民族前進道路上所遇到的十分實際的問題，絲毫沒有玄虛的味道。《新事論》以「別共殊」開篇，《新世訓》以「尊理性」開篇，說明這種討論是以純哲學系統中所討論的共相與殊相的關係為依據。追求理與事的結合，因而新理學的體系是由純哲學系統和實際應用的哲學系統共同構成。如果我們只關注它的純哲學系統，不重視對《新事論》和《新世訓》的研究，那就是歪曲了它的本來面貌，把一個完整的體系變成一個跛腳的體系了。

三　「別共殊」：一個由傳統向現代轉型的新模式

自五四以來，圍繞著中國如何擺脫落後挨打的地位，走上現代化的道路，學術界展開了熱烈的討論，並且形成了兩個壁壘分明、針鋒相對的思想派別：一個是「全盤西化」派，另一個是「本位文化」派。這兩派爭論的焦點是中西文化孰優孰劣的問題。「全盤西化」派認為西方文化優於中國文化，中國當時所有一切消極的東西，都是由傳統遺留下來的，這是一個因襲的重擔，為了向現代轉型，必須與傳統徹底決裂，全盤西化。「本位文化」派則認為，這是一種民族虛無主義的看法。他們援引許多歷史事例，證明中國的精神文明優於西方，中國文化走的是一條與西方不同的進路，只是在物質文明的層面暫時落後於西方，主張「中體西用」。這兩個思想派別，前一派以陳獨秀、胡適為代表，帶有激進的傾向。後一派以梁漱溟、杜亞泉為代表，帶有保守的傾向。這兩派的爭論就其表現形式而言，是關於中西文化優劣之爭，屬於文化史觀的範疇，就其實質而言，乃是關於中國走向現代化應該選擇何種道路、採取何種模式的一種緊張的探索，並不是一個單純的學術問題。馮先生一直是關注這兩派的爭論，並且站在哲學的高度，把他們所爭論的中西文化優劣的問題轉化為一個如何明確地區別共相與殊相的問題，一方面肯定了他們探索的成果，一方面也指出其片面性的失誤，從而獨樹一幟，提出了自己所設想的「中國到自由之路」

的藍圖。在《新事論》中，馮先生運用這種「別共殊」的思路，分古今，辯城鄉，說國家，原忠孝，談兒女，闡教化，評藝文，討論了中國由傳統向現代轉型所面臨的各個方面的問題，既有思想的廣度，又有思想的深度，實質上是對現代化模式的一種全面的思考，與「全盤西化」派和「本位文化」派所設想的模式鼎立而三，共同構成中國現代化的思想進程中的一大景觀。在當時那個三派鼎立的時代，「全盤西化」派的激進主張屬於左翼，「本位文化」派的保守主張屬於右翼，馮先生的「別共殊」的主張並非激進，也不保守，屬於中間派。中間派是不好當的，常常會受到來自左翼和來自右翼兩方面的攻擊，而且也處於少數的地位，不易得到多數人的贊同，形成一種人多勢眾的強大思潮。但是，唯其如此，也正好顯示出馮先生所倡導的這種「別共殊」的現代化模式的獨特的個性，及其所具有超越其他兩派之上的綜合創新的精神。

馮先生指出，一般人所說的東西之分，不過是古今之異，所謂古今之異，其實就是社會各種類型的不同。我們近年來之所以到處吃虧，並不是因為我們的文化是中國的，而是因為我們的文化是中古的。西方文化之所以是優越的，並不是因為它是西方的，而是因為它是近代的或現代的。中古的文化是農業文化，其社會類型是以「家」為本位；近代或現代的文化是工業文化，其社會類型是以「社會」為本位，某一種社會類型是共相，某一個國家或民族是殊相。某一個國家或民族在某一時期是某一類型的社會，而在另外一個時期可以轉化或發展成為另一種類型的社會。這就是共相寓於殊相之中。因此，中國文化面臨的問題，只是將我們的文化自一類轉入另一類，即由農業文化轉入工業文化，由中古類型轉入現代類型，並不是將我們的一個特殊的文化，改變為另一個特殊的文化。當這種轉變成功，從共相的角度看，中國就進入到世界上先進國家的行列，中國文化也就成為現代化的類型，但從殊相的角度看，中國仍然是中國，中國文化仍然保留著自己所特有的個性。馮先生認為，這是中國由傳統走向現代的一個最合理的選擇，「全盤西化」和「本位文化」的主張之所以說不通，行不通，是因為他們不懂得「別共殊」，在這個根本問題上發生了思想混亂，只把文化看成是一種特殊的文化而不知其類型。

在《新事論》的「別共殊」篇中，馮先生對這兩派都提出批評。他說：「如所謂西洋文化是指一特殊底文化，則所謂全盤西化者必須將中國文化之一特殊底文化完全變為西洋文化之一特殊底文化。如果如此，則必須中國人俱說洋話，俱穿洋服，俱信天主教或基督教等等，此是說不通，亦行不通底。」主張中國「本位文化」論者把中國文化看作一種特殊的文化，認為全盤西化，則中國失其所以為中國，雖然他們也認為中國文化有當存者，有當去者，西洋文化中亦有中國所當取者，但是由於不識共相，不明類型，難以確定取捨的標準，總體上表現了一種保守的傾向。比如：「有人說，中國的文言文，是當存者。有人說，中國的舊道德，是當存者。但無論如何說，如果以所謂中國文化為一特殊底文化而觀之，其說總是武斷底。」

馮先生根據這種「別共殊」的觀點，提出了自己具體的主張。他說：「所謂西洋文化是代表工業文化之類型的，則其中分子凡與工業文化有關者，都是相干的，其餘都是不相干的。如果我們要學，則所要學者是工業化，不是西洋化。如耶穌教，我們就看出他是與工業化無干的，即不必要學的。我在朋友中間，他們一有說到『西洋化』，我總是要說『工業化』……照我們的說法，我們要『工業化』，即與工業化有關者皆要，否則不要，則主張『全盤西化』與『部分西化』者大約都可滿意了。而主張『中國本位』者也該滿意了，以中國為本位，與『工業化』衝突者去之，不衝突者則存之。」①關於中國的當務之急，馮先生指出：「中國現在最大底需要，還不是在政治上行什麼主義，而是在經濟上趕緊使生產社會化，這是一個基本。至於政治上應該實行底主義是跟著經濟方面底變動而來的。有許多所謂教育文化方面底事，都是這樣底。」「生產社會化的開端，始於工業。」「所謂民主政治，即是政治的社會化。政治的社會化，必在經濟社會化底社會中，才能行。」「一種社會制度，是跟著一種經濟制度來底；一種經濟制度，是跟著一種生產方法來底。不從根本上著想，不從根本上努力，而只空洞地講『應該』，講『奮鬥』，講『法律』都是無補實際底。」在教育制度的改革方面，馮先生主張，「在生產社會化底社會裏，教育制度亦須工廠化」。「對於教育人才，亦要集中生產，大量生產，細密分工。」「教育制度工廠化與教育商業化並不是一回事，亦不是一類底事。教育商業化是不好底，但教育制度工廠化，則是好底，是生產社會化底社會所必要有底。」關於道德方面的變革，馮先生指出：「我們是提倡所謂現代化的。但在基本道德這一方面是無所謂現代化底，或不現代化

①馮友蘭著《三松堂學術文集》，北京大學出版社，一九八四，第三九二頁。

底。」「只要有社會，就需有這些道德，無論其社會，是哪一種底社會。這種道德中國人名之曰『常』。常者，不變也。照中國傳統底說法，有五常，即仁，義，禮，智，信。」「此五常是無論什麼種底社會都需要底。這是不變底道德，無所謂新舊，無所謂古今，無所謂中外。」「忠孝是因以家為本位底社會之有而有底道德。」「忠孝可以說是舊道德。我們現在雖亦仍說忠孝，如現在常有人說，我們要對於國家盡忠，對於民族盡孝，不過此所說忠孝與舊時所謂忠孝，意義不同。此所說忠孝是新道德。我們可以說，對於君盡忠，對於父盡孝，是舊道德；對於國家盡忠，對於民族盡孝，是新道德。」總起來說，馮先生認為：「中國現在所經之時代，是生產家庭化底文化，轉入生產社會化底文化之時代，是一個轉變時代，是一個過渡時代。」所謂過渡時代也就是繼往開來的時代，傳統創新的時代。「社會上底事情，新底在一方面都是舊底的繼續。有繼往而不開來者，但沒有開來者不在一方面是繼往。」①

馮先生的這些話是在半個多世紀前中華民族正處在最危險的時候寫下

① 以上引文均見《新事論》。

的，今天讀來，仍然振聾發聵，對其識見的高超、理性的睿智和分析的透闢驚歎不已。就其主張向西方與工業化有關的現代文化全面學習而言，表現了一種開放的心態和「拿來主義」的精神，與「本位文化」派的保守傾向判然有別。就其對繼往開來的展望而言，表現了一種對中國傳統文化的熱愛和對保存民族個性的執著，與「全盤西化」派的那種反傳統的激進傾向迥然不同。就其對中國當務之急的認識及其所設想的具體的改革步驟而言，具有實際的可操作性，完全是一種現實性的切中要害的思考，與以上兩派停留於「烏托邦」層面的專尚空談不切實際的書生之見也有很大的不同。特別是馮先生把中國現在所經之時代定性為轉變時代、過渡時代，清醒地估計到這個過程必然是曲折艱難，表現了一種高度的預見性，更是發人深省。所有這些真知灼見貫穿著一條一以貫之的思路，這就是「別共殊」。馮先生根據這條思路，設計了一個「中國到自由之路」的現代化的模式。這個模式凝結了馮先生的根本關懷和哲學抱負，體現了那個時代精神的精華，是一個比他的純哲學系統更有時代意義也更有永恆價值的探索成果。

五〇年代以後，馮先生對自己的新理學的體系作了自我檢討，不再堅持了，對自己早年所精心設計的現代化的模式也不敢再提了，但是，面對著當時的那種鋪天蓋地眾口一詞的批判浪潮，馮先生對自己的那條「別共殊」的思路卻是情有獨鍾，始終不肯放棄，並且通過各種隱諱曲折的形式隨時表現出來。比如一九五七年所提出的「抽象繼承法」，六〇年代所提出的「普遍性形式」說。後來從事《新編》的寫作，又把「別共殊」的思路提升為貫穿於全書七冊的指導思想，反覆申言，關於普遍與特殊、共相與殊相的問題是一個真正的哲學問題，中國哲學尤其是宋明道學對這個問題作出了貢獻，他要把這種貢獻發掘出來，作為未來新哲學的養料和資源。實際上，在馮先生的心目中，「別共殊」的思路不僅具有哲學史的意義，而且是與如何妥善合理地解決中西古今文化的矛盾衝突緊密相連的，一旦政治環境變得較為寬鬆，學術自由得到應有的尊重，馮先生的思考也就很自然地又回到時代主題上來。到了晚年，馮先生對他一生的哲學經歷進行總結，把他在各種艱難險阻的條件下始終堅持的「別共殊」的思路表述為一個「闡舊邦以輔新命」的命題。在《三松堂自序・明志》中，馮先生說：「我經常想起儒家經典《詩經》中的兩句話：『周雖舊邦，其命維新。』就現在來說，中國就是舊邦而有新命，新命就是現代化。我的努力是保持舊邦的同一性和個性，而又同時促進實現新命。我有時強調這一面，有時強調另一面。右翼人士讚揚我保持舊邦同一性和個性的努力，而譴責我促進實現新命的努力。左翼人士欣賞我促進實現新命的努力，而譴責我保持舊邦同一性和個性的努力。我理解他們的思想，既聽取讚揚，也聽取譴責。讚揚和譴責可以彼此抵消，我按照自己的判斷繼續前進。」屈原《離騷》曾說：「亦余心之所善兮，雖九死其猶未悔。」馮先生在這裏所表述的心態，和屈原是完全相通的。

由於當今中國社會仍然是如同馮先生早年所說的，「是生產家庭化底文化，轉入生產社會化底文化之時代，是一個轉變時代，是一個過渡時代」，究竟選擇何種道路、採取何種模式來順利地促成這種轉變的問題並沒有解決，所以在中國的思想界關於文化的討論總是波瀾迭起，屢現高潮。八〇年代的討論是五四的繼續，九〇年代的討論又是八〇年代的繼續。在這場長達整個世紀的討論中，儘管各個時期湧現出各種不同的主義和各種不同的觀點，五光十色，紛然雜呈，就其所持的思路而言，歸結起來，不外乎三派：一派是「全盤西化」的激進派，一派是「本位文化」的保守派，另一派則是介乎二者之中至今尚無確定學名的中間派。這三派各持己見，互不相讓，爭論得不可開交，就其所爭論的焦點而言，實際上仍然是如同馮先生所說的，無非是一個如何「別共殊」的問題。如果僅僅局限於純哲學的層面，關於共相寓於殊相之中而結為一體的觀點，這三派是不難達成共識的。但是，從純哲學的層面進入到實際的生活中來，由於受到各種因素的影響，特別是現實利益的驅動，問題就變得十分複雜起來。人們往往是把特殊的說成是普遍的，又把普遍的說成是唯一的。如果在實際的生活中，中國仍然處在過渡時代，沒有完成由傳統向現代的轉型，看來這場爭論還得繼續下去，我們也很難對這三派作出一個判定其是非的結論。當此世紀之交反思二十世紀中國走向現代化的思想進程，我們對「全盤西化」派的歷史功績有了客觀公允的評價，對「本位文化」派的良苦用心有了如實的同情的理解，承認是另一種啟蒙。據此而言，對馮先生的超越於這兩派之上的「別共殊」的思路，也應該有一個合理的定位。正是由於這三派的互動互補，形成一種必要的張力，才推動了中國現代化思想不斷譜寫新的篇章，向前邁進。而馮先生這條獨樹一幟的思路隨著歷史的進展也必將煥發出新的生命力，給後人以啟迪。

（本文原載於《宗教研究四十年——中國社會科學院世界宗教研究所成立四十周年紀念文集》下冊，宗教文化出版社，二〇〇四）

師不必賢於弟子
——論胡適和馮友蘭的兩本中國哲學史

翟志成*

青，取之於藍而青於藍；冰，水為之而寒於水。

《荀子・勸學篇》

一　引言

一九一九年二月，胡適（一八九一～一九六二）在「全盤性反傳統」思潮的高峰期出版了他的《中國哲學史大綱（卷上）》，該書雖是胡適藉

* 翟志成，香港理工大學中國文化學系教授，中研院近代史研究所兼任研究員。

以批判和清算中國傳統學術思想的利器，但在「大破」之餘還有「大立」。該書所提供的一整套治學的信仰、價值、方法和技術，為中國整個人文學科研究的現代化，起著一種「典範」兼「示範」的重要作用。正因如此，我們甚至可以斷言：不論是從思想到方法，還是從內容到形式，中國之有現代學術，實由胡適的《中國哲學史大綱（卷上）》開始。胡適才是中國現代學術的真正奠基人。但過了十二年之後，胡適的老學生馮友蘭（一八九五～一九九〇）出版了他的《中國哲學史（卷上）》。該書以「會通古今」和「融會中西」的精神，取代胡書「全盤性反傳統」的精神；以「釋古」的典範取代了胡書的「疑古」典範。正因為馮書是在繼承胡書的基礎上，深刻地批判了胡書，因而也全面地超越了胡書。是故馮書甫一出版，便使胡書變成了過時無用之物，從此走入了歷史。

二　首開風氣：中國現代學術典範的建立

一部中國近代史（尤其是中國近代思想史），倘若經過高度化約之後，其實也可被視為是一部救亡運動（尤其是救亡思潮）變化和發展的歷史。

自鴉片戰爭慘敗以來，中國的救亡運動，由「洋務運動」的第一代，逐步演變和發展為「變法維新」的第二代，以及「共和革命」的第三代，其後發展演變為以胡適和陳獨秀（一八七九～一九四二）為代表的「全盤性反傳統」運動，已經是第四個世代了。

胡適們堅信，為了救亡中國必須「全盤西化」，而「全盤西化」又必須以全部毀棄以儒家為主體的整個中國文化為其先決條件。胡適這一代人不僅要把中國文化中一切有形的顯性制度全部加以摧毀，而且還要把中國文化中一切無形的隱性制度全部加以摧毀。既然儒家有形的顯性制度已被救亡的前三代摧毀殆盡，摧毀儒家無形的隱性制度——包括世界觀、倫理、道德、禮儀、風俗、文學、藝術、生活方式和思想習慣等——便成了五四救亡世代責無旁貸的歷史使命。

當胡適於一九一七年九月十日起在北京大學講授「中國哲學史」之時，由他和陳獨秀主導的文化革命，已從星星之火演成燎原之勢。以儒家為主體的中國文化已被徹底地「汙名化」和「妖魔化」了。五四人士不僅把整個中國文化說成是中國現代化建設的最大障礙，而且還是現代文明的公敵，甚至是全人類的公敵。

在五四領袖中，只有胡適一人能同時在文化批判和學術批判中都取得了輝煌戰績，也只有胡適一人能自覺地把學術批判和文化批判，看成是救亡運動中相輔相成又缺一不可的兩條戰線。胡適相當清醒地知道，要取得救亡的最後成功，僅僅在大眾文化的層面把傳統鬥倒批臭是絕對不夠的。因為以「四書」「五經」為主體的中國學術思想，是中國文化價值和意義的根源；大眾文化的批判只能壓制學術思想卻不能消滅學術思想，只能剝去傳統的外皮卻不能剜除傳統的老根。

要消滅傳統學術思想必須入室操戈，必須用另一套更先進、更高級、系統性更強的西方學術思想批判和清算傳統的學術思想，並以其核心觀念和義理系統置換之、取代之、改造之和吞併之，此之謂「拔本塞源」——正如同先在溪石中鑽孔，再置入炸藥雷管作核心引爆。胡適認為，要清算傳統學術思想最好把兩種批判策略交替使用，其一是把其妖魔化，其二是把其平庸化。為了把傳統學術思想妖魔化，胡適堅稱中國傳統經典中仍躲藏著無數「能吃人，能迷人，害人」的妖魔鬼怪，故肅清古籍之餘毒的「捉妖」「打鬼」實為中國救亡大業的當務之急，甚至比十分要緊的「輸入新知識與新思想」還「更是要緊」。要「捉妖」「打鬼」，就必須找出這些「妖魔鬼怪」吃人、迷人、害人的證據，而學術批判的目的不是別的，正是要在古籍中找到堅實的證據，並以此「據款結案」——「據款結案」即是「打鬼」，打出原形即是「捉妖」。正因如此，胡適又習慣於把他的學術批判稱之為「捉妖」「打鬼」。為了要把傳統學術思想平庸化，胡適一方面運用疑古的「科學方法」整理「國故」，把大部分傳統經典判決為「偽書」，一方面又在「重新估定一切價值」的評判之中，徹底消弭未能被其判決為「偽」的傳統經典的神聖光環。用胡適的話，他的學術批判的真正用意，就是「用精密的方法，考出古文化的真相；用明白曉暢的文字報告出來，叫有眼的都可以看見，有腦筋的都可以明白。這是化黑暗為光明，化神奇為臭腐，化玄妙為平常，化神聖為凡庸」，從而讓人們認清長期被吹噓得無限神奇玄妙的中國傳統學術本來「不過如此」而已。

如果說胡適對傳統學術思想進行學術批判的目的，端在於「解放人心」和「保護人們不受鬼怪迷惑」，他在北大開講「中國哲學史」，便是向業已搖搖欲墜的傳統學術的殿堂打響了第一槍；他在一年半後出版的《中國哲學史大綱（卷上）》，更是向傳統學術的核心堡壘射出了一枚摧毀性的重磅炮彈。舊日治學的典範已因該書的出現而正式宣告失效與過時，以往運用傳統的「方法和態度」治理國學者，在該書出版之後，便再也無法在學術主流立足。但該書除了對傳統學術思想的摧陷廓清之外，在「大破」之中還有「大立」。余英時曾經指出，胡適《中國哲學史大綱（卷上）》的出版，在整個中國現代史學建立的過程中，起著一種「典範」兼「示範」的重要作用。這當然是正確的。但余英時對該書的肯定仍不足夠。因為該書所提供的一整套治學的信仰、價值、方法和技術，不僅適用於當時的中國哲學史乃至中國史學的研究，而且還同樣適用於中國的整個文、史、哲研究；是故該書的影響所及，便絕不僅僅局限於中國哲學史甚至中國史學研究的畛域，而且還涵蓋了整個中國的人文學科。我們甚至可以大膽地斷言：無論從思想到方法、無論從內容到形式，中國要一直等到胡適的《中國哲學史大綱（卷上）》的出現，才在嚴格意義上開始了並擁有了真正的現代學術。

胡適的《中國哲學史大綱（卷上）》在「大破」中國傳統學術之餘，為什麼同時又能為整個中國的人文學科的研究，樹立現代學術的新典範呢？究其原因，主要有三。第一是它出現的「時機」，第二是它提供的「形式」，第三是它宣示的「科學方法」。而這三大因素之中，又以「科學方法」最為要緊。以下對三大因素作一扼要的說明。

第一，在救亡思潮一波又一波的沖刷之下，愈來愈多的中國知識人和學術人已背棄了傳統，轉向西方尋求意義和價值。正當傳統學術因失靈失效最終失去了繼續存在的正當性，而知識階層對它的失望和不滿已經接近爆炸的臨界點時，作為批判傳統學術思想利器的《中國哲學史大綱（卷上）》的適時出現，便如同在火藥庫中點燃了一根火柴，立刻引起了石破天驚的總爆炸，以及在爆破廢墟上新建現代學術廣廈。《中國哲學史大綱（卷上）》出版之日，中國學界對完全接受西方學術思想為最高指導原則的心理才剛剛成熟，但還未完全爛熟。如果胡書在時機爛熟之時才出版，便會變為老生常談，斷無開創一代風氣的首功。如果胡書在時機尚未成熟之時便出版，自然不免「灰飛煙滅」。

第二，《中國哲學史大綱（卷上）》是胡氏在美國哥倫比亞大學完成的英文博士論文的中譯修訂本，而且又是用白話文撰寫的，如此一來便完全符合了現代學術著述所要求的一切規格和範式。正因如此，該書為有志從傳統向現代學術轉型但又不知如何入手的讀者，提供了師法和模仿的現成樣板。是以該書甫一出版，便立刻成了整個學術文化思想界爭相批評、觀摩、學習和擬模的經典。

第三，也是最重要的一點，正當知識階層對傳統學術深為不滿，但又苦於找不到替代的辦法和出路時，胡適的《中國哲學史大綱（卷上）》恰好為研究中國的「國故」，提供了一整套現代治學的心態、技術和方法——亦即胡適一輩子引以為傲的「科學方法」。胡適這套提煉自杜威（John Dewey，一八五九～一九五二）實驗主義的「科學方法」，又涵攝了內外二個層面：外層是「歷史方法」，內層是駕馭「歷史方法」的治學態度。所謂「歷史方法」，胡適又把它解釋成「祖孫方法」。「祖孫方法」指的是「不把一個制度或學說看作一個孤立的東西，總把他看作一個中段：一頭是他所以發生的原因，一頭是他自己發生的效果；上頭有他的祖父，下面有他的子孫。捉住了這兩頭，他再也逃不出去了！這個方法應用，一方面是很忠厚寬恕的，因為他處處指出一個制度或學說所以發生的原因，指出他的歷史背景，故能瞭解他在歷史上占的地位與價值，故不致有過分的苛責。一方面，這個方法又是最嚴厲的，最帶有革命性質的，因為他處處拿一個學說或制度所發生的結果來評判他本身的價值，故最公平，又最厲害。這種方法是一切帶有評判（critical）精神的運動的一個重要武器。」

胡適的「歷史方法」或「祖孫方法」，對於素來重視歷史意識和家族意識的中國知識階層而言，不僅入情入理親切有味，而且一點即通，一學就會，幾乎在反掌之間便可純熟地加以運用和操控。至於方法學的內層，按胡適自己的說法，是所謂「實驗的方法」：

實驗的方法至少注重三件事：㈠從具體的事實與境地下手；㈡一切學說理想，一切知識，都只是待證的假設，並非天經地義；㈢一切學說與理想都須用實行來試驗過；實踐是真理的唯一試金石。第一件——注意具體的境地——使我們免去許多無謂的假問題，省去許多無意義的爭論。第二件——一切學理都看作假設——可以解放許多「古人的奴隸」。第三件——實驗——可以稍稍限制那上天下地的妄想冥思。

但胡適的「實驗的方法」，其中的第㈠項和第㈢項，其實都應劃入「歷史方法」的範疇。而僅餘下的第㈡項，卻只不過是在宣示一種研究者在進行研究時所應持有的「正確態度」，根本就不是什麼研究方法。即令日後胡適把它昇華成「大膽的假設，小心的求證」這十字真言，並冠以放諸四海而皆準的「科學方法」的美名，但它還只是一種態度而不是方法。至於胡適宣揚的「正確態度」，其最重要者便是「懷疑一切」的存疑精神。胡適所宣揚的那種敢於懷疑一切的「存疑主義」（agnosticism），對於自幼即受「崇古、尊古和信古」學術思想薰陶的中國知識人，不啻是一聲破迷成悟的獅子吼。

無論是從今日多元開放的社會思想來看，或且是從包容對立與差異的學術思想來看，洋溢在胡適《中國哲學史大綱（卷上）》中的泛科學主義、進步主義和西方中心主義是何等的幼稚、膚淺和武斷，以及其全盤性反傳統主義又是何等的「數典忘祖」乃至「荒謬絕倫」，但該書在剛出版的時候，對當時幾乎所有的中國讀者，都是一次難忘的「震撼教育」。許多對傳統治學方法早已懷疑和不滿的讀者，在被胡書的震撼教育「駭得撟舌而不能下」之餘，也從此解放了思想，開拓了新視野，完成了由傳統向現代學術的轉型。故胡書對他們而言，不啻是一場西方方法學的盛宴，一次現代學術的啟蒙，一聲振聾發聵的暮鼓晨鐘。

《中國哲學史大綱（卷上）》的空前成功，使胡適第一次擁有了雄厚的學術資本，而胡適在新文化運動中的赫赫聲名，又使得胡適的學術資本以幾何級數飛速升值，而水漲船高的學術地位又大大鞏固了他在大眾文化中原本就十分崇高的領袖地位。學術和文化兩個領域的左右逢源互為利多，使胡適在最短的時間之內，便從學術界處於邊緣地位的新丁，一變為全國學界的國子監祭酒。而原來在北大穩居學術主流和核心地位的章太炎（一八六九～一九三六）門下弟子，不是被胡適收編，就是被排擠至學術邊緣。不僅學界的新銳爭相奔走其門，希望得到胡適的提攜或加持；而學術界的宿儒碩學，也不能不對胡適肅然起敬，咸以獲得胡適的青眼、賜序或舉薦，乃至被胡適稱之為「我的朋友」為榮。通過扶植信徒廣結宗派，並往全國各大學術機構和文化機構委派學生或親信充當自己的代理人，以及掌控了當時中國最有財勢的「中英庚款顧問委員會」和「中華文化教育基金會」，胡適集人事權與財權於一身，迅速在學界拓展自己的霸權，變成了當時中國最大的學閥。胡適也以「學閥」自任，並深以「學閥」的頭銜為榮。他曾充滿自豪地公開宣稱：

> 人家罵我們是學閥，其實「學閥」有何妨？人家稱我們為「最高學府」，我們便得意；稱「學閥」，我們便不高興。這真是「名實未虧而喜怒為用」了！我們應該努力做學閥！

昔日的造反派因革命成功而嘗到了掌握權力的滋味，頭腦中所想的和嘴巴所講的自然會與揭竿造反時大不相同。往昔「威權也不怕，生命也不顧」的反傳統反偶像崇拜者（iconoclast），因緣際會已變成了新的偶像、新的威權。而他反傳統的代表作《中國哲學史大綱（卷上）》也已經變成了另一種傳統——五四的新傳統。他再也不能「不顧」「生命」。因為他必須留著生命來響應挑戰、敉平叛亂和鎮壓造反，以保衛他親手建立的新威權、新偶像和新傳統。但是，哪裏有威權，哪裏就有造反，「剃人頭者人亦剃其頭」本來就是因果循環屢試屢驗的不易通則。新的一代「威權也不怕，生命也不顧」的反偶像崇拜者，正在養精蓄銳枕戈待旦，等待著最適當的時機擲出致命的投槍。

三　後來居上：兩本哲學史的對決

投槍終於出手了。擲出致命的一擊的槍手不是別人，而正是曾在北大讀書時接受過胡適方法學的啟蒙，並在胡適的影響和策勵之下立志治中國哲學史，但後來又因為價值和學術觀點的根本分歧與胡適分道揚鑣的馮友蘭。一九三一年二月，上距胡適《中國哲學史大綱（卷上）》的出版剛好十二年，馮友蘭的《中國哲學史（卷上）》便作為「清華叢書」，由上海神州國光出版社出版；一九三三年六月，馮氏的《中國哲學史（卷下）》殺青，翌年八月《中國哲學史》全書即由上海商務印書館出版。馮友蘭的《中國哲學史》不僅是有史以來第一部完整的中國哲學通史，而且還是迄今為止最好的一部中國哲學史。儘管中國哲學界對馮友蘭的評價頗呈兩極化，但對馮友蘭的《中國哲學史》的評價，存在著驚人的一致性。幾乎所有人都承認：在目下所有的中國哲學史的著述中，還未有任何一種著作，能在整體上勝過了馮友蘭的這部書。馮書的一出現，學界便把胡適的《中國哲學史大綱（卷上）》與之比較，結果咸認為無論從方法到態度、從內容到形式，或且是從部分到全體，馮書都要勝過胡書不止一籌。胡適在馮書出版的前四年，談到未來的「中國哲學史」研究和自己的《中國哲學史大綱（卷上）》時，還信心滿滿地預言：「以後無論國內國外研究這一門學問的人都躲不了這一部書的影響。凡不能用這種方法和態度的，我可以斷言，休想站得住。」馮書的出版，使得胡適的預言完全落空。因為馮友蘭《中國哲學史（卷上）》的出現，已迫使胡適的《中國哲學史大綱（卷上）》不得不變成了「歷史」。由於已被馮書完全取代的緣故，胡適的《中國哲學史大綱（卷上）》在今日差不多已褪盡繁華。事實上，除了以研究胡適或者以研究中國當代學術史為業的少數專家學者之外，學界已幾乎沒有幾個人會有興趣去翻閱這本曾經讓胡適在學界「暴得大名」的「開山」之作。作為一部研究中國哲學史的專著，《中國哲學史大綱（卷上）》早已失效兼過時。對於中國哲學或中國哲學史的研究，該書已經沒有多少借鑒和參考上的價值了。換句話說，該書已經沒有「學術上」的意義，而只剩下了「學術史上」的意義。以下，讓我們試從「時代精神」「瞭解之同情」「學術取向」和「典範轉移」四個方面，剖析胡書之所以被馮書超越和取代的內外因緣。

㈠時代精神

上文說過，胡適的《中國哲學史大綱（卷上）》和救亡運動有著密不可分的關係。這不僅僅因為胡適本人正是第四代救亡運動的參加者、組織者和領導者，也不僅僅因為《中國哲學史大綱（卷上）》其實是胡適用以批判和清算中國傳統學術思想的最重要武器——故該書不是別的，而只能是救亡思潮的產物。更不能忽略的是，《中國哲學史大綱（卷上）》之所以能「暴得大名」，實緣於其書成之日，天時、地利、人和這三個方面的重要因素，都一齊具備；而胡書的天時、地利、人和這三大有利因素的同時具備，又是中國近代救亡思潮的逐步發展，終於得到了「水到渠成」「瓜熟蒂落」的結果。胡適撰寫《中國哲學史大綱（卷上）》的一個主要目的，便是要向國人宣示：中國文化是如何地全盤皆錯。正因如此，他的《中國哲學史大綱（卷上）》，與其說是一部中國哲學的歷史著述，還不如說是一部批判中國哲學的宣傳手冊。馮友蘭在一九三四年出席布拉格第八次國際哲學會議的演說中，論及胡適的《中國哲學史大綱（卷上）》，曾有頗為精到的批評：

哲學家胡適出版了《中國哲學史大綱》上卷。這本書，實際上是一本批判中國哲學的書，而不是一本中國哲學的歷史書。中國哲學中兩個影響最大的學派——儒家和道家，受到了他的功利主義和實用主義的觀點的批判和懷疑。胡適是贊成個人自由發展的，因此他認為儒家使個人服從於君主和父親，服從於國家和家庭的學說是錯誤的。胡適是贊成個人奮鬥，征服自然的精神，因此他認為道家消極的學說是錯誤的。我們在讀胡適的書時，不能不感到他認為中國文化的全部觀點是完全錯誤的。

但是，到了二〇年代後期，尤其是到三〇年代和四〇年代中期，中國的救亡運動已發展到第五個新階段。以全盤否定中國傳統歷史文化為主要訴求的五四精神，已變得不合時宜。因為在第五階段裏，無論是國民黨以武力弭平列強附庸（軍閥）統一全國的北伐戰爭，還是為反抗日本蠶食鯨吞的各種鬥爭和後來的八年抗戰，都急需培養和激發國人的愛國主義精神，藉以同仇敵愾抵禦外侮，中國的傳統歷史文化已變成了激勵民族自豪感和民族自尊心的源頭活水，簡直須臾不可或缺。胡適所謂欲救國保種必須全盤毀滅傳統文化的說教，至此已演變成違逆眾人之耳的聒噪。貫穿胡適《中國哲學史大綱（卷上）》的反傳統思想，也漸漸變得可厭、可恨和可憎，是故以為華夏招魂為其主導思想的馮書得以乘時而起並取而代之。

儘管馮友蘭早年在胡適的影響之下，曾一度加入過五四反傳統主義者的行列，但他畢竟陷溺不深，不久便已迷途知返，在撰寫《中國哲學史》時，馮友蘭已變成了文化保守主義營壘中的柱石。和胡適一樣，馮友蘭也堅信現代化是華夏民族救亡圖存的必由之路。但對馮氏而言，現代化早已不再是胡適念茲在茲的「全盤西化」，而是會通新舊、融合中西的「舊邦新命」；中國文化也不再是中國現代化的障礙，而是中國現代化不可須臾或缺的精神資源。在馮友蘭看來，文化是國族的魂魄，是故國族認同和文化認同，本是一體之兩面。從來就沒有自誣自汙其文化的民族能自強，失魂落魄的民族能自救。華夏民族若不欲救亡圖存，中國若不欲現代化則已，否則，便勢必要彌縫國族認同和文化認同之間的斷裂，消弭二者之間的對立和衝突。馮友蘭撰寫《中國哲學史》的主要目的之一，正是要彌縫消弭上述的斷裂、對立和衝突。專業哲學家的訓練和個人的偏愛，又使馮氏認定中國哲學不僅是中國文化中精華的精華，而且還是華夏民族的靈魂和民族的心。馮友蘭在浩如煙海的中國哲學史料中，探源抉流、究底尋根，以一千多頁的篇幅，成功地使「在形式上無系統」的中國哲學的各家各派，一一展示出其哲學的「實質的系統」。馮書的撰寫，實際上是透過對中國文化精華大規模的發掘和整理，並使之理論化和系統化，用以彰顯中國文化的光明面，好讓國人在閱讀之餘，確信中國文化並不較西方文化為劣，而是春蘭秋菊，各擅其勝。如此一來，便有可能使他們從民族文化虛無主義的泥淖中超拔出來，使他們重新認識和熱愛自己的民族文化，重新建構其歷史記憶和凝聚對中國文化的認同。尤其是馮友蘭在撰寫《中國哲學史》下卷時，先後遭逢九一八事變、「一・二八」事變以及「五三一」塘沽協定，日本侵略軍的鐵蹄正踐踏著東北、熱河等大片國土，華北業已危在旦夕。國亡日急，如何喚起國民對中國歷史文化的熱愛，凝聚國人的文化認同和國族認同，以抵禦外侮，已是刻不容緩。馮友蘭在該書的下卷中，正竭盡所能地展示中國哲學史上的各家各派，是如何地既真且善且美，方之世界文化史，亦「卓然有所樹立，即以現在之眼光觀之，亦有不可磨滅者」。而此「不可磨滅者」，貫通於各家各派之中，乃不同歷史時期華夏民族時代精神一以貫之的共相，亦即華夏民族的靈魂和民族的心。為失去本心的國人求其放心，為失魂落魄的民族招魂，正是馮書心血之所繫。

如果說馮友蘭在「人生哲學」的階段，曾借用「不可知論」的武庫，批駁了全盤西化的論述，並引援了詹姆斯（William James，一八四二～一九一〇）的「意志信仰」說，籲請國人重建對中國文化的信心；儘管其中不乏思辨的機巧和論說的新意，但由於始終未能確切地證成中國文化有任何正面的價值，他的努力並未能收到預期的效果。那麼，馮友蘭在撰寫《中國哲學史》時，便不再乞靈於「不可知論」和「意志信仰」的旁敲側擊，而是易之以堂堂之陣、正正之旗，在中國哲學史上找到大量的事例，批駁了以胡適為代表的反傳統主義者對中國文化的全盤否定，從正面證成了中國文化的主體，不僅有不可磨滅的歷史價值，而且有非常重要的現代意義。在日軍的蠶食鯨吞之下，國族命脈懸於一線，時代精神正要求國人的文化認同與國族認同的緊密結合。馮書的基調，與當時的時代精神可謂完全合拍。馮書的出版，會洛陽紙貴，風行一時，這對提升知識份子的民族自豪感和愛國情操，以同仇敵愾，共赴國難，無疑有著相當幫助；而馮友蘭替華夏民族招魂的心願和努力，也總算功不唐捐了。馮書的出版，奠定了馮友蘭在中國哲學史研究領域的王者地位，其光芒所被，使曾一度獨領風騷的胡著《中國哲學史大綱（卷上）》，成了過時無用之物。馮書之所以能全面超越胡書，除了馮書在結構上比胡書完整，在方法學運用上比胡書適當，在研究態度上比胡書客觀，以及在義理的闡釋上比胡書更深入等原因之外，馮書能鼓舞國人抵抗外敵的意志因而符合時代的要求，而胡書只會消沮國人抗敵的志氣因而背離了時代的要求，應該是更重要的原因。

㈡瞭解之同情

在撰寫《中國哲學史》時，馮友蘭在學術思想上從實驗主義向新實在論的過渡階段已基本完成。而胡適則一如既往，仍舊是實驗主義的忠實信徒。撰寫哲學著作與撰寫哲學史的最大不同之處，在於前者必須強調自己的哲學主張，而後者則必須淡化自己的哲學主張。馮書的兩位審查者陳寅恪（一八九〇～一九六九）和金岳霖（一八九五～一九八四），在評判胡馮二書優劣時，都不約而同地以能否謹守哲學與哲學史的分際作為判準。由於馮書能比較守住這一分際而胡書則否，是以陳、金二氏的審查報告，便都出現了揚馮抑胡的傾向。所不同的是，陳氏對胡書的批評，是委婉的，不指名道姓的，留有餘地的。他說：

> 著者有意無意之間，往往依自身所遭際之時代，所居處之環境，所薰染之學說，以推測解釋古人之意志。由此之故，今日之談中國古代哲學者，大抵即談其今日自身之哲學者也；所著之中國哲學史者，即其今日自身之哲學史者也。其言論愈有條理統系，則去古人學說之真相愈遠。

而金氏對胡書的批評則絲毫不假以辭色。對於胡書處處以實驗主義為是，以中學為非，以及全書瀰漫著的現代人對古人的鄙薄和傲慢，金岳霖的攻訐也就變得格外的猛烈和尖刻：

胡適之先生的《中國哲學史大綱》就是根據一種哲學主張而寫出來的。我們看那本書的時候，難免一種奇怪的印象，有的時候簡直覺得那本書的作者是一個研究中國思想的美國人；胡先生於不知不覺間所流露出來的成見，是多數美國人的成見。在工商實業那樣發達的美國，競爭是生活的常態。多數人民不免以動作為生命，以變遷為進步，以一件事體之完了為成功，而思想與汽車一樣，也是後來居上。

胡先生既有此成見，所以注重效果，既注重效果，則經他的眼光看來，樂天安命的人難免變成一種達觀的廢物。對於他所最得意的思想，讓他們保存古色，他總覺得不行，一定要把他們安插到近代學說裏面，他才覺得舒服。同時西洋哲學與名學又非胡先生之所長，所以在他兼論中西學說的時候，就不免牽強附會。哲學要成見，而哲學史不要成見。哲學既離不了成見，若再以一種哲學主張去寫哲學史，等於以一種成見去形容其他的成見，所寫出來的書無論從別的觀點看起來價值如何，總不會是一本好的哲學史。

引文中的「作者是一個研究中國思想的美國人」，金岳霖原作「美國商人」，後因馮友蘭代為請求，發表時始刪去一「商」字。為什麼馮友蘭能夠守住哲學與哲學史的分際，而不會像胡適那樣，把《中國哲學史》變成了新實在論的宣傳品？個中原因，端在於馮氏在撰寫《中國哲學史》時，能恒常地對中國古代哲學家及其學說懷有一種同情和敬意。陳寅恪在撰寫馮書的審查報告時，特別指出「瞭解之同情」對治中國哲學史的重要性：

凡著中國古代哲學史者，其對於古人之學說，應具瞭解之同情，方可下筆。蓋古人著書立說，皆有所為而發；故其所處之環境，所受之背景，非完全明瞭，則其學說不易評論。而古代哲學家去今數千年，其時代之真相，極難推知。吾人今日可依據之材料，僅為當時所遺存最小之一部；欲借此殘餘斷片，以窺測其全部結構，必須具備藝術家欣賞古代繪畫雕刻之眼光及精神，然後古人立說之用意與對象，始可以真瞭解。所謂真瞭解者，必神遊冥想，與立說之古人，處於同一境界，而對於其持論所以不得不如是之苦心孤詣，表一種之同情，始能批評其學說之是非得失，而無隔閡膚廓之論。否則數千年前之陳言舊說，與今日之情勢迥殊，何一不可以可笑可怪目之乎？

我們知道，同情和敬意是一切真正理解的必要條件。由於有了「瞭解之同情」，馮友蘭便能如陳寅恪所述，「神遊冥想，與立說之古人，處於同一境界」，從而把握到古人「持論不得不如此之苦心孤詣」。正因如此，他能夠從古代哲學家所處的歷史網絡和社會環境中，比較實事求是地分析及評價他們的學說的理論創獲和貢獻，以及在當時社會所起的作用和影響。例如他在討論孔子的學說時，便能從春秋戰國時期王綱解體、禮崩樂壞的歷史大變局中，突出孔子以周公的繼承者自任，進而對周公因革損益，創立了攝禮歸仁，以仁統禮及諸德目的理論系統，既為周禮注入新生命，又將周禮加以理論化，並賦予周禮以德性的依據。馮友蘭特別強調孔子是中國哲學史上第一個有思想體系的哲學家，中國教育史上第一個提倡私家講學、使學術普遍化、平民化的教育家，以及中國知識階級的創立者或發揚光大者。由於孔子在中國哲學史、教育史，以及學術文化思想史上實占的開山位置，馮友蘭認為孔子在中國歷史的地位，與蘇格拉底在西洋歷史的地位相彷彿，而其建樹和影響又超過蘇格拉底。相對而言，胡適則以一種居高臨下的態度對古人評頭論足。他對孔子及其學說雖算客氣，但也時加譏刺。例如他以子虛烏有的所謂「誅少正卯」案，坐實孔子「壓制言論自由」；並訕笑孔子的正名學說「很幼稚」，孔子的《春秋》一書「有許多自相矛盾的書法」，其「餘毒」所被，「就使中國只有主觀的歷史，沒有物觀的歷史」；以及責備孔子只會教人讀書，影響所及，使中國幾千年的教育，「造成一國的『書生』廢物」。所有這些，都顯示了胡適對孔學欠缺了「瞭解之同情」，因而對孔學的精神難以理解，當然也就更不能欣賞。

馮、胡二書的區別，最突出地表現在對莊學的詮釋和評價方面。由於有了「瞭解之同情」，馮友蘭便能對莊學的核心概念，亦即對遣是非、同生死、以物之不齊而齊之的「齊物」，對虛而待物的「心齋」，以及對「墮肢體，黜聰明，離形去智，同於大通」的「坐忘」，都有確切的把握。透過對莊學核心概念的掌握，馮友蘭對莊學的思想總綱，亦即破除世人對是非、善惡、能所、物我的計度和偏執，由「有待」而「無待」，由「必然」而「自由」，從而達到「天地與我並生，萬物與我為一」的「絕對的逍遙」的境界，不僅能有神解，而且還能有會心和受用。相對而言，由於欠缺「瞭解之同情」，胡適便完全無法理解莊學的玄思和睿智，他把「完全被動的天然的生物進化論」「破壞的懷疑主義」「極端的守舊主義」等一大堆帽子扣到莊周的頭上，斥責莊學「重的可以養成一種阿諛依違、苟且媚世的無恥小人；輕的也會造成一種不關社會痛癢、不問民生痛苦、樂天安命、聽其自然的廢物」；並斷言「若依莊子的話……其實可使社會國家世界的制度習慣思想永遠沒有進步，永遠沒有革新改良的希望」。處處以效用來決定價值的實驗主義心靈，與講求無用之用、不生之生、無為而無不為的莊學精神，原是鑿枘難通。胡適對莊學之完全無法理解和絕對不能欣賞，本是情理之常，不足深責；但問題是胡適對自己無法理解和不能欣賞的學說偏要妄加非議，以致使自己的批評不是流於膚廓皮相，便是成了誣枉曲斷。職是之故，胡書引來了陳寅恪的微詞以及金岳霖的攻訐，也就不足為奇了。

㈢學術取向

胡適雖以其《中國哲學史大綱（卷上）》而「暴得大名」，但胡適究其實只是一個歷史學家而不是哲學家。從其極狹隘的泛科學主義信仰出發，胡適對一切形上學不僅毫無會心、毫無興趣，而且避之唯恐不及；胡適對西方知識論的瞭解也僅停留在常識的層次，他對心理學並無研究，同時又不真懂形式邏輯，而僅有的只是一些片段的邏輯常識。胡適的英文博士論文雖題為"The Development of the Logical Method In Ancient China"，出書時還特別添加了一個「先秦名學史」的中文書名。如果讀者一心以為可從中得到關於先秦「名學」或形式邏輯的知識的話，就一定會有受騙上當的感覺。該書在論及先秦「名家」包括公孫龍、惠施等中國邏輯學老祖宗的著作時，只能用他極有限的邏輯常識，作其模糊影響的皮相之談，甚至在討論墨家的「三表法」時亦復如是。原來，胡書中的「名學」或「邏輯」，僅僅是指先秦各個學派的中心觀念（胡適稱為「為學方法」）而已，和形式邏輯毫不相干。金岳霖是中國第一位「西方的」專業哲學家，同時又是中國邏輯學的奠基者。他一貫瞧不起胡適之的中西「哲學」，尤其是胡適的邏輯造詣。在審查馮友蘭的《中國哲學史》時，他便乘機把胡適的《中國哲學史大綱（卷上）》拿來作一番比較，藉以譏笑西洋哲學與名學又非胡先生之所長，所以他在兼論中西學說的時候，就不免牽強附會。胡適常自誇自己有「歷史癖」和「考據癖」，但他一生最感興趣、最引以為傲和最努力從事的工作，只是關於歷史人物的生平和歷史文物真偽的考證，故他的「歷史癖」其實只不過是「考據癖」。余英時曾指出：「胡適在學術上的興趣本在考證」，「胡適學術的起點和終點都是中國的考證學」，此真乃確鑿不移的結論。天生的「考據癖」加「狹義的」歷史學家的訓練，使他即使在研究中國哲學史或中國思想史的時候，也常不知不覺地把哲學史或思想史最核心的義理和價值問題，轉換成了外緣性的考據問題，然後再用外緣的考據企圖解決——但其實是掩蓋——核心的義理和價值問題。胡適對義理和價值問題的排斥，不僅使他連對自己最崇拜的恩師杜威的實驗主義哲學也無法完全把握，而且在一些專業哲學家眼中，甚至成了荒腔走板的怪物。

相較之下，馮友蘭的知識論、心理學和邏輯的造詣大概也不會比胡適高明太多，但馮友蘭卻自始至終對中西形上學有著極濃厚的興趣，對思辨哲學尤其是老莊魏晉玄學極有會心。他不僅是一個哲學史家，更重要的他還是一個哲學家。哲學的心靈使馮氏能在他的《中國哲學史》中，不僅把握到中國哲學史上的各家各派之所以「持之有故而又言之成理」的義理宗旨，而且還經常有妙悟和神解。例如馮書中對先秦名家「堅白同異之辯」的剖判，對二程思想的區分，「都是發前人之所未發，而後來〔者〕也不能改變的」，而使馮氏直至暮年還「引以自豪」。胡適和馮友蘭治中國哲學史的基本歧異，就某一方面而言，似可視為「漢學」和「宋學」的區別。胡適治學的路數是對傳統「漢學」的繼承和發展。即使從最好的方面說，胡書的主要精力及其主要成績端在於對歷史人物生平的考辨和經典文字的訓詁考證。但這些都只不過是治中國哲學史的最初步工作，因為在訓詁和考證之後，還需要更進一步體會先哲的思想和瞭解經典的義理，並把其體會和瞭解筆之於書。但胡書卻差不多在做了「最初步工作」之後便無力再作更進一步的深入探索。即使勉強而為之，也不免望文生義牽強附會。統而言之，胡書是長於考證辨偽而拙於談名說理。是故即使在談名說理之時，胡書又以談「老子」和「莊子」最不相應，談「孔子」和「孔門弟子」最為膚淺，談「墨子」「楊朱」和「別墨」最為混亂，但也最有吸引力和最受好評，而以談「荀子以前的儒家」和「荀子」最好，但也最為讀者所忽略。相形之下，馮友蘭走的雖是「宋學」的治學路數，但除了在「談名說理」方面遠勝胡適之餘，他也頗為注意並吸收了胡適一派的考證辨偽的研究成果。是故馮書能兼有胡書之長而無胡書之短，因而特別受到陳寅恪「取材嚴謹，持論精確」和「另具史學通識」的好評。

㈣典範轉移

胡適對傳統文化的攻擊，從來就是由文化批判和學術批判兩個方面聯手進行的。所謂學術批判，主要是借用乾嘉考據學辨偽的某些方法，然後在分辨真偽的名義下，對一切傳統的經典肆無忌憚地無限懷疑，並把所有暫時無法百分之百地讓他完全釋疑的經典斥之為「偽」，而一律加以擯棄。如果說，文化批判是為了在情緒上煽起國人對傳統的怨恨和憎惡，學術批判則可以拔本塞源，從根本上否定傳統的正當性和合法性，徹底淘空傳統賴以存在的物質基礎。由於胡適的學術批判是在「疑古」的大纛下施行的，故胡適的追隨者又樂於以疑古派自居。錢玄同（一八八七～一九三九）就曾深以「疑古玄同」的綽號而顧盼自豪。若從學術史的角度加以考察，疑古派實係由胡適的《中國哲學史大綱（卷上）》而啟其端緒，至顧頡剛（一八九三～一九八〇）編纂的《古史辨》而登峰造極。馮友蘭撰寫《中國哲學史》的另一目的，就是要對疑古派的批判進行反批判。由於胡適是疑古派的始作俑者，而疑古派的「典範」（paradigm），又在胡適的《中國哲學史大綱（卷上）》始得以確立，故馮友蘭對疑古派批判的批判，便不能不以胡適和《中國哲學史大綱（卷上）》為其主要目標。

胡適沿用於《中國哲學史大綱（卷上）》的書寫策略，正是他提煉自杜威的「科學方法」；亦即以「歷史方法」或「祖孫方法」先尋找出先秦各學派發生的歷史原因，然後又從各學派所產生的社會後果來評判其本身的價值。此一方法，胡適又稱之為「述學」。但在「述學」之前，胡適又強調必須先經過史料「考證」這一步驟，以求取得可靠的史料。「史料若不可靠，所作的歷史便無信史的價值。」因為據胡適作進一步解釋，「哲學史最重學說的真相，先後的次序，和沿革的線索。若把那些不可靠的材料信為真書，必致㈠失了各家學說的真相；㈡亂了學說先後的次序；㈢亂了學派相承的系統。」故審定史料的考證工作，乃是史家第一步的「根本功夫」。但胡適的「考證」，其主導思想卻是懷疑一切。胡適的「考證」技術，雖總結和綜合自清代的乾嘉考據學，但乾嘉大師們考據的目的是「通經明道」，而胡適考證的目的最主要卻是「把一切不可信的史料全行除去」。從絕對地「不信任一切沒有充分證據的東西」的「科學精神」出發，經過胡適「小心的求證」，在儒門五經中，胡適認為唯一可信的只有最無哲學史料價值的《詩經》，全不可信的是《書經》和《禮記》；而先秦留下來的《老子》《墨子》《莊子》《孟子》《荀子》《韓非子》等典籍，則「差不多沒有一部是完全可靠的」。胡適又認為：凡是「不可靠」的材料，都只會導致各家學說失去真相，亂了先後次序和傳承系統，不僅毫無價值，而且必須先行剔除。是以審定史料的真偽，便不能不在《中國哲學史大綱（卷上）》中，耗去作者最大的心力和占去全書最多的篇幅。而無限多樣和豐富的先秦百家哲學，在胡適和疑古派的伐性之斧斫伐之下，無不斷首折臂、七零八落；中國的文化精神，由是亦遭受極大的斲（斫）傷。如何在胡適和疑古派的斧斫之下，最大限度地搶救中國文化的遺產，便成了馮友蘭在撰寫《中國哲學史》時無可規避的歷史責任。

馮友蘭承認，在號稱先秦留下來的典籍中，「很多誠然是偽作」。前人信古太過，往往把號稱為先秦的典籍，不經考訂而一概照單全收，結果便造成了不少「以假當真」的弊端。正因如此，他不能不承認，胡適和疑古派對史料真偽的審訂，確實有其必要性。他說：「欲看中國哲學進步之跡，我們第一須將各時代之材料，歸之於各時代；以某人之說話，歸之於某人……吾人研究哲學史，對於史料所以必須分別真偽者，以非如此不能見各時代思想之真面目也。」他在《中國哲學史》中，便充分吸收和運用了疑古派的許多成果。只是，他又批評胡適和疑古派因過分疑古，造成了「以真當假」的惡果。胡適們在「辨偽」方面所犯的最大錯誤，便是把後人的「雜湊」等同於作偽。因為按照中國學術史上的通則，《老子》《墨子》《莊子》《孟子》《荀子》《韓非子》等子書並不是一人一時的作品，而是各家各派長時期編纂的學術結集。換句話說，它們本來就是後人「雜湊」的；並且儘管出於後人的「雜湊」，它們也仍然是真的。只有缺乏史學通識的人，才會把它們視為是老聃、墨翟、莊周、孟軻、荀況和韓非等人的個人著述。胡適和疑古派把學術叢書當作個人作品而致力於「辨偽」，在具備史學通識者的眼中，簡直是「無的放矢」。更可怕的是，胡適們的「辨偽」，又只會把真史料當成假史料加以剔除；而一經剔除之後，真實的史料，也就往往十去其八九了。馮友蘭在《中國哲學史》中，重新強調了子書即學術叢書這一學術史上的通則，而被胡適們以「雜湊」為由斫伐得支離破碎的上古各家各派，也在馮書中恢復了元氣，重現其歷史的本來面目。史學大師陳寅恪在審查馮書兼及胡、馮二書優劣時，嘗慨乎言：

中國古代史之材料，如儒家及諸子等經典，皆非一時代一作者之產物。昔人籠統認為一人一時之所作，其誤固不俟論。今人能知其非一人一時之作，而不知以縱貫之眼光，視為一種學術之叢書，或一宗傳燈之語錄，而齗齗致辯於其橫切面方面，此亦缺乏史學之通識所致矣（翟案：此處係對胡書不指名的批評）。而馮君之書，獨能於此別具特識，利用材料，此亦應為表彰者也。

除了批判胡適們「以真當假」的錯誤之外，馮友蘭還批判了胡適們在辨偽時，錯誤地混淆了古籍的真偽和古籍的價值這兩個完全不同的範疇，以致把大量有價值的古籍當成無價值的廢物而加以揚棄。在馮友蘭看來，哲學典籍的價值，是由其內容，而不是由其真假所決定的。凡哲學典籍，只要在內容上能同時滿足「持之有故」和「言之成理」這兩個條件，就算是假的也一樣有其哲學上價值；凡哲學典籍，只要在內容上不能同時滿足「持之有故」和「言之成理」這兩個條件，就算是真的也一樣沒有哲學上價值。所謂哲學典籍的真偽問題，只不過是時間上的先後問題。例如被胡適斥為「偽」的《列子》這部書，放在先秦固然是偽，放在魏晉便成了真。前人不加考訂，把《列子》視為先秦的典籍固然是錯，胡適們雖能考訂出《列子》不是先秦的典籍，但卻因之而抹殺其一切價值也同樣是錯。史料考訂的目的，是為了考訂出古籍的真實年代或作者而加以利用，而不是為了考訂出古籍不屬於某一年代或某一作者而予以揚棄。馮友蘭在《中國哲學史》中，既能以典籍的內容來衡斷典籍本身的價值，又能吸收疑古派的辨偽成果以審定典籍的年代或作者，因而特別受到陳寅恪的讚揚：

至於馮君之書，其取用材料，亦具通識，請略言之：以中國今日之考據學，已足辨別古書之真偽；然真偽者，不過相對問題，而最重要在能審定偽材料之時代及作者而利用之。蓋偽材料亦有時與真材料同一可貴。如某種偽材料，若徑認為其所依託之時代及作者之真產物，固不可也；但能考出其作偽時代及作者，即據以說明此時代及作者之思想，則變為一真材料矣。

許多像《列子》之類被胡適們擯斥的偽書，經過馮友蘭「去偽還真」的轉換，便成了馮書「據以說明此時代及作者思想」之「真材料」。如此一來，絕大部分被胡適們在辨偽名義下擯斥的真假材料，又在馮書中重新獲得肯定和安頓；快被淘空了物質基礎的傳統，亦在馮書中得以重固其根基；而行將被否定的傳統，又在馮書中重獲其正當性和合法性。馮友蘭把前人對古籍的輕信稱為「信古」，把胡適們對古籍的過分懷疑稱為「疑古」，而把自己對古籍的處分稱之為「釋古」。馮友蘭借用了黑格爾（Hegel，一七七〇～一八三一）著辯證法「正」「反」「合」三階段的觀念，來說明中國學術史上由傳統學術到胡適的《中國哲學史大綱（卷上）》，再由胡適的《中國哲學史大綱（卷上）》到自己的《中國哲學史》所經歷兩次典範轉移。馮友蘭的把傳統學術的「信古」典範看作「正」，胡適所建立的「疑古」典範看成「反」，而自己開創的「釋古」典範則是「合」。在黑格爾系統中，「反」是「正」的否定，在位階上高於「正」；「合」則是通過對「反」的否定而達到更高一級的「正」，在位階上又高於反。馮友蘭以己書為「合」而以胡書為「反」，正緣於他確信自己的「釋古」既繼承了胡適的「疑古」的優點又批判了其弊端，因而要比胡適的「疑古」更為優越。由於在方法學上優於胡適而又自覺其優，馮氏認為自己的《中國哲學史》在整體上要比胡適的《中國哲學史大綱》更高一層級，其用意至為明顯。是以當胡適譏諷馮書上卷的觀點為「正統派」時，馮友蘭便在該書下卷的序言中還以顏色：

> 此書第一篇出版後，胡適之先生以為書中之主要觀點係正統派的。今此書第二篇繼續出版，其中之主要觀點尤為正統派的。此不待別人之言，吾已自覺之。然吾之觀點之為正統派的，乃係用批評的態度以得之。故吾之正統派的觀點，乃黑格爾所說之「合」，而非其所說之「正」也。

在後五四時期，「正統派」乃「保守」和「反動」的同義辭，意即對傳統不加批判地盲目信仰與維護。但馮友蘭對傳統的信守和維護，卻是經歷了對傳統的批判以及對傳統批判的批判這兩個階段才確立起來的。正因如此，他可以在面對胡適的譏評時，理直氣壯地承認自己是「正統派」。不過，他同時也沒有忘記提醒胡適：他並不是舊的或者是處於「正」階段的正統派，而是經歷了由「反」到「合」階段的新正統派。按照黑格爾的原理，處於「合」階段的馮書或新正統派，不僅一點也不「保守」，一點也不「反動」，而且還比處於「反」階段的胡書或疑古派，要來得更為優越，更為進步，也更為高級。

四　結語

胡適的《中國哲學史大綱（卷上）》因與當時的救亡思潮同調而勃興，不旋踵亦因與當時的救亡思潮違逆而歸寂。而馮友蘭的《中國哲學史》也是因與當時的救亡思潮相符合而乘機取代了胡書。一直到了七十多年後，在中國哲學史的所有著述之中，我們還未曾發見有任何一部著作，能在整體上全面地優於馮友蘭的《中國哲學史》。胡書的「短命」和馮書的「長壽」至少說明了兩件事。第一，救亡運動不可能以全盤毀棄自己的傳統、歷史和文化為其先決條件。——因為傳統、歷史和文化正是凝聚國族抵禦外侮和建構強大的現代國家的最強大的向心力，因而正是救亡運動取之不盡又不可或缺的精神資源和道德資源。第二，胡書和馮書儘管針鋒相對，但又都是為救亡運動服務的著作——兩書的針鋒相對，只緣於兩人救亡策略的不一樣——這也說明了在壓倒一切的救亡這一終極目標之前，西方學苑中「為學術而學術」的專業精神，離開當代中國大知識份子又是何其的遙遠。此外，在西方學術界，學生在學成之後，總得別出心裁另起爐灶，力求在學問上質疑、挑戰，甚至推翻自己老師的學說。馮友蘭之超越胡適，以及馮書之推翻並取代胡書，此之謂順天應人，亦所謂後來居上與推陳出新，在西方學界便如同日月經天、江河行地一般的理所當然。但一心嚮往「全盤西化」的胡適說到底還是一個中國人，這種被西方學者視之為天經地義之事，落到胡適頭上便完全改變了性質。被推翻被超越之後挑激起來的痛楚、失落、懊惱和妒忌，以及隨之而來的不情願、不甘心再加上不服氣，在胡適心中鬱結成一團終生難解的憤憤不平之氣。日後胡適只要逮到機會，總不忘記對馮友蘭的《中國哲學史》及馮友蘭本人進行抹殺和打壓。

胡適長時期對馮友蘭那種近乎非理性的尖酸刻薄，和他一貫以溫良恭儉讓待人接物的開明紳士形象，構成了如此巨大的反差。

（本文先刊於臺灣《新史學》第十二卷第三期，二〇〇四年九月，第一〇一～一四五頁；後收入翟志成著《中國哲學第一人：五論馮友蘭》，臺北，臺灣商務印書館，二〇〇八；為節省篇幅，收入本書時把其九十九個注釋均刪除，對正文亦有所刪節）

馮友蘭學思歷程述要*

翟志成

一八九五年十二月四日，馮友蘭降生在河南省唐河縣祁儀鎮一個「耕讀傳家」的地主家庭。①馮家除了家道豐厚之外，更令人羨慕的是馮家的書香。馮氏的父輩均有功名，伯父和叔父都考取了秀才，而馮父更是光緒戊戌科進士。②馮友蘭的祖父、伯父、父親和姑母都是詩人，各有詩集行世。影響所及，後來馮友蘭和其妹馮沅君都以能詩馳名學界，故馮氏自詡「一門中有一種作詩的家風」。③在這種「富而好禮」的人家中，作為馮家的

* 拙文在擬稿期間，曾獲香港特區政府研究資助局優配研究金的資助（RGC-GRF, No.540211, PolyU 5402/11H），謹此鳴謝。

① 馮友蘭：《三松堂自序》，《三松堂全集》第一卷，河南人民出版社，一九八五，第一頁。

② 馮台異考取的是光緒二十四年戊戌科第三甲第一百九十三名（亦即最後一名）進士。見《明清歷代進士題名碑錄》（臺北，華文書局，一九六九），第二八八二頁。

「讀書種子」，馮友蘭從六歲（一九〇一）開始，便進入了馮氏家塾，④按部就班地接受嚴格的古典訓練。

馮友蘭由六歲到十五歲，在子曰詩云的諷誦吟唱聲中度過了整十年，是名副其實的「十載寒窗」。我們知道，大量地背誦經典，不僅是學習好中文，而且是學習好任何一種語文的必要條件。因為只有通過對經典大量的背誦，背誦者才有可能潛移默化地或無師自通地真正把握到各種語文的文法和修辭規則。並且由於科舉的關係，儒門的五經一千多年以來便是傳統士子在孩童時就必須背誦的共同「典範」，它們事實上已成了規範和塑造中國傳統社會的世界觀、價值系統和思維及行為模式的重要憑藉，以及中國傳統學術文化思想的主要源頭。也只有通過背誦，中國傳統文化的精

③馮友蘭的祖父馮玉文，著有《梅村詩稿》，伯父馮雲異，著有《知非齋詩集》，父親馮台異，著有《復齋詩集》，姑母亦著有《梅花窗詩稿》。見馮友蘭，《三松堂自序》，《三松堂全集》第一卷，第一～二頁。

④馮友蘭說自己在七歲始入家塾（《三松堂自序》，《三松堂全集》第一卷，第二頁）。但蔡仲德把馮氏入學年齡定為六歲，見蔡仲德《馮友蘭先生年譜初編》，河南人民出版社，一九九四，第七頁。《三松堂自序》指的是虛歲，而年譜指的是實歲，兩皆不誤。但若按照西方的實足年齡，馮友蘭入學時只有五歲零幾個月。

神和核心觀念，才會和背誦者的個體生命合二而一。中國的傳統文化，也就在少年馮友蘭的琅琅讀書聲中，悄悄地滲入了他的血液和骨髓，內化為他的三魂七魄。由長期讀經培育成的深厚學殖，濟之以淵源家學，再輔以個人特出的天資與悟性，馮友蘭到了十二歲，其父便認為他的文章，已達到可以考取秀才的程度。①在後來的三整年裏，馮氏又轉益多師，在其他師傅的督導下繼續勤學苦練，終於練就了一手好文章。日後凡是讀過馮氏哲學論文的人，都無不驚歎他竟能把許多繁複的哲學問題，說得如此的簡易明白；讀過他為西南聯大撰寫的紀念碑碑文，又無不驚服他的情深旨遠和飛揚文采。「以簡御繁」和「文情並茂」，本是中文的兩大神髓，已同時為馮氏牢牢掌握。十五歲前的馮友蘭，無論從學養到思想，都已是一個徹頭徹尾的傳統讀書人。一直到了辛亥革命的前一年（一九一〇），十五歲的馮友蘭始考入唐河縣立高等小學，②才正式和西學有了接觸。

①馮友蘭說：「友蘭十二歲始學作文，甫成一二篇，先妣陰問先考曰：『看友蘭文，在昔科舉時，能下場一試否？』先考曰：『豈但可一試，進秀才亦可。』」馮友蘭：《先妣吳太夫人行狀》，《三松堂全集》第十三卷，第八七六頁。

②馮友蘭：《三松堂自序》，《三松堂全集》第一卷，第二三～二四頁。

由私塾到新學堂，馮友蘭十五歲才更換人生跑道，按理是有點太遲了。對於學習數、理、化，尤其是學習外國語文，十五歲才開始難免是事倍功半。幸而當時「西學」的水平普遍低落，洋學堂的學習和考試，「中學」仍占了絕大的比重，中學底子較好的學生，在洋學堂反而占了便宜。像馮友蘭這種國學根基超強，又特別長於作文的學生，名列前茅簡直是易如拾芥。馮友蘭十年磨劍，本來是用來砍開科舉的窄門的，現在用在洋學堂的競賽上，也一樣過關斬將所向披靡。躐等跳級似乎是他的專利，鼇頭獨占更是他囊中之物。馮友蘭第一次牛刀小試，便是唐河縣立高等小學堂的入學試，結果因文章高妙，獲得了縣太爺當眾褒獎的「殊榮」。①馮氏在縣立高等小學堂的預科班（相當於初小）才讀了一個學期，便和高等小學已畢業的堂兄一道到開封去投考中州公學，儘管是連跳四級，他還是以初試第二名，複試第一名的成績，把堂兄和其他高小畢業的人全拋在後。②在中州

①馮友蘭：《三松堂自序》，《三松堂全集》第一卷，第二六頁。
②對於這種出人意料的結果，馮氏坦承「當時我自己也有點驚奇」。馮友蘭：《三松堂自序》，《三松堂全集》第一卷，第二九頁。

公學才讀了一個半學期，馮友蘭再到武昌投考中華學校，自然也是一考即中。①中華學校的椅子還未坐暖，適逢黃興出長中國公學，河南省決定向中國公學選派二十名公費生，每人每年發官費白銀二百兩，於是，馮友蘭又考取了河南公費，在一九一二年冬天來到上海，翌年春天成了中國公學的正式學生。②

當時中國公學分為中學部和大學預科部。馮友蘭的「西學」訓練，其實總共只讀過半年的初小，以及三個學期的初中，③這次居然又讓他連跳數級考取了大學預科部，而且每年還有花不完的公費，④究其原因，當然又是拜他超強的「中學」之賜。在預科三年，馮友蘭倒沒有再跳級，其西學的教材，也由原先的中文譯本，換成了英文原本。馮氏也就在此時開始自學

①馮友蘭：《三松堂自序》，《三松堂全集》第一卷，第三三頁。

②馮友蘭：《三松堂自序》，《三松堂全集》第一卷，第三三頁。

③馮友蘭在一九一一年春始考入中州公學，暑假後因武昌起義，中州公學停課一學期，次年春始重新開課，馮氏在該校及中華學校又分別念了一學期，故馮氏在考入中國公學之前，一共只讀過三個學期的初中。馮友蘭：《三松堂自序》，《三松堂全集》第一卷，第二七～三三頁。

④馮友蘭說：「我喜歡買書，那二百兩銀子花不完就買書，也買了一些大部頭的書，如《廿四史》之類……」馮友蘭：《三松堂自序》，《三松堂全集》第一卷，第三四頁。

邏輯，並對哲學產生了強烈的興趣。懷著對西方哲學，特別是對邏輯的濃厚興趣，馮友蘭在一九一五年暑假畢業於中國公學預科之後，旋即通過了類似於科舉殿試策問的入學考試，考入了北京大學，並義無反顧地從大熱門的法科轉入大冷門的文科。①但馮友蘭的轉系，並沒有達成學習西方哲學的目的。因為當時北大的章程，雖號稱有中國哲學、西方哲學和印度哲學三個學門，但西方哲學門和印度哲學門由於無法請到合格的老師，根本就未曾開課。沒有法子，馮氏只好不無委屈地進了中國哲學門，成為該學門第二屆的學生。②

儘管馮友蘭在北大主修哲學三年，和西方哲學並無「真正接觸」；③儘

①由於當時文科畢業生只有當教書匠的出路，願意報考的學生極其有限，北大當局甚至規定報考文科的考生不需要預科畢業文憑，馮友蘭既有預科資格，又考上了法科這大熱門科系，轉入文科在世俗的眼中自然是一大犧牲。馮友蘭：《三松堂自序》，《三松堂全集》第一卷，第一八五～一八六頁。

②馮友蘭：《三松堂自序》，《三松堂全集》第一卷，第一八六頁。

③馮友蘭說：「但我在北大當學生三年，並沒有真正觸到西方哲學。西方大哲學家的原著我一本也沒有見到，更不用說閱讀了。因為當時在北大圖書館，這一類的書也是絕無僅有的。」馮友蘭：《三松堂自序》，《三松堂全集》第一卷，第二五六頁。

管在偌大一個北京大學，竟無一人可傳授馮氏半點邏輯知識；①但北大畢竟還有不少讓他欽服的學問大家。在這些大師之中，影響馮氏最大的，是國學門的黃侃以及中國哲學門的陳黻宸。黃侃是太炎門下高弟，當時正在北大講授《文選》和《文心雕龍》，是國學門最叫座的名教授。在他的課堂上，馮友蘭本來就有十分深厚的國學和辭章根底，獲得極大的揮灑空間。如果說馮友蘭在黃侃的課堂裏，得益的主要是辭章之學，他日後之所以能成為清華大學和西南聯大教授社團中最重要的「筆桿子」之一，可能或多或少得力於黃門的路數和心法。不過，真正開啟了馮友蘭學問和生命新方向的老師，並不是黃侃，而是教授中國哲學（諸子學）的陳黻宸。陳黻宸字介石，光緒廿九年（一九〇三）進士，於舊學可謂無所不窺，無書不讀。其經世之學，為永嘉殿軍；史學精神繼武史遷；哲學思想則歸宗陸王。儒學之外，尤以老莊哲學及魏晉玄學最為名家。馮友蘭過去的「中學」訓練，究其實是為了舉業，對於義理之學，可以說是一無所知。馮友蘭在北大主修了二年陳黻宸講授的諸子哲學，他開始注意到，原來兒時便背誦得滾瓜

①馮友蘭：《三松堂自序》，《三松堂全集》第一卷，第二九八頁。

爛熟的四書、五經，除了辭章之外，還有著「意義」「價值」和「精神」等更為根本、也更為核心的課題，值得自己去探索窮究。他還注意到，原來除了儒家的義理系統之外，中國傳統學問之中，還有道家、釋家等各家各派的義理系統，值得自己去學習搜求。和義理之學直接睹面，使馮氏在治學上自覺「摸著一點門路」，而他的人生境界，也彷彿「進入了一個新的天地」。①

由考入縣立小學（一九一〇）到升入北大三年級（一九一七）之前這七整年期間，是馮友蘭開始接觸西學的學習期，也是他從傳統士子開始向現代學人過渡的轉型期。在這七整年裏，我們在馮友蘭身上，幾乎看不出中學和西學的激烈對立和衝突，也看不到轉型期應有的困惑和陣痛。個中原因，一方面緣於當時傳入中國的西學，不僅支離破碎，而且膚淺浮泛，它既不足以動搖馮氏根深柢固的中學基礎，也不能在馮氏的治學興趣開始有所轉移時，予以強有力的輔導和接引；更重要的一方面，還是緣於當時的新文化運動，才剛起於青萍之末，風暴的中心尚未形成，中西文化的矛

①馮友蘭：《三松堂自序》，《三松堂全集》第一卷，第一八六～一八八頁。

盾和衝突尚未曾被激化。是以馮氏在洋學堂七整年，其得力之處，仍在於對中學正面理解的擴大和深化；用流行的話語來說，仍舊是中學為本，西學為末；中學為主，西學為輔；中學為體，西學為用；依然不脫湘鄉南皮的窠臼。

到了馮友蘭升入大三的時候，胡適正好由美國學成歸國，於一九一七年九月起在北大開講中國哲學史。胡適的講稿，大率是其博士論文的中譯，不久即結成《中國哲學史大綱（卷上）》一書出版。該書既是中國傳統學術向現代轉型的新典範，同時又是西方方法學上的具體示範。馮友蘭一直到暮年都在強調：向西方學習，所要學的並不是西方的「跡」，而是其「所以跡」；即如向神仙學點金術，所要的並不是神仙由石頭變出來的黃金，而是神仙那根能把石頭變成黃金的手指頭。①馮友蘭正是在胡適的課堂上，第一次見識到那根點石成金的手指頭，不禁目奪神馳，驚喜交集。即使過了六十多年，馮友蘭還是照樣興致勃勃地談到胡適的「證明的方法」「扼要的手段」和「系統的研究」在方法學上的突破和創新。所謂「證明的方

①馮友蘭：《三松堂自序》，《三松堂全集》第一卷，第二〇二～二〇三頁。

法」和「扼要的手段」，就是把三皇五帝等許許多多的無稽之談一刀砍掉，一部中國哲學史直接從老子、孔子講起。這麼一來便把馮氏從「毫無邊際的經典注疏的大海中」拉拔了出來。①所謂「系統的研究」，就是一反傳統學者述而不作、以選抄編排前人注疏為究竟的治學方式，而代之以審查材料的真偽、分析其中的意義、探究材料之間的內在關聯性和規律性，並全面而系統地把研究所得綜合地敘述出來。這又使陷在支離破碎、散漫而無所依歸的注釋迷霧中的馮友蘭，第一次找到了出路，摸著了頭緒，從而發現了中國古代哲學家的某些思想系統和中國哲學史發展的某些線索。②所有這些，都讓馮氏自覺「面目一新、精神為之一爽」。③

如果僅從國學修養而論，胡適不僅絕對無法和黃侃、陳黻宸等北大經史學大師比肩，即令與馮友蘭、傅斯年、顧頡剛等國文程度超強的北大學生相較，亦容或有所不及。但國學水平並不怎麼高明的胡適，由於多了一根西方的手指頭，在處理中國哲學史料時，便能處處推陳出新、化腐朽為

①馮友蘭：《三松堂自序》，《三松堂全集》第一卷，第二〇一頁。
②馮友蘭：《三松堂自序》，《三松堂全集》第一卷，第二〇〇～二〇一頁。
③馮友蘭：《三松堂自序》，《三松堂全集》第一卷，第二〇一頁。

神奇，常言人之所不能言，發人之所不敢發。馮友蘭在胡適講授中，真正體驗了西方方法學的驚人威力，也領悟到現代學者胡適之所以比傳統學者陳黻宸站得更高，看得更遠，全在其掌握和運用了西方的理論和方法。如果說陳黻宸等傳統學者把馮友蘭引進了中國義理之學的新天地，作為現代學者的胡適便讓馮友蘭窺見了西方方法學更新的天地。這兩重天地，對馮友蘭而言，後者的境界不僅要遠比前者更為充實、更為豐富、更為深刻，而且在位階上也要遠比前者更為優越和更為高級。①在這兩重天地的強烈對照之中，馮友蘭發現了新文化和舊文化的矛盾和衝突，②他無論是情感還是理智的天秤，都迅速向新文化的那一端傾斜。胡適到北大才剛兩個月，便因緣際會成了哲學研究所的創所所長，③而馮友蘭立刻就選修了胡適在研究所講授的全部兩門功課，④並大量地選修西方的社會科學課程，這些跡象顯示了馮氏的治學方向和興趣，已由傳統學問向西學轉移。

①馮友蘭：《三松堂自序》，《三松堂全集》第一卷，第一一九～二〇三頁。
②馮友蘭：《三松堂自序》，《三松堂全集》第一卷，第二〇二頁。
③耿雲志：《胡適年譜》，香港，中華書局，一九八六，第四七～四八頁。
④蔡仲德：《馮友蘭先生年譜初編》，第二五頁。

此外，馮友蘭「以商榷東西諸家哲學，瀹啟新知為宗旨」，與陳鍾凡、孫本文、嵇明等十多位同學發起成立了北京大學哲學會，①把個人對新文化尤其是西方哲學的嚮往，提升為同志間互助和互教的集體活動。一九一八年五月二十一日，馮友蘭參加了北大學生抗議北洋政府與日本締結軍事協定的集會，並和與會同學一道，不顧蔡元培的勸阻，步行前往總統府請願。②這又說明了馮友蘭的一隻腳，已從書齋邁入社會，開始把學術思想轉化為政治行動了。

一九一八年六月底，馮友蘭畢業於北京大學哲學門，旋即與任載坤結婚，同年九月在開封出任河南第一工業學校語文、修身教員，③開始在開封主編鼓吹反傳統思潮的《心聲》雜誌，④並向北大反傳統營壘的核心刊物

①蔡仲德：《馮友蘭先生年譜初編》，第二六頁。
②蔡仲德：《馮友蘭先生年譜初編》，第二六頁。
③馮友蘭：《三松堂自序》，《三松堂全集》第一卷，第四六～四七頁；蔡仲德：《馮友蘭先生年譜初編》，第二八頁。
④據日本學者後藤延子手抄本排印之《〈心聲〉發刊詞》，其末有「載於《心聲》雜誌創刊號，一九一八年九月出版」等字樣（收入馮友蘭《三松堂全集》第十三卷，第八二一頁），故《心聲》雜誌的創刊日期實為一九一八年九月，《三松堂自序》與《馮友蘭先生年譜初編》把《心聲》雜誌的創刊日期寫為一九一九年五月四日或一月均誤。

《新潮》投稿，成為胡適、陳獨秀反傳統帥旗下的幹將。但由於馮氏在五四運動爆發的前一年便離開北大，無緣像他的學弟如傅斯年、羅家倫等在五四一役中大出鋒頭，更兼馮友蘭在一九一九年六月考取了河南省公費留學，同年十二月乘船赴哥倫比亞大學研究院哲學系繼續深造，《心聲》雜誌便因之關門大吉。馮友蘭在五四運動中無聲無息，《心聲》雜誌亦因過早結束而沒世無聞，如果不是馮氏晚年在回憶錄中特別提及，根本就沒有人會知道他曾是五四英雄們的戰友或同路人。少了一頂五四英雄的桂冠，反而讓馮友蘭不必像學弟傅斯年、羅家倫等那樣，在反傳統的道路上馳騁追逐一往而不知返。馮友蘭日後能既繼承了五四，也批判了五四，因而也超越了五四，使自己從全盤否定中國文化的五四反傳統主義者的立場，一變為「闡舊邦以輔新命」的新儒家立場，這和他「不幸」而未能在新文化運動中「暴得大名」，是有著密切的關係的。如果從這一角度看，他的「不幸」，又反而是他的幸運了。

胡適曾對馮友蘭說過：世界最新的哲學在美國，美國最新的哲學在哥大。①馮友蘭遵循胡適的指導，一心要在哥大把「最新的哲學」學到手。只不過，馮氏在哥大雖大量閱讀了西方哲學的經典，但卻選取了中國哲學作為自己的專業。因為在開學後不久，他便懊惱地發現自己在主修西方哲學方面，竟然是「一窮二白」。所謂「窮」，是緣於他的英文底子太薄。馮友蘭遲至十五歲才開始學ＡＢＣ，此後又一直把主要的時間和精力，放在「中學」的研習方面，致使他剛到哥大之時，其英文無論在講、聽、寫和閱讀四方面均顯得力不從心。而西方的哲學著作，即令對絕大部分英文十分好的英國人和美國人，也不啻是深奧難懂的「天書」。而馮友蘭若要主修西方哲學，對這些深奧難懂的「天書」便不僅要讀得懂，而且還要讀得快。這種過高的要求，實無異於逼著他「挾泰山以超北海」。所謂「白」，是緣於馮友蘭在西方哲學方面毫無訓練。馮友蘭在負笈哥大之前，並未曾讀過任何一本「西方大哲學家的原著」。②他在哥大學習西方哲學，可以說真正是從零開始。面對著以英文為母語，又曾浸淫過西方哲學多年的美國同學，馮友蘭便不能不處於絕對的劣勢。只要馮氏繼續主修西方哲學，可以預見在數年之後，他的英文和西哲學養，還是絕對無法望其美國同窗之

①馮友蘭：《四十年的回顧》（此書曾於一九五九年由科學出版社出版，後收入《三松堂全集》第十四卷），第一六五頁。

②馮友蘭：《三松堂自序》，《三松堂全集》第一卷，第二五六頁。

項背。在嚴酷的現實面前，理想便不得不向現實低頭。大約在一九二〇年冬，馮氏把自己的專業，由主修西方哲學正式改為中國哲學。這一轉變，讓馮友蘭易劣勢為優勢，化被動為主動，立刻就能從絕對落後的困局中突圍而出。他的英文水平，雖仍居於人下，但他二十年的國學修為，不要說他的美國同窗望塵莫及，就連他在哥大的指導教授杜威，也只有當他學生的資格。他之所以能在三年半的時間內順利完成學業並取得博士學位，這和他能審時度勢，當機立斷地轉換專業是有著因果關聯的。

專業的轉變往往會引起心態的轉變，馮友蘭在改變專業之後，便開始以較為同情的態度，與中國的傳統經典及先哲進行內在對話（internal dialogue），而兒時曾背得爛熟的古典，其中隱而未顯的意義和價值，亦在內在的對話和思想的反芻中得以砥礪發明。更兼馮友蘭在五四反傳統運動中並沒有「暴得大名」，由於陷溺不深，便少了許多偏執和成見；他開始覺得，五四反傳統主義對中國文化的主要指控，大都是一些誣枉不實之詞。例如，五四反傳統主義者從中國文化過去「未能」產生科學的事實出發，斷言此「未能」乃緣於「不能」，而此「不能」又緣於中國文化與科學的水火不兼容，故要把科學引進中國，便必須徹底毀滅中國之化；而馮友蘭在一九二〇年冬撰成他生平第一篇的英文論文《為什麼中國沒有科學？——對中國哲學的歷史及其後果的一種解釋》（*Why China Has No Science: An Interpretation of the History and Consequences of Chinese Philosophy*），①卻斷言中國之所以在過去「未能」產生科學，只是緣於中國過去的價值系統對科學的「毫不需要」，此「未能」並非「不能」，而只是「能而不為」，故只需在價值系統中稍作調整，中國便完全有能力在最短的時間內發展並擁有科學。

在文章的結論部分，馮友蘭強調中國文化價值系統的心內求善與西方文化價值系統的心外求知，其實是各有所長亦各有所短。只要人類仍需尋求「內心的和平和幸福」，中國文化由認識和控制心靈世界所發展出來的一整套內省功夫便永遠不會過時和失效。目下，不僅中國文化必須學習西方文化的科技，而西方文化也應當「轉過來注意中國的智慧」。只有在中

①該論文於一九二一年曾在哥大哲學系學術研討會上宣讀，於翌年四月刊於美國 *International Journal of Ethics*, Vol. ⅩⅩⅩⅡ, No. 3，一九八三年四月由涂又光譯為中文，收入馮友蘭《三松堂學術文集》，北京大學出版社，一九八四，第二三～四二頁；以下省略副標題。

西文化調和互補的基礎上，全人類才有可能得到最大的幸福。①馮氏的中西文化的互補說，和五四反傳統主義者的全盤西化觀點相對照，簡直是南轅北轍。該文於一九二二年四月正式在美國刊出後，事實上正與梁漱溟的《東西文化及其哲學》隔海唱和。由於梁書在當時是站在中國文化辯誣申冤者的立場，最深刻、最有力和最有系統地對五四反傳統思潮進行反批判的一部最有影響力的巨著，馮文與梁書「不謀而合」地互相呼應，顯示了馮友蘭已完全脫離了五四反傳統主義的營壘，正式加入了文化保守主義者的行列。

從《為什麼中國沒有科學？》一文開始，馮友蘭一方面為中國文化辯誣申冤，堅持中國文化的永恆價值；但在另一方面，他又不忘批判中國文化的種種缺失，堅持中國必須學習和引進西方的科學和民主。他批判了五四又繼承了五四，繼承了傳統又批判了傳統。日後他一生的志業，可用他自己的話作總結：

①馮友蘭：《三松堂學術文集》，第四二頁。

> 我覺得自己一方面是不同於國故派，而比他們高一層，因為我不「抱殘守闕」，我能分辨出什麼是舊文化中的精華，什麼是其中的糟粕。在另一方面，我也不同於當時的進步派，而比他們高一層。因為他們只能把舊的東西，一律否定。而我則能在新的東西中，給舊的「精華」以適當的地位。在當時，我自以為這樣作就是所謂融合新舊，貫通中西。我很喜歡用黑格爾所說的正、反、合的過程，說明我的作法：舊的東西是正、新的東西是反、我所作的是合。①

馮氏「融合新舊，貫通中西」的「合」的努力和嘗試，也具體呈現在他一九二三年暑期完成的博士論文"Way of Decrease and Increase with Interpretations and Illustrations from the Philosophies of the East and the West"（即《天人損益論》）中。博士論文完成後，馮友蘭即乘船返國，於一九二三年下學期出任河南中州大學哲學教授兼文學院院長。一九二五年暑期，馮氏離開了中州大學，先到廣東大學當了一個學期的哲學系教授兼系主任，

①馮友蘭：《四十年的回顧》，科學出版社，一九五九，第一六六頁。

一九二六年初又應燕京大學之聘，出任哲學系教授兼研究所導師，以及哈佛—燕京學社研究員。①在這一段時間裏，馮氏多次改寫其博士論文，最後中文定稿易名為《人生哲學》，於一九二六年九月由上海商務印書局正式出版。在《人生哲學》中，馮友蘭把古今中外的各種哲學流派，按照其對於「理想人生」的不同認定，分為損道、益道和中道三派。此時馮氏的學術思想，已由原先宗奉柏格森哲學改為宗奉詹姆斯和杜威的實驗主義，並開始向蒙太格等人的新實在論過渡。②儘管學術思想有所改變，但馮友蘭「融合新舊、貫通中西」的「合」的路向並沒有改變，為中國文化辯誣申冤的志業也沒有改變。如果說馮友蘭在《為什麼中國沒有科學?》中，其辯護策略是強調中西文化的差異性，並以「各有所長，各有所短」為理由，替中國文化爭取與西方文化平起平坐的地位，那麼馮友蘭在《人生哲學》中，其辯護策略則是強調中西文化的共通性。在《人生哲學》羅列的損道、

①蔡仲德：《馮友蘭先生年譜初編》，第五六～六三頁；馮友蘭：《三松堂自序》，《三松堂全集》第一卷，第五九頁。

②馮友蘭：《四十年的回顧》，第一七八～一八六頁。

益道和中道這三大派系之中，每個派系都是由中國和西方的哲學流派共同組成的。損道派又可細分為以老莊為代表的浪漫派、以柏拉圖為代表的理想派，以及以佛教和叔本華為代表的虛無派；益道派又可細分為以楊朱為代表的快樂派、以墨子為代表的功利派，以及以培根和笛卡兒等人為代表的進步派；而中道派又可以先秦儒家、宋明新儒家、亞里士多德和黑格爾哲學為代表。①儘管馮友蘭表面上承認每一派系都各有所見，亦各有所蔽，但他還是把以先秦儒家和宋明新儒家為主體的中道派的位階和價值，置放在損道派和益道派之上，而斷定中道派是「其蔽似較少」的「較對之人生論」。②約而言之，西方文化有的中國文化也有，但中國文化有的比西方文化有的還要更好。

一九二八年暑假，羅家倫被南京國民政府任命為清華校長，開始在北京組織接收清華的領導班子。馮友蘭不喜歡燕大的教會味，於是便欣然接受了羅家倫延聘，轉任清華哲學系教授兼校秘書長，成了接收班子的最重

①馮友蘭：《人生哲學》，商務印書館，一九二六，第三五八～三六一頁。
②馮友蘭：《人生哲學》，第五〇九頁；馮友蘭：《四十年的回顧》，第一七九頁。

要成員之一。馮友蘭走馬上任後，便全力協助羅家倫從外國人手中奪回對清華的主控權，其中包括撤銷了由外國人控制的清華董事會和基金會，完成了清華由留美預校到國立大學的重要改制，使清華正式納入中國的教育系統，並從根本上扭轉了清華以往在待遇上職員高於教員，洋教授又高於中國教授；在位階上洋文高於中文，西洋課程又高於中國課程的輕中媚外傳統。①通過對清華的改造，馮友蘭終於在這所中國人辦的中國另一最高學府之中，找到了自己安身立命之地。他在一九二九年九月起擔任哲學系主任，自一九三〇年六月起出任文學院院長，歷任清華教授會書記、評議會評議員、校務會議成員，一九三五年六月起任文科研究所所長兼哲學部主任，並長期出任聘任委員會、出版委員會、學報編委會、學生入學資格審查委員會的主委，負責審查和核准教員的聘任、升等、休假、出國進修，學生的招考、獎助學金的授予、學位的頒發、公費留學的推薦，以及學校各部門系所預算的分配和執行，並在羅家倫和梅貽琦離校期間先後兩次「維持校務」（即代校長）。②從馮友蘭參與接收清華之日算起，到一九四九年

①馮友蘭：《三松堂自序》，《三松堂全集》第一卷，第三〇八～三一五頁。

九月二十三日被革去在清華的一切行政職務為止，③在這長達二十一年期間，馮友蘭一直是清華園中最有權力的三巨頭之一（馮友蘭一直是清華園中權力僅次於校長的第二號當權派）。

儘管行政工作既劇且繁，但馮友蘭仍能堅持不懈地在課堂上和著述中繼續會通新舊中西文化，並作出了驕人成績。一九三一年二月，他的《中國哲學史》上卷，作為「清華叢書」由上海神光出版社出版；一九三三年六月，《中國哲學史》下卷殺青，翌年八月《中國哲學史》全書由上海商務印書館出版。如果說《人生哲學》只是「一個初學哲學的人的習作」，④《中國哲學史》便是一個苦心孤詣的成熟哲學史家的發憤著述。如果說馮

②羅家倫因學生的反對，於一九三〇年五月二十八日憤而辭校長一職離校，馮友蘭遂在同年七月十日起被校務會議推舉「維持校務」，直至翌年七月四日代校長翁文灝到校視事始結束。一九四八年十二月十四日北平解放在即，梅貽琦倉皇出走，留書薦馮友蘭自代，校務會議遂在十五日公推馮氏為校務會議臨時主席，此即馮氏前後兩次代長清華的經過。參見清華大學校史編寫組《清華大學校史稿》（北京：中華書局，一九八一），第一〇〇～一〇六頁；以及蔡仲德《馮友蘭先生年譜初編》，第三三二～三三五頁。

③蔡仲德：《馮友蘭先生年譜初編》，第三四六～三五〇頁。

④馮友蘭：《三松堂自序》，《三松堂全集》第一卷，第一九八頁。

友蘭在《人生哲學》的階段，曾借用「不可知論」的武庫，批駁了全盤西化的論述，並引援了詹姆斯的「意志信仰」說，籲請國人重建對中國文化的信心；儘管其中不乏思辨的機巧和論說的新意，但由於他始終未能確切地證成中國文化有任何正面的價值，他的努力並未能收到預期的效果。那麼，馮友蘭在撰寫《中國哲學史》時，便不再乞靈於「不可知論」和「意志信仰」的旁敲側擊，而是易之以堂堂之陣、正正之旗，在中國哲學史上找到大量的事例，批駁了以胡適為代表的反傳統主義者對中國文化的全盤否定，從正面證成了中國文化的主體，不僅有不可磨滅的歷史價值，而且有非常重要的現代意義。馮氏的《中國哲學史》下卷在撰寫之時，先後遭逢九一八事變、「一．二八」事變以及「五三一」塘沽協定，日本侵略軍的鐵蹄正踐踏著東北、熱河等大片國土，華北業已危在旦夕，國亡日急，如何喚起國民對中國歷史文化的熱愛，凝聚國人的文化認同和國族認同，以抵禦外侮，已是刻不容緩。馮友蘭在浩如煙海的中國哲學史料中，探源抉流、究底尋根，以一千多頁的篇幅，成功地使「在形式上無系統」的中國哲學的各家各派，一一展示出其哲學的「實質的系統」。馮書的撰寫，實際上是透過對中國文化精華大規模的發掘和整理，並使之理論化和系統化，竭盡所能地展示中國哲學史上的各家各派，是如何地既真且善且美，方之世界文化史，亦「卓然有所樹立，即以現在之眼光觀之，亦有不可磨滅者」。①馮著《中國哲學史》成功地彰顯了中國文化的光明面，而國人通過閱讀該書，亦因之確信中國文化並不較西方文化為劣，而是春蘭秋菊，各擅其勝。如此一來，便有可能使他們從民族文化虛無主義的泥淖中超拔出來，使他們重新認識和熱愛自己的民族文化，重新建構其歷史記憶和凝聚對中國文化的認同。在日軍的蠶食鯨吞之下，國族命脈懸於一線，時代精神正要求國人的文化認同與國族認同的緊密結合，而為失去本心的國人求其放心，為失魂落魄的民族招魂，又正是馮書心血之所繫，故馮書的基調，與當時的時代精神，可謂完全合拍。

《中國哲學史》不僅是有史以來第一部完整的中國哲學通史，②而且還是迄今為止最好的一部中國哲學史。儘管中國哲學界對馮友蘭的評價頗呈兩極化，但對馮友蘭的《中國哲學史》的評價，又存著驚人的一致性。幾

①馮友蘭：《中國哲學史》上冊，「自序二」，商務印書館，一九三四，第一頁。

②胡適的《中國哲學史大綱（卷上）》成書雖早於馮友蘭的《中國哲學史》，但該書下卷在胡適逝世之日尚未寫出，故只能算是半部書，而不能不把「第一部」的美譽，拱手讓於馮書。

乎所有人都承認：在目下所有的中國哲學史的著述中，還未有任何一種著作，能在整體上勝過馮友蘭的《中國哲學史》。①

一九三一年九一八事變，整個東北國境淪陷於日軍之手。新的國恥挑激起馮友蘭強烈的愛國情操和巨大的民族義憤。他一方面繼續在學術著述中闡發中國歷史文化的正面價值和現代意義，一方面以實際行動投身抗日救國的行列。事變發生才三日，馮氏即以主席的身分召開清華教職員公會臨時緊急會議，立即籌建清華教職員公會對日委員會，並被推舉為對日委員會主席，以及被選派為平津大專院校教職員對日聯合會之清華代表。②在馮友蘭的領導下，清華對日委員會（以下簡稱對日委員會）的工作，主要包括以下三個方面：第一，支持並督促國府堅決抵抗日本的侵略；第二，聲援國軍的抗日部隊；第三，進行抗日救國之鼓動宣傳。對日委員會旗幟鮮明的愛國主義立場和毫不妥協的抵抗態勢，使馮友蘭成了日寇和投降派

①詳參翟志成《師不必賢於弟子──論胡適與馮友蘭的兩本中國哲學史》，《新史學》（臺北）第十五卷第三期（二〇〇四年九月），第一〇一～一四五頁。
②清華大學校史研究室編《清華大學史料選編》第二冊（下），清華大學出版社，一九九一，第八九七～八九八頁。

的眼中釘。

一九三七年七月七日盧溝橋一聲炮響，正式揭開了全國抗戰的總序幕。七月十七日，蔣中正宣布對日作戰。七月二十九日，北平首告陷落。由於北平的陷落，位於西郊的清華園暫時成了三不管的真空地帶。為了保護校產，馮友蘭等幾位留平的校務會議成員攘臂而起，負責領導護校工作。對於北平的失陷，馮友蘭雖早有心理準備，但一旦親歷亡國奴的屈辱辛酸，還真教人情何以堪。日軍正以征服者的姿態，四處占奪北平的機關、學校和各種企業；清華淪於日人之手，只是早晚的事。護校已明顯地變得毫無意義了，為了不在日軍的槍刺下靦顏事仇、苟且偷生，馮友蘭等人在九月初的校務會議中，忍痛作出支持教育部把學校南遷長沙的決定。其實所謂南遷，也不過捨棄清華園中的校舍、設備和圖書，師生各自設法逃到長沙集合。由於逃亡路上生死難料，前途未卜，馮友蘭只有拋家棄子，隻身南逃。夫婦骨肉的死別生離，馮氏曾繫之以詩，以紀其事。其詩云：「兵敗城破日色昏，拋妻舍子別家門。孟光不向門前送，恐使征人見淚痕。」①

因為當時京漢鐵路已不能通行，馮氏先逃到天津，再經濟南、鄭州、漢口，繞了一個大圈，歷盡艱難，千辛萬苦地在九月中旬輾轉抵達長沙。② 馮友蘭抵達長沙後，始知清華已奉教育部令，與北大、南開合併為長沙臨時大學。臨大文學院設在南嶽聖經書院，馮氏被推舉為哲學心理教育系教授會主席（即系主任）。一學期過後，戰火逼近長沙，臨大再遷昆明。馮友蘭於一九三八年二月十六日乘汽車離南嶽，經廣西入越南再轉赴昆明。豈料三月二日車經廣西憑祥縣，馮氏左臂與城牆擦撞骨折，只得在河內醫院中淹留一月。③ 馮友蘭於四月上旬始抵昆明，其時臨大已奉教育部命改名為國立西南聯合大學。馮氏到校後即被推舉為聯大文學院代院長，同年十月十九日被改聘為文學院院長。④ 除了在聯大擔任了七年半的文學院院長和兼了四年的哲學系代主任之外，馮友蘭在聯大還出任了聘任委員會主席、

①大半年後，馮妻任載坤女士帶著馮鍾璉、馮鍾遼、馮鍾璞、馮鍾越與朱自清眷屬一道，從北平逃到天津，再由天津乘海輪經香港入越南海防，歷盡風險，終於在一九三八年六月五日與馮友蘭在蒙自一家團聚。見馮友蘭《三松堂自序》，《三松堂全集》第一卷，第九五～九七頁；蔡仲德：《馮友蘭先生年譜初編》，第九五頁。

②馮友蘭在九月十六日被長沙臨大常委會推定為臨大圖書設計委員會委員，可見馮氏在九月十六日前已抵達長沙。蔡仲德：《馮友蘭先生年譜初編》，第一九一頁。

③馮友蘭：《三松堂自序》，《三松堂全集》第一卷，第九五頁。

校歌校訓編委會主席、大學一覽編輯委員會主席、中日戰事史料徵輯委員會主任委員，並在聯大的招生、入學資格審查、獎學金、建築設計、圖書設計等多個委員會擔任委員。此外，馮氏還在清華校本部繼續擔任文學院院長、哲學系主任，於一九三九年後又兼任文科研究所所長及哲學部主任，並在清華各種大大小小委員會中出任召集人或委員。馮友蘭長期在清華擔任第二把手，行政事務本已既劇且繁，併入聯大後又平添了許多重要職務，其負荷又豈止百上加斤。聯大和清華教員們的新聘、續聘、升職、調薪、休假、出國進修，他要負責審核；學生們的招考、獎助學金、轉學、休假、復學、升留級、畢業、求職、公費自費留學，他要負責審查或推薦；學校重要政策的擬定、預算和資源的爭取和分配、學校與政府之間的協調和配合、清華與北大和南開之間的和諧協作，他更是時時事事都要操持勞心……

④聯大本推定胡適任文學院院長，因胡適未抵昆明故，於一九三八年四月十九日由馮友蘭暫代。其後胡適以出任駐美大使請辭院長職，聯大遂於同年十月十八日正式改聘馮友蘭為文學院院長。馮氏在聯大八整年間，除了在一九四三年三月十一日至八月十二日利用休假赴重慶、成都講學，由楊振聲代理文學院院長半年外，其出長聯大文學院院長足有七年半之久。清華大學校史研究室編《清華大學史料選編》第三冊（下），第二八九頁。

①在聯大八整年，馮友蘭幾乎每天都有開不完的會，批不完的公文，見不完的客。他如果不是聯大最忙的人，至少也是最忙的幾個人中的一個。由於位高權重，他在聯大遂有了「首席院長」的稱號。②

我們知道，聯大的成立，是不願當亡國奴的北大、清華、南開三校師生從淪陷區冒死出走的結果。正因如此，聯大事實上成了中國知識精英抗日救國的旗幟，以及中國知識份子愛國主義的象徵。替聯大工作，便是替抗日工作；為聯大服務，便是為救國服務。因為繼續維持聯大這面旗，已成了民族戰爭的重要組成部分。馮友蘭對聯大在抗日戰爭中的歷史使命，無疑是有著極深刻的瞭解和高度的自覺。他從逃離北平的那一天開始，便已自覺地把個人的生命和國族的生命緊密地結合在一起。國家的前途便是個人的前途，民族的命運便是個人的命運，而國族的命運和前途，又全繫於抗日戰爭的最後勝利。正所謂：書生報國，學校就是戰場；不絕弦歌，正是學術文化思想上不屈的抗戰。由於有了此一覺解，馮友蘭始終勤勤懇

①馮友蘭在聯大暨清華名目繁多的各種職務和工作，詳見蔡仲德《馮友蘭先生年譜初編》，第二〇〇～三一〇頁。

②清華大學校史研究室編《清華大學史料選編》第三冊（下），第二六八頁。

懇，兢兢業業，任勞任怨地在聯大的領導崗位上操勞了近八年。聯大能為抗戰輸送了三千餘畢業生、為抗日軍輸送了八百餘戰士，①聯大三校能和衷共濟、全始全終，而聯大的旗幟也幸能維繫於不墜，這和「首席院長」馮友蘭的長期辛勞和鼎力奉獻，是有著密切關係的。

馮友蘭在艱苦卓絕的八年抗戰中，造次必於是，顛沛必於是，刳肝焦志，念茲在茲，為民族戰爭的勝利貢獻了自己全部的學識和智慧，灌注了自己最大的熱情和心力。而他的精神風貌和學術生命，也在中華民族的聖戰中，經驗了一次最燦爛的昇華。此一昇華，又具見於他在抗戰期中所撰寫的六大本「貞元之際所著書」，合稱「貞元六書」。「貞元六書」包括了《新理學》《新事論》《新世訓》《新原人》《新原道》和《新知言》。這裏的「貞元」，是借用了大《周易》「貞下起元」的觀念。用馮友蘭自己的話：「貞元者，紀時也。當我國家民族復興之際，所謂貞下起元之時也。」②「貞下起元」本身，正強烈地帶著否極泰來和革故鼎新的意涵。馮

①清華大學校史研究室編《清華大學史料選編》第三冊（下），第五七三頁。
②馮友蘭：《新世訓・自序》，收入馮氏著《三松堂全集》第四卷，第三六九頁。

友蘭在「貞元六書」中，融合了古今中西、貫通了形上與形下，結合了理論與實踐，聯繫了學術和政治，成功地把自己「抗戰必勝、建國必成」的信念予以理論化和系統化，建構了一整套汪洋宏肆的「新理學」大系統。

如果把「貞元六書」當作「新理學」的一本大書看，馮氏的《新理學》一書，又恰好是「新理學」這本大書的導論或總綱。①為免混淆起見，以下凡指涉《新理學》一書者，一律名之曰《新理學》，凡指涉馮氏所創建之哲學或思想系統者，一律名之曰「新理學」。「貞元六書」之中，《新理學》成書最早，該書是馮氏「融合新舊、會通中西」的最得意之作，它是中國程朱理學、古希臘柏拉圖的實在論，以及當代英國羅素的分析哲學和美國蒙太格等人的新實在論的一次大範圍的會通和融合。②《新理學》雖也涉及歷史、社會和個人等方面，但它主要論述仍在宇宙論和形上學方面的純粹哲學問題。

構成「新理學」的形上學系統主要有四個核心觀念，亦即「理」「氣」

①馮友蘭：《三松堂自序》，《三松堂全集》第一卷，第二三〇頁。
②馮友蘭：《四十年的回顧》，第二二〇頁。

「道體」和「大全」。①由這四個核心觀念，構成了「新理學」的形上學系統中四組主要命題。據馮友蘭解釋：「第一組主要命題是：凡事物必都是什麼事物，是什麼事物，必都是某種事物。有某種事物，必有某種事物之所以為某種事物者。借用舊日中國哲學家底話說：『有物必有則。』②

「第二組主要命題是：事物必都存在。存在底事物必都能存在。能存在底事物必都有其所以能存在者。借用中國舊日哲學家的話說：『有理必有氣。』」③

「第三組主要命題是：存在是一流行。凡存在都是事物底存在。事物底存在，是其氣實現某理或某理底流行。實際底存在是無極實現太極底流行。總所有底流行，謂之道體。一切流行所涵蘊底動，謂之乾元。借用中國舊日哲學家的話說：『無極而太極。』又曰：『乾道變化，各正性命。』」④

「第四組主要命題是：總一切底有，謂之大全。大全就是一切底有。

①馮友蘭：《新原道》，《三松堂全集》第五卷，第一四八頁。
②馮友蘭：《新原道》，《三松堂全集》第五卷，第一四八頁。
③馮友蘭：《新原道》，《三松堂全集》第五卷，第一五〇頁。
④馮友蘭：《新原道》，《三松堂全集》第五卷，第一五二頁。

借用中國舊日哲學家的話說：『一即一切，一切即一。』」①

以上四組命題，構成了「新理學」形上系統的一個宇宙和二重世界。命題四的「一即一切，一切即一」中的「一」，就是大全。大全就是「新理學」的宇宙。這宇宙又可分為二重世界。一重是「沖漠無朕，萬象森然」的「潔淨空闊」的理世界，另一重是「形而下者謂之器」的物質世界或事世界。「新理學」的理世界不僅邏輯上先於實際世界，在範圍上大於實際世界，它還要比實際世界更為真確，也更為根本；而實際世界也必須對理世界事事依照，使理世界在事實上成了實際世界的創造者、立法者和主宰者。

在社會哲學方面，《新理學》規定了理和社會的四點關係：⑴沒有社會之前，即有社會之理。②⑵理是社會的律則和主宰，社會必須依照理始能成為社會。③⑶有一切社會之理，有某一社會之理。一切社會之理，是任何

①馮友蘭：《新原道》，《三松堂全集》第五卷，第一五三頁。
②馮友蘭：《新理學》，《三松堂全集》第四卷，第五九～六〇頁。
③馮友蘭：《新理學》，《三松堂全集》第四卷，第一一六頁。

社會都必須依照的。某一社會之理，是某一社會必須依照的。「天不變，道亦不變」，一切的理都是不會改變的，可改變的只是依照此理的社會。只要有社會存在，一切社會之理是必須依照的，而某一社會之理，在某一社會已改變之後，則是不必依照的。①⑷任何理都是完滿自足的。理和理也沒有高低上下之別。正如社會的理，並不因其為社會依照而增加其價值，也不因其已不再（或未曾）為社會依照而損減其價值。②

在人生哲學方面，《新理學》亦規定了理和人的四點關係：⑴人是社會的一分子，人的行為必須依照一切社會之理，亦必須依照某一社會之理。③⑵人依照社會之理的行為，是道德的行為。反乎此者是不道德的行為。④依照理即是盡性，盡性即是窮理。⑤⑶依照一社會所依照之理所規定之基本規律以行動者，即是君子，反之，則是小人。⑥完全依照規律以行動者則是聖

①馮友蘭：《新理學》，《三松堂全集》第四卷，第一一六～一一七頁。
②馮友蘭：《新理學》，《三松堂全集》第四卷，第一一六～一一七頁。
③馮友蘭：《新理學》，《三松堂全集》第四卷，第一一四頁。
④馮友蘭：《新理學》，《三松堂全集》第四卷，第一一四～一一五頁。
⑤馮友蘭：《新理學》，《三松堂全集》第四卷，第二〇五～二〇八頁。
⑥馮友蘭：《新理學》，第一二一頁。

人。①⑷聖學始於格物致知，終於窮理盡性。格物致知者知其理、窮理盡性者循其理。易言之，聖學始於哲學的活動，終於道德的行為。②聖學非關才識，只在盡其在我，故聖學人人可學，聖人亦常人可至，此孟子所謂「人皆可以為堯舜」。③

限於體例和篇幅，本文只能用最簡單的線條，勾勒出《新理學》理論架構的輪廓，即使在這個因過分的簡單化而顯得麤（粗）糙的圖像中，我們仍可清楚地看出，馮友蘭正透過他的《新理學》，建立了一整套由宇宙論貫通社會哲學和人生哲學的形上學系統。同時，我們還可以看出，為了正視當時維也納學派對形上學的毀滅性的批評，馮友蘭建立的「新理學」，是一套幾乎沒有什麼內容的空系統；而這系統中的四組主要命題，幾乎都是些重複敘述命題。《新理學》雖在形式上肯定了理對事物的規定性和主宰性，但對於各事物的理的具體內容，例如一切社會的理的內容是什麼？

①馮友蘭：《新理學》，第二〇一頁。
②馮友蘭：《新理學》，第二〇一～二〇二頁。
③馮友蘭：《新理學》，第二〇一頁。

某一社會的理的內容又是什麼？《新理學》卻完全沒有解答。如果馮友蘭不能及時地對《新理學》的形式命題，兼作「積極底」或「實質底」釋義，①尤其是不能及時地對一切社會之理與某社會之理的具體內容作出明確的詮釋和規定，他便會背離其作書時的初衷，而與其為抗日建國的中國社會樹立「新道統」的宗旨毫不相干！

《新理學》成書約二年後，馮友蘭在一九四〇年五月出版了「貞元六書」的第二本書，名之曰《新事論》，又名為《中國到自由之路》。馮友蘭在該書的自序中，把《新理學》與《新事論》的依存和互補關係及其不同的功能交代得相當清楚：《新理學》樹立的是形上之理；《新事論》處理的是形下之事。②如果說，《新理學》是馮友蘭予其「新統」或「新理學」以形上學根據的「無字天書」，《新事論》則是馮友蘭把「無字天書」

①馮友蘭說：「我們所謂『邏輯底』，意思是說『形式底』。我們所謂『積極地』，意思是說『實質地』。在本書中，『積極底』是與『邏輯底』或『形式底』相對待底……所謂『形式底』，意思是說『沒有內容底』，是『空底』。所謂『實質底』，意思是說『有內容底』……」馮友蘭：《新知言》，第一七四頁。

②馮友蘭：《新事論·自序》，《三松堂全集》第四卷，第二一五頁。

翻譯成人人可讀的「有字人書」，沒有「無字天書」為其形上學的根據，「新統」或「新理學」便會在人世間失去了大部分的合法性。沒有「有字人書」為其規劃，「新統」或「新理學」也會在人間世失去了全部可行性。

繼《新事論》之後，馮友蘭又撰成了另一本新書《新世訓》。《新世訓》在一九四〇年七月出版，僅僅比《新事論》晚出了兩個月。馮氏在該書的自序中表明：《新理學》所講論的是「純粹哲學」，《新事論》所講論的是「文化社會問題」，而《新世訓》所講論的是「生活方法」。①《新世訓》中用了整整十個篇章，反覆闡釋和介紹了十種生活方法。其中包括「尊理性」第一、「行忠恕」第二、「為無為」第三、「道中庸」第四、「守沖謙」第五、「調情理」第六、「致中和」第七、「勵勤儉」第八、「存誠敬」第九，以及「應帝王」第十。根據馮友蘭的說法，書中由第一至第九種生活方法，是「凡生活底人」都必須多少依照之或「完全依照之」的。②而第十種生活方法「應帝王」，是馮氏為國家的首領或最高統治者特

①馮友蘭，《新世訓·自序》，《三松堂全集》第四卷，第三六九頁。
②馮友蘭，《新世訓》，《三松堂全集》第四卷，第三八一頁。

別添寫的。除了國家的首領或最高統治者必須多少依照之或「完全依照之」之外，而其他的人並不必特別加以理會。①

按照成書次序，《新原人》在「貞元六書」中位列第四，是「貞元六書」中僅次於《新理學》的另一本最重要的大書。②《新原人》的重要性，在於它所講的「人之所以為人的道理」，填補了「新理學」系統中未把「人生」講透的缺憾，從而使整個哲學體系變得更為完整。《新原人》把各種人生按照其層次的高下分為自然境界、功利境界、道德境界和天地境界。自然境界在四種境界中層級最低，功利境界高於自然境界，道德境界高於功利境界，天地境界又高於道德境界。人可通過覺解而進入「天人合一」的天地境界。在天地境界之人，與大全同一，當然也與理同一。於是，理與人的關係，不再是外在的、異己的關係。在天地境界中，與其說是「人依理」，還不如說是「理依人」，人是「肉身成道」的人，理是「道成肉身」的理。人與理的完全合一，使人和理的緊張關係，得到了徹底的紓緩

①馮友蘭：《新世訓》，《三松堂全集》第四卷，第四九八頁。
②馮友蘭：《新原人・自序》，收入馮氏著《三松堂全集》第四卷，第五一一頁。

和完全的消解。人的道德行為，不僅是為了成就社會，為了成就天地，同時更重要的是為了成就他自己。通過天人合一，高高在上的真際世界，也可以降臨到卑微的人間；或者卑微的人間通過「天人合一」，也可上升為高高在上的真際世界。如此一來，「新理學」兩重世界的斷裂，也已得到了彌縫。整個「新理學」系統，由是變得更為通達，更為圓融，更有人情味，也更有說服力。

在《新原人》之後，馮友蘭還陸續出版了《新原道》（一九四五年四月）和《新知言》（一九四六年十二月）二書。前者以「極高明而道中庸」作為判準，把中國哲學史上的主流學派，即孔孟、楊墨、名家、老莊、易庸、漢儒、玄學、禪宗、道學九家，連同馮氏自己的「新理學」，湊成十家，一一加以案驗。結果各家各派，要麼是「極高明而不道中庸」，要麼是「道中庸而不極高明」，唯獨只有「新理學」一家才能百分之百地符合「極高明而道中庸」的判準。①後者則以「一片空靈」作為判準，把西方最主要的哲學流派，即柏拉圖學派、亞里士多德學派、斯賓諾莎學派、康德

①詳見馮友蘭《新原道》，《三松堂全集》第五卷，第三～一六〇頁。

學派、維也納學派、分析哲學學派等，連同馮氏的「新理學」，一一加以案驗。結果是各家各派不是「空而不靈」，就是「靈而不空」，結果也只有「新理學」一家能完全符合「一片空靈」的標準。①事實上，《新原道》和《新知言》是馮友蘭的「判教」之作，通過對古今中外主要哲學派流的批判，馮友蘭遂得出了自己的「新理學」是中西獨步、古今第一的結論。

繼《新理學》之後馮氏的五本「貞元之際所著書」，便是及時地對《新理學》的形式命題，作「實質底」或「積極底」釋義，對一切社會之理和某社會之理的內容，作出合符抗戰建國需要的詮釋。不管是出於事前的安排，還是事後的補救，《新理學》和後來的「貞元五書」，構成了奇妙的互補關係：《新理學》為後來的「貞元五書」提供了形上學的根據（這形上學的根據，對作為大系統的迷思者和創造者的馮友蘭而言是無比重要的），後來的「貞元五書」在社會道德和個人修養方面為《新理學》廣為發揮；《新理學》「空而且靈」的形式命題像一張張空白的支票，後來的「貞元五書」便在這些空白的支票上填上需要兌換的銀碼……

①詳見馮友蘭《新知言》，《三松堂全集》第五卷，第一六三～二七〇頁。

一九四五年八月十日，日本政府向美、英、蘇、中四國發出乞降照會，整個赤縣神州立刻變成了狂歡之海。這是中華民族自一八四〇年鴉片戰爭以來，在長達一百零五年間，受盡了列強無數次欺凌侵略宰割壓迫的屈辱與辛酸之後，第一次也是唯一的一次在反抗帝國主義侵略的戰爭中所取得的偉大勝利，馮友蘭也和廣大中國軍民一樣樂得如瘋如狂如癲如醉。但馮氏的歡欣，不到四個月即被震驚全國的「一二‧一」慘案徹底粉碎。慘案就發生在聯大，在學生和軍警的扭打和衝突中，于再、李魯連、潘琰、張華昌等四個學生在手榴彈的巨爆聲中慘死，另有十多個學生倒地分別受到輕傷或重傷。學生的鮮血為本來就怒火燎原的學潮注入了無盡的燃油，而聯大學生狂暴的反政府行為使得蔣中正曾一度打算解散聯大。為了保存聯大，馮友蘭等聯大當權派一面譴責政府的暴行，壓逼政府向學生妥協；一面約束和疏導過激的學生，設法誘使學生復課。在馮友蘭等全力斡旋和疏通之下，蔣中正原計畫對學潮的「最後之處置」並未付諸實行，而聯大也終於在十二月二十六日全面復課。①

儘管馮友蘭為拯救聯大免於毀滅立下了汗馬功勞，但他得到的不是讚揚和感激，而是來自左右兩個陣營的怨恨和攻擊。右翼責備他不該壓逼政府接受學生的復課條件，左翼則攻擊他是與政府勾結破壞學運。這種是非不分、功罪顛倒的現實，令左右都不是人的馮友蘭十分灰心。於是便有了及早抽身，脫離大學這個「是非之地」的念頭。馮友蘭於是正式向聯大提出休假的申請，在洛克菲勒基金會（Rockeffer Foundation）的資助下，以客座教授（visiting professor）的名義到美國費城的賓州大學訪問一年，其主要工作是以《中國哲學史》原作者的身分，協助該校的布德（Derk Bodde）教授繼續完成《中國哲學史》下卷的英譯，並在該校講授一門中國哲學史的課。②

一九四六年九月二日，馮友蘭由上海乘船出發，於九月十四日抵達美西舊金山，其後於九月下旬抵達賓州大學。在賓大的一年裏，除了教書和譯書之外，馮友蘭還把他在美國賓州大學講授「中國哲學史」時的英文講義，經過剪輯整理，成了一本名為 *A Short History of Chinese Philosophy*

① 關於聯大「一二・一」慘案和馮友蘭的因應，詳參翟志成《馮友蘭學思生命前傳：一八九五—一九四九》，臺北，中研院近代史研究所，二〇〇七，第三七八～四〇四頁。

② 馮友蘭：《三松堂自序》，《三松堂全集》第一卷，第一一四頁。

（《中國哲學簡史》）的英文書，①在一九四七年馮氏離開紐約時交由Macmillan公司出版。由於該書其實是馮友蘭《中國哲學史》的精華本，故不特史料精熟，選材精當，而作者更能充分發揮其以簡馭繁的特出本領，把數千年來中國哲學史上各家各派的源流演變及其精神面貌講得甚為透徹精闢，故馮氏在該書自序中自謂其書「譬猶畫圖，小景之中，形神自足，……讀其書者，乃覺擇焉雖精而語焉猶詳也」。②這本雖「小」而實「大」的書，於一九四八年出版後，極受中外學界推重，除英文之外，尚有法文、義大利文、西班牙文、南斯拉夫文、捷克文、日文、韓文、中文等十二種不同文字的譯本行世。差不多與此同時，馮氏的《新原道》，也被休士（E. R. Hughes）譯成英文，以 *The Spirit of Chinese Philosophy*《中國哲學之精神》為名，由Kegan Paul公司在英倫出版。③據馮友蘭在自序中說，該書實為其

①該書的中文書名原稱為《中國哲學小史》，一九八五年由涂又光譯成中文本，改名為《中國哲學簡史》，藉以與一九四九年商務印書館出版之《中國哲學小史》作出區隔。

②馮友蘭：《三松堂自序》，收入《中國哲學簡史》，涂又光譯，北京大學出版社，一九八五，第一頁。

③蔡仲德：《馮友蘭先生年譜初編》，第三二九頁。

兩卷本《中國哲學史》的補編，繼《中國哲學史》出版後，他已經把自己近十年來對中國哲學的新見，全部都寫在該書裏面了。此外，馮友蘭還作為清華大學的代表，在一九四七年出席了普林斯頓大學（Princeton University）建校二百周年的校慶，並和清華大學教授梁思成、燕京大學教授趙紫宸同時被普大授予名譽文學博士學位。①賓大一年的客座教授任期屆滿後，馮友蘭又接受了夏威夷大學（University of Hawaii, Honolulu）的邀請，到該校當了一個學期的訪問教授。②

表面看來，馮友蘭在美國一年多的講學和著述生活是相當充實的，甚至可以說是風光的。但他的內心深處，卻是相當空虛的，甚至是灰暗的。他一貫視之為民族精神結晶的哲學，在美國社會根本不受重視。人們願意把自己安身立命之地，寄託於宗教的慰藉，而非哲學的啟蒙。中國哲學加上中國文化再連同自己一齊博物館化。儘管此時國共內戰已全面爆發，國共雙方各出動百萬大軍，死傷盈野；儘管國內的學潮正風起雲湧，大學早

① 馮友蘭：《三松堂自序》，《三松堂全集》第一卷，第一一五頁。
② 馮友蘭：《三松堂自序》，《三松堂全集》第一卷，第一一七頁。

就變成了左右雙方搏鬥拚殺的擂臺；儘管一些友人勸他避凶趨吉，乾脆在美國這個避秦的桃花源中長留不返；但他更多吟詠的，卻是王粲《登樓賦》中的名句：「雖信美而非吾土兮，曾何足以少留？」他更多想到的卻是十月革命後，由俄國逃亡到中國的白俄的屈辱與辛酸，由白俄自然而然會讓他聯想到白華，而激烈的民族主義情懷，又讓他無論如何不甘留在美國當一名白華。馮友蘭終於在一九四八年二月中啟程回國，於三月初抵達上海，於三月八日出席清華復員後第十三次教務，繼續擔任清華文學院院長和哲學系主任，再次投身「是非之地」。①

一九四八年十二月初，北平已陷入中共軍隊的四面包圍之中。馮友蘭無論是以中國哲學第一人的身分，中央研究院院士的身分，或者是清華大學文學院院長的身分，他都絕對有資格乘搭國民政府搶救大知識份子的專機，在中共接管清華園之前飛離北平。事實上，就在清華被接管的幾天前，直接負責搶救大知識份子的國民政府青年部長陳雪屏，就曾在清華校長梅貽琦的筵席上，親自邀請過馮氏與他一道乘搭專機南下；而清華校長梅貽

①蔡仲德：《馮友蘭先生年譜初編》，第三二一～三二三頁。

琦在離開清華的前夜，亦曾與馮氏單獨懇談。①然而，馮友蘭在「去」或「留」的抉擇中，堅決選擇了「留」。和大多數知識份子一樣，馮氏選擇留下的主要原因，與其說是出於對中共新政權的擁戴，還不如說是出於對國民黨政權極端的不滿和徹底的絕望。此外，馮氏選擇留下的另一主要原因，就是「我決不當白華」。任何人都可以——只有馮友蘭不可以——逃亡異國當「白華」。因為身為當代中國聲名最著、影響最廣的首席哲學家，馮友蘭一貫以新道統的建構者而自肯、自信和自任，並自覺對國家民族肩負著極其特殊和極其重要的歷史責任。由於馮友蘭早在北平被圍的半年之前，便已通過自己的離美返國，作出了留根祖國的重要抉擇，是以他在圍城之日，便不再考慮去國的問題。擺在他面前便只剩下兩條路：一條是追隨國民政府南逃，一條是留下來接受新的政權。既然南逃已被他斷定是一條走不通的絕路，而自己也沒有道德上的義務和責任為國民政府殉葬，馮友蘭便只有留下來的這一條路可走。梅貽琦臨行前把領導清華的責任，移放到馮友蘭的肩膀上，對於梅校長的「託孤」，馮友蘭無論在人情上或道

①馮友蘭：《三松堂自序》，《三松堂全集》第一卷，第一二〇頁。

義上，都不能推辭。馮氏在校務會議的推舉之下出任校務委員會主席，又一次「代理校務」（即代校長），領導清華的師生員工，迎接新政權的接管不到兩個月，馮友蘭作為校務委員會主席主持校務的工作就被軍代表吳晗架空。又一個多月後，又被「改選」為普通的校務委員。不久，又辭去校務委員及文學院院長的職務。儘管他毫無保留地向新政權靠攏，在報刊上公開擁護中共的所有政策，並親自參加了「土改」的工作；儘管他決心盡棄舊學，以極大的熱誠和努力學習馬列主義的新哲學，參加新哲學研究會，並宣傳毛澤東的《實踐論》；儘管他一次又一次沉痛地懺悔自己的「罪過」，希望得到改過遷善的機會；但所有這些，都改變不了馮友蘭的艱難處境。以馮友蘭在當代中國哲學家中天下第一人的地位，在一九五二年的大學教師重評薪級中，竟被評為四級教授，而且拿的還是第七級的工資，月薪只有百餘元（一級教授的最高工資在北京是三百三十五元）。這種異乎尋常的不公正待遇，至少向世人傳達出三種不同的信息：第一，它代表著國家權力對馮友蘭學術地位的公開貶斥；第二，它代表著國家權力對馮友蘭生活的經濟制裁；第三，它代表著國家權力對馮友蘭人身的公開羞辱。這種不公正的待遇，要一直等到一九五四年的再評級才得到改正。馮友蘭被重新評為一級教授，月薪三百四十五元。①

馮友蘭和留下來的絕大部分大知識份子一道，受盡了人所難堪的屈辱和折磨。但馮友蘭的日子，又要比其他的專政對象難過得多。因為他枉擔了天下第一的虛名，念哲學的人大都希望能有機會把他駁倒，以收取一戰成名之效。又因為他身為專政對象，只能認錯，不敢反駁，只要你願意，你就可以批判他，而且保證一批即倒。職是之故，聰明人自然要把批馮當作成名的終南捷徑，而哲學界的聰明人又特別多。每當馮友蘭的文章一出現，立刻便會有人拿起放大鏡或顯微鏡，在馮文的字裏行間搜尋罪證。所謂「千夫所指，無疾而死」，成了眾矢之的的馮友蘭，無論如何坦白交代，總被認為「不夠徹底」；無論如何懺悔認罪，總被認為「不夠深刻」。由於多次檢討未能過關，馮友蘭曾在一九五二年思想改造運動的高潮中，與來其家中慰問的老同事金岳霖抹淚相望，最後兩個白頭的哲學家禁不住一道抱頭痛哭。②隨著批判的調子續步升高，馮友蘭的「檢討」也越來越「深

①蔡仲德：《馮友蘭先生年譜初編》，第三八三頁。
②蔡仲德：《馮友蘭先生年表》，第四八五頁。

刻」，令人不忍卒讀。在他人生後四十二年絕大部分時間裏，幾乎每次政治運動，馮友蘭都是批判矛頭集矢的鵠的。坦白交代成了他的每日功課，懺悔認罪本是他的應盡義務。用馮友蘭的話：「在解放以後，我也寫了一些東西，其內容主要是懺悔……」①馮氏的女兒宗璞也說：「三十多年來，從我的青年時代始，耳聞目睹，全是對父親的批判。父親自己，無日不在檢討……」②

儘管處境艱難無比，馮友蘭只要一逮到機會，仍會不計個人的安危，替中國文化爭取一點點的生存空間。例如，他於一九五七年一月八日在《人民日報》發表了《中國哲學遺產的繼承問題》一文，企圖從階級分析法的一統天下下搶救中國哲學遺產而提出「抽象繼承法」。③又例如，他在全國

①馮友蘭：《三松堂自序》，《三松堂全集》第一卷，第二六一頁。

②宗璞：《向歷史訴說》，《馮友蘭先生百年誕辰紀念文集》，清華大學出版社，一九九五，第一一頁。

③詳參翟志成《百花齊放聽新鶯——「抽象繼承法」提出的時機及其失與得》，《大陸雜誌》（臺北）第九五卷第二～四期，一九九七年八～十月，第八七～九六，一四二～一四四，一七〇～一八一頁。

高校哲學系面臨全面停辦的情勢下，出於對哲學的熱愛，出於對哲學系同學前途的關切，出於自己作為哲學教師的責任感，適時在報紙上撰寫了《樹立一個對立面》一文，以「分工論」為理據，提出高校哲學系不應停辦的論述，公然和當時的停辦政策唱反調。①在世人皆曰「反動」的討伐聲中，馮友蘭簡直成了人人喊打的「反動典型」。他在抗戰期間建立起來的「新理學」宏大系統，已在無窮無盡的眾誣和自誣的銷骨積毀中煙滅灰飛，他在抗戰期中為國家民族立下的巨大功績，也一一成了他的最大罪惡。他的人格和精神生命，也受到了嚴重的傷害。到了「文革」，馮友蘭家被抄，工資被扣發（每月每人只給十二元的生活費），寒夜衣單也只有披一破麻袋取暖，前列腺手術才做了一半便被逐出醫院，以致在挨鬥時雙手捧著尿瓶，膀胱還插著一根導尿管……妻子因他而被罰清掃大街，女兒因他而挨鬥，頭上還要戴上一頂寫著「馮友蘭女兒」五字的紙糊高帽，連五歲的孫兒也因他而被逐出幼兒園……由於他是全國知名的「牛鬼蛇神」，一天會有數百人跑來參觀，而任何紅衛兵組織如有興致的話，都可以把他揪來戲

① 馮友蘭：《樹立一個對立面》，《光明日報》一九五八年六月八日。

弄批鬥。①精神和肉體無休止的雙重折磨，令一個七十高齡的老人絕對難以承受。如果不是後來毛澤東把這位「反面教員」從牛棚裏釋放出來，馮友蘭在「文革」中存活下來的可能性，無疑是極其微小的。

「文革」結束後，馮友蘭因批孔期間名列梁效「顧問」，又受到短期清算和批判。和其他的大知識分子相比，馮友蘭似乎是最不幸的，同時又是最幸運的。不幸是當了三十年的「反面教員」，幸運的是老天爺為了彌補命運對他的不公，特別賜給了他超長的壽命、超強的意志，以及老而彌清的頭腦，使他能以八十五歲的高齡，在同一輩的大知識分子衰亡略盡之後，在八〇年代重新開始他學術生命中的第二個春天。馮友蘭在八〇年代開始恢復舊業或「回歸自我」，主要體現在撰寫《三松堂自序》以及《中國哲學史新編》這兩部巨著上。如果把馮友蘭的思想粗略分為政治思想、哲學思想、學術思想、文化思想四大類，再把體現在《三松堂自序》和《中國哲學史新編》（以下簡稱《新編》）二書的四種思想，與他在一九四九年前的「貞元六書」和《中國哲學史》加以對照，便不難看出，馮友蘭在「貞

①馮友蘭：《三松堂自序》，《三松堂全集》第一卷，第一五八～一七三頁。

元六書」中，其政治立場雖有時稍稍偏向國民黨，但他在國共的黨爭中基本上保持了中立不倚的態度。而在後二書裏，馮友蘭已向中共「一邊倒」，絲毫不見有「超然」或「中立」的味道。從「不黨」到「黨」，馮友蘭「文革」後的政治思想，沒有再回歸「自我」，這是顯而易見的。至於哲學思想方面，馮友蘭在「貞元六書」中的哲學基石是「理在事先」，在後二書中則宗奉「理在事中」，根基一被抽掉，致使其「新理學」系統在崩盤後更無重整之日，他的哲學思想恐同樣也沒能「回歸自我」，這也是顯而易見的。

在《中國哲學史》中，馮友蘭雖機械地吸納了馬克思「經濟基礎決定上層建築」的觀點，但他並不贊同馬克思關於階級鬥爭的學說。對馬克思主義的階級分析法，馮友蘭更是毫無會心。在《新編》中，馮友蘭提出了不少「非常可怪之論」，直接和官方的「定論」唱反調。例如在《新編》第三冊強調了董仲舒「罷黜百家」、統制思想的主張，在當時「有進步性」。①《新編》第五冊為整個宋明理學作了「平反」。②《新編》第六冊

①馮友蘭：《中國哲學史新編》第三冊，人民出版社，一九八〇～一九八九，第三九～八九頁。

②馮友蘭：《中國哲學史新編》，第五冊，第二五頁。

認為曾國藩對太平天國的鎮壓，有阻止中國倒退回中世紀神權政治的進步作用。①《新編》第七冊甚至提出「仇必和而解」的命題，直接質疑毛澤東「仇必仇到底」（或者叫作「將革命進行到底」的鬥爭哲學），②以致《新編》第七冊不能在大陸出版……③所有這些，都顯示了馮友蘭開始掙脫「學術為政治服務」的心靈桎梏，向「為真理而學術」「為學術而學術」的學術自我回歸。當然，馮氏在學術思想上的回歸，還不能算是全部的、整體的回歸，而只能是大部分的回歸。長期高壓不可避免地帶來了學術思想的某些「範性形變」，使他對教條主義，還不能做到全無依傍，而精神上仍不能全無束縛。由列寧發展到日丹諾夫的所謂「哲學史的黨性原則」，在《新編》的第一、二、三冊還是極嚴重地限制了作者的自由思考。即令從

①馮友蘭：《中國哲學史新編》，第六冊，第七五頁。

②馮友蘭：《中國現代哲學史》，香港，中華書局，一九九二，第二五六～二六一頁。

③馮友蘭在逝世半年前，總算把《新編》第七冊全部寫完。由於自知犯了大忌，馮氏在該書自序中嘗慨乎言：「如果有人不以為然，因之不能出版，吾其為王船山矣。」結果此書果然被業已出版了《新編》一至六冊的人民出版社拒絕出版，後先由藍燈出版社在臺北出版，香港中華書局在一九九二年出版該書時，把書名改為《中國現代哲學史》。

《新編》第四冊之後，「黨性原則」影響已明顯由濃轉淡，但我們還時不時會在《新編》後四冊的字裏行間，窺見了日丹諾夫淡薄的魅影。所有這些，都說明了馮友蘭在撰寫《新編》時，還沒有在學術思想上，回復到以前「海闊天空我自飛」的完全的獨立和自由。職是之故，我們認為他的學術上尚未完全徹底地「回歸自我」，恐怕還不能算是太過分的苛評。

關於中國傳統文化在過去、現在和將來對華夏民族的重要性、正面意義和偉大貢獻，以及在全人類文明中即將承擔的重要責任，馮友蘭在《三松堂自序》和《新編》的觀點，已全部回到了《中國哲學史》和「貞元六書」，是以馮友蘭在文化上的回歸自我，可以說是整體和全部的回歸。對於這一點，蔡仲德教授在《關於馮友蘭的思想歷程的幾個問題——答方克立先生》中，已作了令人信服的充分論述。①限於篇幅，於此毋庸再贅。

①蔡仲德：《關於馮友蘭思想歷程的幾個問題——答方克立先生》，《哲學研究》一九九八年第十期，第六四～六九頁。

下篇

關於樹立一個對立面

蒙培元*

一九五八年，我正在北京大學哲學系讀書。全國掀起了「大躍進」、人民公社化運動。這場運動席捲全國、波及校園，我們學生也要跟著下廠下鄉，大煉鋼鐵，深翻地。整個校園亂烘烘，哲學系則首當其衝，各個年級全部下去。我們年級的同學，先後到北京郊區大興縣的孫村和長辛店機車車輛廠勞動一年多。接著，在一九五七年反右運動的基礎上，要「乘勝前進」占領上層建築，於是搞起了教育革命。大學的任務是培養普通勞動者，而不是所謂「空頭理論家」。當時有一句口號：「勞動者最有知識，知識分子最無知識。」或「勞動者最聰明，知識分子最愚蠢。」當時的教育方針是「教育為無產階級政治服務，教育與生產勞動相結合」。在這種

* 蒙培元，中國社會科學院哲學所研究員。

教育方針下，我們哲學系的學生、教師首先要到實際工作中學哲學、教哲學，口號是「去實踐中學哲學、用哲學，不當空頭理論家」。在這種情況下，六十多歲高齡的馮友蘭先生也和我們學生一起下鄉下工廠接受鍛鍊。課堂搬到田間和車間裏，表面上看，學習與生產勞動相結合了，實際上是以勞動為主，學習只是形式，有時上一點課，但只是走走過場，況且大家都很累，精神也不集中，學不到什麼。我當時想，這樣下去，還能學什麼哲學呢？心裏很焦急，但嘴上不能說。

就在這一年，馮先生在《光明日報》六月八日的《哲學》副刊上發表了一篇文章《樹立一個對立面》。光從題目上看，就很新奇，先生竟敢樹立對立面，樹立什麼樣的對立面呢？讀過文章之後才知道，是針對當時的教育革命的口號和做法樹立的對立面。先生在文章中提出一個尖銳的問題，也是帶根本性的問題：「哲學系有沒有存在的必要？哲學系究竟應該怎麼辦？究竟要培養什麼樣的人？」①這些問題看起來很奇怪，但是，這些問題是針對大學哲學系的辦學目的和現實狀況提出來的，也是從對於哲學的性

①馮友蘭：《三松堂全集》第十四卷，河南人民出版社，二〇〇一，第一九三頁。

質和任務的更進一步的思考中提出來的，這是些真問題，很有現實性，而且一針見血。先生接著回答說：「在我們的社會中，工作是分工的，因此，就有專搞或多搞理論的人，也有專搞或多搞實際工作的人。既然是有這一種的理論工作，就必然需要有一部分人做這樣的工作，也必然有一些地方培養做這種工作的人。」「綜合大學哲學系就是培養這種人的地方，這種人我叫作理論工作者，或哲學工作者。」①現在看來，這是一個很平常的道理，但在當時那種環境下，提出這樣的問題，卻是非凡的舉動，要有很大的勇氣和決心才能提出來。因為在當時，這樣說不僅「不合時宜」，而且是「反潮流」的，即反「教育革命」之潮流。先生不僅有這樣的見識，而且有這樣的勇氣和堅持真理的自信，所以才能這樣做。我們當學生的，讀了這篇文章，覺得說出了一個最基本的事實，即社會是分工的，理論工作和實際工作是有分工的，有一部分人專搞理論工作，有一部分人專搞實際工作。這並不等於搞理論的人可以不懂實際，搞實際工作的人可以不要理論。社會分工是社會進步的表現，現代社會，分工越來越細，這是誰也無

① 《三松堂全集》第十四卷，第一九四頁。

法否認和阻擋的。同時又覺得，他說出了我們大學生的心裏話。我上大學時，有一個大學夢；念哲學系時，也有一個哲學夢：成為一個哲學家，即使當不成哲學家，也要成為一名哲學工作者，即專搞哲學理論工作。要搞理論工作，就必須讀書、學習理論，這是實際工作不能代替的。如果只是在實際工作中學，我在家鄉也能做到，何必上北大哲學系？現在我更加明白，先生冒著受批判的風險，發表這篇文章，不只是一種理論勇氣，更是一種歷史責任，他對我們的大學教育，對大學哲學系，寄予厚望，要培養適應現代社會需要的專家和哲學家。對我們年輕人，也寄予厚望，要成為對社會作貢獻的專家或哲學家。

可是，按照當時的教育方針和培養目標，哲學系培養出來的學生，只能是普通勞動者。這所謂「普通勞動者」，就是工人、農民的一分子，會體力勞動，懂勞動知識。至於哲學理論，只能是勞動實踐和實際工作中的知識。因此，當時興起了種田哲學、煉鋼哲學、售貨員哲學、打球哲學等，出現了工人哲學家、農民哲學家等。總之，凡是勞動和實際工作中，處處有哲學，唯獨從事理論工作的哲學，不算哲學。這就是「讀書無用論」。這也是哲學系的學生和教師必須下鄉下廠的原因。

事實證明，這一套行不通了，哲學系的學生還是要讀書。但是，將來只能成為一名哲學工作者，不可能成為哲學家。所謂「哲學工作者」，就是只能對哲學家的著作進行解釋工作，不能有自己的獨立思想，而只有馬克思主義創始人和無產階級革命領袖，才能有資格當哲學家。因此，多少年來，我們只有哲學工作者，沒有哲學家，但這是與現代化的中國社會不相適應的。先生在寫這篇文章時，已經意識到並提出了這個問題。他說：「理論工作者和理論家，哲學工作者和哲學家，還有不同。」①既然社會需要哲學工作者，是不是需要哲學家呢？答案是肯定的。先生雖然沒有明確提出要培養出哲學家，但他所說的哲學工作者，應當包括哲學家在內。他說：「理論家或哲學家，不一定是理論工作者或哲學工作者。我說不一定是，當然也可能是。不過這說明其間有些不同。」②這個不同，是工作性質上的不同，不是職業上的不同。馮先生之所以提出這個不同，是有用意的，意在說明理論家、哲學家對一個社會來說，是重要的，也是需要的，即我

①《三松堂全集》第十四卷，第一九四頁。
②《三松堂全集》第一卷，第一九四頁。

們的社會需要自己的理論家、哲學家，既然有這個需要，就要有培養哲學家的地方，大學哲學系，就是這樣的地方。這是「高瞻遠矚」之見。

後來在回顧這段歷史時，先生進一步說明了它們之間的關係。「有人說過，哲學家和哲學教授是有區別的。哲學家是自己有一個思想體系，遇見什麼問題，有自己的看法，有自己的解決的辦法。哲學教授是自己沒有什麼理論體系，自己沒有什麼解決辦法，但是能夠把哲學家的思想融會貫通，用自己的話把它準確地講出來。我想，還有一類搞哲學的人，他們專研究哲學家的著作，對於這些著作作一些文字上的解釋，或者翻譯，這就是中國從前所謂章句與訓詁之學……一個大學的哲學系對於這三種人都要培養。」①這就是說，這三種人都是理論工作者，都是哲學系培養的任務和目標，也就是說大學哲學系，不僅要培養哲學教授和文字訓詁工作者，還要培養哲學家，這是大學哲學系的重要任務。這就需要理論學習和訓練，否則，哲學系的存在還有什麼意義？先生在與我們的談話中，也提出這樣的期望，說你們要獨立研究，建立自己的哲學體系，至少要有自己的獨立

①《三松堂全集》第一卷，第二六二頁。

見解。這雖然是就中國哲學研究而言，但是卻有深遠的意義。

這篇文章發表後，又招來了一場批判。我記得陳伯達在北大哲學樓作了一次報告，談教育革命問題，實際上就是批判馮先生的這篇文章，後來登在《紅旗》上。我聽過這個報告。主要意思是，馮先生的《樹立一個對立面》是與毛澤東的《實踐論》樹對立面。《實踐論》提出了一個唯物主義的認識發展的公式，即「實踐——理論——實踐」，馮先生則與之相對立，提出了「理論——實踐——理論」的唯心主義的公式。整個報告都是圍繞這個中心展開的，並且上升到兩條路線的鬥爭。至於具體內容，我已記不起來了。

後來，馮先生在《三松堂自序》中，回憶這段歷史時，除了指出陳伯達的編造、歪曲之外，又重申了大學教育的重要作用。他說：「毛澤東在《實踐論》中所要講的是認識論，而我所要講的是教育學，各有各的對象，各有各的範圍。」因此，它們所說的「並不是一回事」。①先生對我國的高等教育十分關心，迫切希望趕上世界水平，培養出一批頂尖人才，為現代

①《三松堂全集》第一卷，第二五八頁。

化事業作貢獻。早在四〇年代，他就提出一系列關於發展現代教育的主張，至今仍有極高價值，其中，就有如何培養人才的問題。先生提出辦研究型大學或大大學，就是要培養高質量的人才和尖端人才，其中包括哲學家。但是，大學教育的一個基本事實是，就像接力賽跑，傳遞火炬一樣，就是把前人的知識，以理論的形式，傳授給受教育的人，而不必跑以前的人所跑過的路程。在當今教育競爭激烈的時代，就更是如此，要爭取時間。因此，「從教育的觀點看，他們的認識，都是或者大部分是理論。從這個意義上說，他們都是從理論出發，事實就是這樣。」「這樣，對於這些受教育的人說，他們的認識發展就加速了。那也就是說，認識的過程縮短了。」①先生之所以發表這篇文章，並再次提出這個問題，就是要澄清大學教育的根本任務和目的，即傳授理論知識，培養理論人才。這就需要理論學習，重視理論知識的作用，從教育的觀點看，就是從理論出發，而不是從實際出發，即不是在勞動實踐或實際工作中從頭學起。這正是「樹立一個對立面」的實質所在。從教育發展的現實而言，則是為了提高中國教育的速度

①《三松堂全集》第一卷，第二六〇頁。

和質量，加快中國教育事業的發展，走在國際競爭的前面。這番用心，凡與先生真正接觸或共過事的人，是能理解的；認真讀過先生書的人，也能理解。「好學深思之士，心知其意」。

就認識論而言，也要具體分析。所謂實踐——認識——實踐的公式，只是就整個人類認識發展的過程而言才有意義，但不能絕對化。就個體的人而言，不能事事都經過親身實踐才能獲得知識，有很多前人積累或別人創造、發現的知識，是不必經過親自實踐就能掌握的。就拿人人熟知的「神農嘗百草」的故事來說，在沒有人試驗之前，固然需要親自試驗，但被神農證明了的醫藥知識，後人就不必再去親自證明了（當然這也不是絕對的）。有些理論性的知識，是不能直接從實踐中得出來的，往往需要理論推演，提出假說或模型，然後再去證明。至於哲學命題，雖然與人生實踐密不可分，卻不是日常生活實踐所能證明的，其中有人生信念、情感訴求、心靈超越、終極關懷一類的極其複雜的問題，這些問題不是庸俗實踐論所能解決的。

馮友蘭與蔡元培

蒙培元

一

馮友蘭是著名的哲學家，又是教育家。作為教育家，馮友蘭最敬仰的人是蔡元培。他在自己一生的教育實踐中，繼承發揚了蔡元培的教育思想。

馮友蘭與蔡元培的直接接觸，只有有限的幾次。但是，蔡元培對他的影響，卻是深刻而難以磨滅的。這種影響當然不限於直接接觸，但就直接接觸而言，馮友蘭從蔡元培身上感受到「春風化雨」的人格氣象，則是他敬仰蔡元培的根本原因。他在《三松堂自序》和回憶文章中，不止一次地談到這一點。

馮友蘭在北大上學時，一個偶然的機會，在一個穿堂門的過道中遇到蔡元培校長，從蔡校長身邊走過，並未說話，但是已經感受到一種與眾不同的人格氣象，「覺得他的藹然仁者、慈祥誠懇的氣象，使我心裏一陣舒服。我想這就是中國古人所說的春風化雨吧」。①這個印象，在後來的接觸中更加強烈了。

有一次，為了弟弟去美國留學之事，若按正常手續辦出國，已來不及，在緊急情況之下，馮友蘭直接找蔡元培校長批示。當他走進校長辦公室時，一路上既無門衛和服務人員，也無秘書和辦事員，只有校長一人坐在辦公桌前看文件。蔡校長以一校之尊，不講校長排場，也不擺架子，「仍然是一介寒儒，書生本色」，「雖在事務之中，而有超乎事務，蕭然物外的氣象，這是一種很高的精神境界」，②這使他感到無比溫暖。蔡校長聽過事由之後，知道出國留學是一件應當支持的好事，二話未說，立刻批了字，順利地辦成手續。

還有一次是在美國哥倫比亞大學留學期間，蔡校長到美國考察訪問，

①馮友蘭：《我所認識的蔡孑民先生》，《三松堂全集》第十四卷，河南人民出版社，二〇〇〇，第二一三頁。
②馮友蘭：《三松堂全集》第十四卷，第二一四頁。

馮友蘭與其他留學生組織了一個「接待委員會」，負責接待並召開歡迎會，請蔡校長講話。當時在美國的留學生，大都是北大畢業的學生，而北大學生向來很清高很高傲。但是，當蔡校長走進會場時，學生們「都懷著自發地敬仰之心，不約而同地站起來」，表示由衷的歡迎。而蔡先生「慈祥誠懇的氣象和風趣的語言」，使幾百個到會的人大受感動，滿意而去。

馮先生的這些回憶，記述了當年的真實經歷和他個人的感受，享受了一次「春風化雨」般的薰陶。這不僅是他個人的感受，也是在場的人的共同感受。用馮先生的話說：「他們也享受了一次春風化雨，也被蔡先生引到一種精神境界的大門，如果他們有足夠的自覺，他們也會這樣說。」①第一次是個人接觸，這一次是很多同學一起接見，馮先生和同學們對蔡先生的敬仰是共同的。但是能不能自覺地認識到這是一種精神境界，具有「春風化雨」的作用，就看有沒有「足夠的自覺」。有「自覺」和沒有「自覺」是大不相同的。沒有自覺的人，也有敬仰之心，但是未必知其所以然；有自覺的人，不但有敬仰之心，而且能知其所以然。馮先生有這樣的自覺，

①馮友蘭：《三松堂全集》第十四卷，第二一五頁。

所以他能這樣說。

蔡元培是中國近代的大教育家，為中國教育事業的發展作出了重大貢獻，這是人所共知的。但是，蔡先生之所以為大教育家，除了按近代教育思想辦學外，還有沒有其他方面的因素？這涉及什麼是真正的「大教育家」的問題。在馮先生看來，蔡先生之所以為大教育家，有「兩大端」。其一是教育思想及實踐，其一是人格氣象。就前者說，蔡先生以「兼容並包」的思想辦學，使北大成為中國近代第一所名副其實的最高學府（並形成北大傳統），影響到整個中國近代教育的發展。就後者說，蔡先生具有「藹然仁者」的氣象，能起到「春風化雨」的巨大作用，培養學生的獨立人格。從一定意義上說，這後一點可說是蔡先生獨有的。馮先生說：「蔡先生的教育有兩大端，一個是春風化雨，一個是兼容並包。依我的經驗，兼容並包並不算難，春風化雨可真是太難了。」①這種經驗和感受是出於內心的，也是值得我們深思的。

這也就是說，教育特別是大學教育，有兩種功能。其一是培養學生的

①馮友蘭：《三松堂全集》第十四卷，第二一八頁。

人格，提高其精神境界。其二是傳授知識，使學生掌握一種服務社會（同時也是個人謀生）的知識技能。在馮先生看來，二者相比，前者更難，更不易做到。「兼容並包」是蔡先生辦學的一大貢獻，但這是一種思想和方法，真正懂教育的人也能做到，所以並不難。但是「春風化雨」的作用，卻是出於教育者的精神境界，關乎一個人的修養，不是一般人能夠做到的，所以更難。但是蔡先生做到了，不僅做到了，而且樹立了一個光輝的人格典範。這是一種「無言之教」，其作用是無法估量的，更不是所謂量化教育所能做到的。馮先生從親身經歷中體會到：「蔡先生一句話也沒有說就使我受到了一次春風化雨之教，這就是不言之教，不言之教比什麼言都有效。」①這種深切的體會，不是人人都能有的。

蔡先生的教育思想及其貢獻，很多人都知道。在他身上體現了儒家的仁者氣象，能起到「春風化雨」的作用，這一點卻很少有人說到。馮先生作為蔡先生的學生，對此深有體會，並視之為大教育家的一個重要條件，可謂獨具慧眼。在馮先生看來，蔡先生是一位真君子。蔡先生為人「慈祥

①馮友蘭：《三松堂全集》第十四卷，第二一三頁。

誠懇」「誠於中，形於外」，沒有任何造作。只有真君子才具有「藹然仁者的氣象」，也就是仁的境界。仁是儒家提倡的最高境界，蔡先生有這種境界，因而能「春風化雨」。「春風化雨是從教育者本人的精神境界發出來的作用。沒有那種精神境界，就不能發生那種作用，有了那種精神境界，就不能不發生那種作用，這是一點也不能矯揉造作，弄虛作假的。」①有些人裝出一副君子的樣子，但是裝不像，因為他沒有這種境界。蔡先生之所以受到學生們的愛戴和崇敬，是由於他有這種境界；蔡先生之所以能起到「春風化雨」的作用，是由他的精神境界發出來的。因此，蔡先生不僅是一位能辦學的大教育家，而且是「一代宗師」。蔡先生之所以是大教育家，其中包含了他的人格氣象，蔡先生之所以受到尊敬，除了辦學之外，還能夠以其「藹然仁者」的人格氣象起到「春風化雨」的作用。這就是馮先生心目中的大教育家，亦即「一代宗師」。

馮先生對蔡先生能有這樣高的評價，與他個人的親身感受有關，但是，他之所以能有這樣的感受，則出於他本人對教育的體認及精神境界。馮先

①馮友蘭：《三松堂全集》第十四卷，第二一八頁。

生一生從事中國哲學的研究，中國古代的哲學家，實際上兼哲學家與教育家為一身，主張將「為學」與「為人」統一起來（這裏所說的「為人」，是做人的意思，不是「古之學者為己，今之學者為人」的那個「為人」）。這是中國傳統教育的一大特色，也是一大優點。中國進入近代社會以後，學校體制不能不發生轉變，蔡先生是實行這種轉變的第一人，也是轉變得最成功的第一人。但是，這是否意味著將古代教育的優良傳統統統轉變掉？這是一個非常現實而又嚴肅的問題。蔡元培和馮友蘭都受過西方的教育，同時都有著深厚的中國傳統教育的造詣。這所謂「造詣」，不是將傳統文化作為對象去學習、去傳授，而是身體力行，領會其精神實質，內化為個人的人格氣象、精神境界，體現在教育實踐中，產生實際作用。這就是「中西融會」或「中西合璧」。在有些人看來，近代教育就是西方教育，應當「全盤西化」，批判傳統。但是，從馮友蘭先生對蔡元培先生的真誠的敬仰和真切的評價可以看出，將中西教育的長處結合起來，不僅是可能的，而且是成功的。這種結合，在蔡元培先生的身上得到充分體現，而能夠自覺認識並明確說明這一點的，是馮友蘭。

中國儒家有「為己」之學。這個「為己」，就是做人，「為己」之學就是如何做人的學問，這也是儒家教育的根本目的。「為己」是成就自己的人格，提高自己的境界，供自己「受用」。但它必然發生客觀效用，起到無形的教育作用，這就是馮先生所說的「不言之教」，也就是「春風化雨」。過去有句話叫「為人師表」，現在這句話被從事專業教育、知識教育的人忘記了，但這是教育的根本所在。這種效用與教給學生一門知識與技能所發生的效用是不同的。比起後者，人格氣象的效用可說是「無用」，因為它不能產生任何實際用處。但是，無用之用卻是「大用」，這就是使人成為人。任何知識技術都是由人掌握的，任何知識技術的效用都是由人的運用操作產生的。使人成為人，實在太重要了。前一個「人」字，是指現實的人；後一個「人」字，是指理想的人。但這不是空想，這既是「是其所是」，也是「是其所當是」。蔡元培先生說過：「人之生也，不能無所為，而為其所當為者，是謂道德。道德者，非可以猝然而襲取也，必也有理想，有方法。修身一科，即所以示其方法者也。」①可見，蔡先生很重視使人成為「為其所當為」的有道德有理想的人。而要實現這一點，就要

①蔡元培：《中學修養教科書》，《蔡元培全集》第二卷，中華書局，一九八四，第一七二頁。

加強自身的人格修養，不是說教所能做到的。蔡先生以自己的實踐說明了這一點，這種作用確實是一點也不能勉強的。一個人要真正有所成就（無論哪一方面哪一行業）、有所作為，就不能沒有理想。這應是大學教育的根本任務，也是傳統教育對現代教育的主要貢獻。蔡元培先生以自己的人格氣象體現了這一點，馮友蘭先生則以自己的親身感受和深切體會說明了這一點。馮先生說：「蔡先生是中國近代的大教育家，這是人們所公認的。我在『大』字上加了一個『最』字，因為一直到現在我還沒有看見第二個像蔡先生那樣的大教育家。」①為什麼要在「大」字上加一個「最」字呢？就因為蔡先生除了成功地辦大學之外，還有「藹然仁者」的人格氣象，能夠起到「春風化雨」的作用。在蔡先生身上教育與人格氣象、精神境界是統一的。

作為馮先生的學生，我與先生的接觸就很多了。在這個過程中，我也感受到一種人格氣象及其「春風化雨」的作用。這是從馮先生的精神境界發出來的，引導我走向一種精神境界的門口。

① 馮友蘭：《三松堂全集》第十四卷，第二一八頁。

當我考取研究生，第一次走進馮先生的家門時，有一種急功近利的想法，直言不諱地向先生說明我要做研究、寫文章。馮先生卻以循循善誘的方式，為我講了為何讀書和如何讀書的道理。他說，中國的典籍「浩如煙海」，不可能全讀，但又不能不讀。初讀古書，「如讀天書」，不知從何下手，怎麼辦呢？要從語言文字下手，首先要掃清古漢語這個「攔路虎」。但是，真正會讀書，就不能只知其字面意義，還要領會古人在書中所表達的意思，而「意出言表」。這就需要「優游涵湧」。這實際上就是說，要走進古人的精神世界，體會文字以外的意義，以提高自己的精神境界，而不只是當作一門知識去掌握。這個指導，使我受用無窮。

從馮先生身上就能體會到古代先賢——特別是儒家仁者的氣象。我每次走進馮先生的家，總有一種沐浴春風的感覺。古舊的陳設，擺滿了書籍文具，錯落有致而不亂，牆上掛著他自己寫的一副對聯（後來換成明代哲學家陳獻章的一幅束筆書法），典雅而靜謐，有書香之氣，馮先生就坐在書桌前寫作。八〇年代初，在一次春節的大年初一，我們夫妻給馮先生拜年，年屆九十的馮先生，這一次不是坐在書房裏，而是坐在臥室的窗前，悠閒自在地讀書，與節日氣氛融為一體，表現出真正的「書生本色」，使我感到很舒適溫暖。

接觸多了，與馮先生之間的談話就不僅僅限於學術，而是範圍很廣，從生活、社會到人生，無所不談。如果說研究生期間更多的是談學業上的問題，那麼到了馮先生晚年，討論更多的則是社會人生問題。除了對我個人和家庭生活的關心外，馮先生給我最大的感受是，他有一種強烈的社會關懷和人生關懷。他對社會上發生的每一件事和「人情世故」都很關心，隨時都呈現真誠慈祥之心。「誠於中，形於外」，這是馮先生對蔡先生的評價，其實，在與馮先生的接觸中，我的感觸何嘗不是如此。我感到馮先生有兩大關懷：一是中國的現代化。一是中國文化。蔡元培先生將現代教育與人格氣象完美地結合在一起，馮友蘭先生則將現代化（包括教育）與人的精神境界統一起來。馮先生不僅在著作中闡明了提高精神境界的重要性，而且在教育實踐中體現了仁的境界，因此能起到「春風化雨」的作用，使人終身受益。他似乎「超然物外」，但又很關心現實，其仁者氣象，溢於言表。

二

馮先生最欣賞蔡先生的「三不主義」。①「三不主義」是蔡先生在特殊的歷史條件下提出來以約束自己的，但很有針對性，鮮明而生動地體現了蔡先生的辦學原則。對此，馮先生在《三松堂自序》和有關文章中有全面論述，這裏只談與此有關的幾個問題，特別是「不做官」的問題。

蔡先生出身於清朝的翰林，留學回國後擔任過教育總長，按當時的傳統觀念，政治地位很高。但是蔡先生回國，是要辦事，不是做官；到北大，是要辦學，不是做官。北大的前身是京師大學堂，改為北京大學後，依然沿襲了讀書做官的舊傳統。學生讀書是為了「混個資格」（馮先生語），將來做官，辦學的人就是學界的官僚。蔡先生之所以首倡「不做官」，就是從根本上扭轉這種辦學思想和風氣。蔡先生說：「從前風俗以科名為榮耀，自幼即揣摩科舉。所以然者，為欲藉考試而得做官也，為做官可得較優之財產，較優之名譽也。……今試問，吾國此風已改乎？實未之改

①馮先生對「三不主義」的記憶前後有些出入，在《對於中國近五十年教育思想進展的體會》中，記作「不做官，不當議員，不納妾」，《三松堂全集》第十四卷，第一七九頁；在《三松堂自序》中，記為「一不做官，二不納妾，三不打麻將」，《三松堂全集》第一卷，第二七〇頁。

也。」①這種風氣，在剛剛建立的北大，同樣存在。蔡先生立志改變這種風氣，因此才提出「不做官」的原則。他在北大的一系列改革，都是與此有關的。他的改革，為北大帶來了從未有過的新鮮空氣，馮先生就是在這種新鮮空氣中學習成長的，所以他有很深的感受。

馮先生也是從舊的教育體制中走過來的。幼年時，讀的是四書五經，寫的是八股文，參加科舉考試，得一個「功名」。民國以後，這種風氣並沒有完全改變，但他厭倦了八股文和科舉考試，喜歡上了新學（邏輯），認識到讀書是為了求真理，不是為了做官。報考北大時，他選擇了很少有人問津的文科。當時的北大，法科最吃香，因為將來可以做官，他已經被法科錄取，但又主動轉到文科。蔡先生到北大後，第一件事就是聘請新的文科學長（陳獨秀）。馮先生說：「蔡先生在為文科換了新學長之後，又陸續聘請了全國在學術上有貢獻的知名學者，到北大開課，擔任教師，學生們覺得學校的學術空氣日新月異，也逐漸認識到大學是研究和傳授學術的地方。在大學中唯一的價值標準是學術，誰在學術上有貢獻，誰就受到

①蔡元培：《在浦東中學演說詞》，《蔡元培全集》第二卷，第二九八頁。

尊敬。混資格準備做官的思想逐漸沒有了，新的學風逐漸樹立起來了。」①馮先生在學術上的成就，就是在這樣的學術風氣中打下了基礎。

「不做官」在教育上的體現，就是學術自主、學術獨立。蔡先生的一個重要貢獻，是將北大辦成一所獨立自主的大學。學術獨立也就是教育獨立。馮先生通過自身的教育實踐，對此有深切的體會。他說：「大學不是教育部高等教育司的一科」，「嚴格說，一個大學應該是獨立的，不受任何干涉。」②大學是獨立自主而「自行繼承的團體」。這是對蔡先生教育思想和實踐的繼承發展。

和蔡先生一樣，馮先生有明確的強國意識，認為教育是使中國成為「世界強國之一」。要達到強國的目的，有許多事情要做，但是，「其中最基本的一件，是我們必須做到在世界各國中，知識上的獨立，學術上的自主。」③他把教育看成是強國的基本國策，不僅是愛國，其中包含遠見卓

①馮友蘭：《我所認識的蔡子民先生》，《三松堂全集》第十四卷，第二一六頁。
②馮友蘭：《論大學教育》，《三松堂全集》第十四卷，第一六〇、一六一頁。
③馮友蘭：《大學與學術獨立》，《三松堂全集》第五卷，第四五六、四五七頁。

識。凡是真正關心國家命運而又懂得教育的人，能體會到這些話的意義，也會有這樣的認識。

早在一九一二年，蔡元培先生任教育總長時，就提出有兩種不同的教育制度。「教育有二大別：曰隸屬於政治者，曰超軼乎政治者。專制時代，教育家循政府之方針以標準教育，常為純粹之隸屬政治者。共和時代，教育家得立於人民之地位以定標準，乃得有超軼政治之教育。」①「隸屬政治」和「超軼政治」，確實是兩種根本不同的教育制度，「超軼政治」實際上就是教育獨立，只有「超軼」，才能獨立。蔡先生不僅這樣說，而且這樣做了。他到北大後所實行的一系列改革，就是全面貫徹這個原則，因此才有北大的轉變和成就。

馮友蘭先生在清華大學和西南聯大擔任學校領導時，也是貫徹這條原則的，根據當時的具體情況，將這一原則說得更為具體。「對於大學，國家社會要採取不干涉的態度。學問越進步，分工越細密。對於每一門學問，只有研究那一門的專家有發言權。大大學之內，每一部分的專家，怎樣進

①蔡元培：《對於新教育之意見》，《蔡元培全集》第二卷，第一三〇頁。

行他們的研究，他們不必使別人瞭解，也沒有法子使別人瞭解。在他們的同行當中，誰的成績好，誰的成績壞，也只有他們自己可以批評。所以國家社會，要與他們研究自由，並且要他們選擇人才的自由。」①「不干涉」不是不關心，而是真正的關心，即尊重學術的自由發展，並為他們創造條件。這些話是五十六年前說的，但是至今仍有意義。它說明一個真理：學術獨立和學術自由是教育發展的必由之路。我國目前的教育，問題很多，其中最重要的問題是，沒有形成學術獨立自主的體制，缺乏學術創新的機制。

與此有關的是「為學術而學術」。這是蔡元培先生在北大實行改革的重要原則及之後出現的新氣象，對於學術發展是至關重要的。馮先生回憶說，蔡先生實行改革之後，學術空氣發生了深刻變化，大家逐漸認識到，「大學是研究和傳授學術的地方，在大學中唯一的價值標準是學術」。「當時有一句口號：為學術而學術。這個口號在解放後受到了批判。其實這一

①馮友蘭：《大學與學術獨立》，《三松堂全集》第五卷，第四五九頁。
②馮友蘭：《我所認識的蔡孑民先生》，《三松堂全集》第十四卷，第二一六頁。

口號所反對的是為做官而學術，這在當時是切中時弊的。」②馮先生在晚年重提「為學術而學術」，也是有針對性的，也是切中時弊的。對「為學術而學術」的批判，實際上導致了目前教育中的官本位、行政化。這是一個深刻的教訓。

馮先生繼蔡先生之後，從理論上對「為學術而學術」進行了具體分析，指出這一口號包含三方面的思想：「一方面是有關於個人研究學問的目的的思想。另一方面是有關於對於學術的看法的思想。更另一方面是有關於對於研究學術的方法的看法的思想。」①並對三個方面的內容，一一作了說明。

將三個方面集中起來說，前面所說的學術獨立，就是第二方面的意思，即認為「這種『學術獨立』的看法，以為學術不是任何東西的附屬品，它的價值在其自身，不在於能為某一方面服務」。②這就是「學術至上」和學術尊嚴。只有尊重學術，承認學術自身的價值，才能有學術的獨立發展。

①馮友蘭：《再論「為學術而學術的學風」》，《三松堂全集》第十四卷，第一八九頁。
②馮友蘭：《再論「為學術而學術的學風」》，《三松堂全集》第十四卷，第一八九頁。

關於第一方面的思想，馮先生說：「學術是為什麼呢？照主張為學術而學術的思想，就在於發現真理，而真理的價值就在於其本身。」①真理是最高價值，追求真理是神聖的事業，學術只有一個目的，就是發現真理，因此大學是神聖的領地。蔡先生開創了這一領地，馮先生則捍衛了這一領地。如果喪失了這一領地，一切都無從說起。馮先生還提倡「無所為而為」的學風，批判了「有所為而為」的功利主義，認為「功利主義是阻礙教育發展的」。他說：「學術是有用的，但是研究學術的時候，不可以有致用之心。為致用而學術，容易犯一種短視急躁病。結果學術研究不好，因此也無從致用。『為學術而學術』，不以致用為意，反而可以得到學術的大用。」②這是研究學術的方法問題，也就是第三方面的意思。教育中的急功近利，絕不可能出大師，馮先生的分析說明了這個道理。

基於這樣的認識，馮先生認為，大學不只是傳授已有的知識，而且要

①馮友蘭：《對於中國近五十年教育思想進展的體會》，《三松堂全集》第十四卷，第一七九頁。

②馮友蘭：《再論「為學術而學術的學風」》，《三松堂全集》第十四卷，第一九〇頁。

研究新學術。不僅要研究學術，而且要將研究的成果傳授給學生。一個人在研究中有成就，就可以開課，講授他的研究成果，因此在大學裏並沒有固定不變的課程，這就叫「學術自由」。一個人喜歡研究什麼問題就研究什麼問題，研究出成果了，就可以自由開課，這才是名副其實的大學。這與蔡先生的辦學思想是完全一致的。蔡先生對大學有一個精闢的論述：「大學以教授高深學術，養成碩學閎材，應國家需要為宗旨。」①要教授高深學術，就要有高深的研究，因此他將全國最有成就的學者集中於北大，請他們開課，擔任教授。馮先生在《三松堂自序》中有詳細的記述，表明他對蔡先生的敬仰。

這又涉及學術評價的問題。怎樣才能知道一個人的學術成果的水平和價值呢？怎樣評價學術成果呢？如果說自由的學術環境和條件能夠出成果，那麼建立公正的評價體制和評價標準，就是評價學術成果的根本依據。這就要求評價者，首先，要站在學術的立場，出於公心，排除一切非學術的因素，包括主觀成見、偏見、私人關係、個人情感和其他方面的干擾（如

①蔡元培：《大學令》，《蔡元培全集》第二卷，第二八三頁。

政治態度，等等）。其次，還要真懂學術，而不是假懂學術，更不能以官位、權力代替學術。蔡先生有這個資格，這是他所以成為大教育家的一個重要條件。同時，他在北大建立了學術評價的體制，其中，「教授治校」就是「蔡元培到北大後所推行的措施之一」。①「教授治校」有多方面的內容，其中包括學術評價。按馮先生的說法，學術成果的好壞只能由同行來評價。但是，這又有一個前提，就是同行中人，應該是有良知、真正做研究並有見地的學者，而不是冒牌貨，更不是利欲薰心之人。在目前，不能不加上這條原則。

（原文刊載於《讀書》二〇一一年第九期）

①馮友蘭：《三松堂自序》，《三松堂全集》第一卷，第二七四頁。

馮友蘭代理清華校務的一段史實

王仁宇*

在清華大學的百年發展史上，自羅家倫辭職到梅貽琦到任，是一段特殊的歷史時期。在這一時期裏，馮友蘭臨危授命、砥柱中流，無論是作為代理校長，還是作為校務會議的主要成員，為清華大學作出了很大貢獻。

一九二八年，國民革命軍北伐勝利，北平歸南京中央政府管轄，羅家倫受命出任清華大學校長。就在這時，馮友蘭受聘到清華大學，並成為學校主要領導成員之一。一九三〇年一月，閻錫山與南京中央政府決裂。五月，中原大戰開始，華北落入閻錫山之手，國民黨力量也從北平退出，由南京政府任命的清華校長羅家倫遭到閻錫山勢力的驅逐。在這樣的政治背景下，五月二十二日，羅家倫只得辭職離校。羅家倫辭職後，南京政府命令清華大

*王仁宇，河南南陽師範學院馮友蘭研究所副教授。

學校務會議主持日常工作，葉企孫為校務會議主席，馮友蘭是委員之一。

一個月後，閻錫山就派喬萬選接收清華大學。喬萬選為清華學堂畢業，留學美國，獲得博士學位，在資歷上沒有什麼大的問題。至於他後來出任汪精衛偽政府的官員，則是另外一回事。但清華大學師生對於地方軍閥接管清華大學一事特別反感。因此，喬萬選上任那天就被學生們拒之門外，連校園也沒進去。蒲薛鳳回憶說：「當喬萬選就任校長消息傳出，學生會旋即知道其到校視事之確切日期與時刻，遂即組織就緒，人數眾多，把守清華園亦即清華大學鐵製大門。待喬氏及其隨從到達大門口下車，代表們蜂擁而上，聲言堅決擋駕，並請立即回城。喬氏及其接收人員見此狀況，完全出乎意料，只得吞聲忍氣，乘坐原車數輛，退回北平。經此打擊，大概知難而退，無復下文。」①對於學生們的這種舉動，清華大學教授一致支持。當天晚上，校務會議致電閻錫山，並發表宣言，反對閻錫山干預清華大學。宣言由馮友蘭和其他教授起草，其辭說：「本校不幸因校長問題引起糾紛。同人等職在教學，對於校長個人之去來本無所容心。唯本校為一

① 蒲薛鳳：《蒲薛鳳回憶錄》上冊，黃山書社，二〇〇九，第一五四頁。

最高學府，一切措施，應以合法手續行之。校長自應由正式政府主持教育之機關產生。若任何機關可以一紙命令任用校長，則學校前途將不堪設想。查本校自羅校長辭職後，所有計劃照常進行；學生學業絲毫未受影響；經費則自去年春起由美使館按月撥給、中華教育文化基金委員會依法定手續轉交本校正式當局，本校基金亦由該會保管，不受任何方面干涉。所願學校行政亦能超出政潮獨立進行，俾在此兵戈擾攘之中，青年尚有一安心求學之處。倘有不諒此衷，別有所圖者，同人等職責所在，義難坐視。」①

這是清華大學師生對軍閥干預大學的抗爭，堅持校長的任用與校務的實行，必須經過合法手續，由中央政府的教育機關任命，地方軍閥勢力不能干涉大學事務。喬萬選被阻後，清華大學在校務會議的主持下，各項工作正常運行。六月八日，教授會議審查學生畢業成績，通過學生畢業名單，起草通過教授會細則，選舉馮友蘭代理文學院院長。七月四日，舉行第十九次校務會議，因葉企孫即將休假出國，會議推舉馮友蘭自十日起代理校務會議主席（有關會議紀錄，清華大學檔案館有存）。馮友蘭代理校務後，

①馮友蘭：《三松堂全集》第十四卷，河南人民出版社，二〇〇〇，第四四頁。

正值盛夏酷暑，領導校務會議緊張有序地開展各項工作。《馮友蘭先生年譜初編》有以下記載：

十四日　上午九時主持第二十次校務會議。會議決定聘聞一多為國文系專任教授，傅增湘為國文系專任講師。

十七日　上午九時主持第十七次評議會，審議圖書館暖氣衛生工程定標案、古月堂添建宿舍案。

十八日　上午九時主持第十八次評議會。會議決定挽留吳之椿教務長，並討論圖書館電燈由何公司承辦，通過職員待遇辦法草案。

十九日　上午九時主持第二十一次校務會議。會議審議被捕同學援助會請求學校補助款項為被捕同學購買食品案，決定由學費項下撥給一百五十元；通過職員加薪案；因陳岱孫告假四周，請蕭蘧代理法學院院長。

二十三日　下午主持第二十二次校務會議。會議決定改聘傅增湘為國文系研究導師，李運華為化學系教授。還決定其他聘任事項。①

①蔡仲德：《馮友蘭先生年譜初編》，河南人民出版社，二〇〇一，第一〇一頁。

喬萬選無視清華大學在馮友蘭為首的校務會議領導下的正常運作和出色工作，更不甘心自己的失敗，派人到清華大學四處遊說，還託瞿國眷、汪吟龍等人，對吳宓和馮友蘭等人進行拉攏，①但清華師生不為所動。而後，他又示意一些只是畢業於清華學堂，其實已經和清華大學並沒有什麼關係。所謂的「護校會」，通電閻錫山，批評清華校務，企圖捲土重來。

對此，清華校務會議於八月四日發表聲明，聲明由馮友蘭起草。其中說：

頃見報載有號稱清華大學護校會者，致電閻總司令，謂本校形同解散，百事日益廢微，不勝詫異。查本會照常維持校務，毫未停頓，且本大學學生自治機關亦只有學生會，特此聲明，以明真相。②

護校會致電閻錫山是受喬萬選的指使。校務會議的聲明立場鮮明，義

① 《吳宓日記》第五冊，三聯書店，一九九八，第七八頁。
② 馮友蘭：《三松堂全集》第十四卷，第四七頁。

正辭嚴，只承認在校的學生會為合法的學生組織，對校外各派勢力支持的各種學生組織不予認可，更不承認它們代表清華大學學生。

八月八日，馮友蘭發表題為《清華現狀與我的態度》的個人聲明。在聲明中，馮友蘭先回顧自己和清華大學的關係：

我於民國十七年九月，到清華當哲學系教授，兼秘書長。秘書長只兼了一學期。到十八年春，即專任哲學系教授。十八年秋到十九年春任哲學系主任。十九年六月底，教授會舉我為代理文學院院長。七月初出席校務會議。校務會議代行校長職權，原有葉企孫先生批閱例行公事，葉先生因即赴歐休假，校務會議推我繼葉先生任此事，自七月十日起至今。這是我與清華的關係。①

馮友蘭以鐵的事實對匿名傳單捏造的罪名逐條進行駁斥，並揭發匿名標語和傳單的由來：

① 馮友蘭：《三松堂全集》第十四卷，第四九頁。

二十九日夜十二點鐘後，校警看見有人貼這些標語。據說校警用手電燈一照，貼的人扔下標語就跑。三十日早晨我接到報告，適校務會議開會，即決定次日召集在校學生談話。三十日晚間學生會代表大會主席李景清君，學生會執行委員會曹盛德君，消夏團執行委員劉心顯君，來問何事召集學生談話。我說為報告校務，並詢問大家對於標語之意見。李君等即謂此係一二人所為，喬萬選先生即再來接收清華，先生尚無所聞耶？我不常出門，我實尚無所聞。三十一日暑期留校學生到舊禮堂開會，由我及吳之椿先生、熊迪之先生分別報告校務。提及標語，我說如果我們有錯，大家不妨明說。若半夜貼匿名標語，我不希望清華有此等事。及散會回家，有汪吟龍先生在我家等候。汪先生說喬先生願與我合作。請我仍當文學院院長。張仲魯先生仍任秘書長。李聲軒先生仍任庶務主任。我說張先生已任河南中山大學校長，李先生已受東北之聘，俱已不在清華。我個人在清華與否，更無關係。現在校務會議會員多係教授會推舉。故只能依教授會之意而行。教授會已有宣言，不能更改。至此我始恍然於匿名標語之所以來。後又聞喬先生又派人到庶務科會計科運動合作。

自此之後，校內夜間常用匿名標語，或有人半夜用蒲扇蓋著臉，在校內馬路上撒印有匿名標語之小黃紙條。外間報紙又常造謠言，說校務會議解體，其實校務會議於今日尚在開會，哪有解體的事？

……

今日各報又載有所謂清華大學讀書護校會者，致電閻總司令及發表宣言。此會名清華校內從未見過。會員何人，何時成立，職員何人，校內的人，全不知道。我們校務會議，每星期總開兩三次會，每次議決案總不下十餘件。校務毫未停頓，皆有事實可查。他偏說校務會議「形同解散，百務益廢微」。本校教授下學年因合同期滿離校之外國教授有瑞恰慈、常浩德等三人，因休假赴歐美者有吳宓、葉企孫、陳福田三人，因事辭職者只三人。至於新聘教授有黃翼、傅尚霖、王裕光、黃國璋、孫國華、錢端升、李壽恒、托諾夫、聞一多、李運華、傅增湘、史祿國，及許鑒等十四人，其中除一二人尚未決定能來與否外，其餘均已受聘。此外新聘講師，尚有多人。他們偏說各系教授「新者聘固少聘請，舊者復將離校」。我們在舊禮堂大庭廣眾宣布校務他不聽，他們只半夜裏貼匿名標語，散匿名紙條，發匿名宣言。他們半夜裏貼匿名標語，散匿名紙條，發匿名宣言，誣衊我們校務會議裏面的人，正是想教校務會議解體，教授離校，等到我們不為所動，他們只可揑造事實，蒙蔽當局，欺騙社會了。究竟誰是陰謀家，誰是施毒劣手段，奸詭計陰謀的，請社會察之。①

這就揭露了閻錫山勢力支持的「護校會」其實是非法組織。它們對清華校務會議的批評純屬無稽之談。馮友蘭衷心指出：

清華有優美的環境，有可靠的經費。教授專心講學，學生亦有良好的讀書習慣。在中國現在的時局下，我們要為青年保留一個讀書的地方。我們教授會的宣言，即就此點堅持。我們不享受教授們暑假休息的樂利，大熱天坐在辦公室裏維持校務，也就因為我們不忍見清華停頓，不忍使五百在校的學生，及一千多投考的學生，失了他們願要的清華。②

馮友蘭最後聲明：

①馮友蘭：《三松堂全集》第十四卷，第五〇～五一頁。
②馮友蘭：《三松堂全集》第十四卷，第五一頁。

所謂讀書護校會者，已經把我告在閻總司令那裏了。我靜坐在清華聽候查辦。同時我要聲明：我受教授會的推舉加入校務會議維持校務，要負我的責任。除非我不能行使職權，除非校務會議別人全走不能開會，除非教授會撤了他給予我的代理文學院院長之職，除非大多的學生對我失了信任，我一定要遵守教授會的意思，維持清華。「可以託六尺之孤，可以寄百里之命，臨大節而不可奪」，我的修養還未到此，但我是要照此方向做的。

同時希望社會熱心教育的人們，到清華實地調查，主張公道。①

馮友蘭領導的清華校務會議得到學生們的擁護。就在馮友蘭發表聲明的當天，清華大學學生會致公函給校務會議，高度評價他們的成就，積極支持他們的工作：「校務會議諸公悉心維持，一切進行如常，學生等無任感佩。值茲校長問題未解決前，學校岌岌可危之際，萬請毋信流言，致感不安，學生等皆了然深悉，異常諒解。尚懇諸公仍本愛護清華大學之精神

①馮友蘭：《三松堂全集》第十四卷，第五一頁。

貫徹初衷，始終維持，不勝祈禱。」①

馮友蘭晚年在回憶這段歷史時說：「一九三〇年七月旬，有一天夜裏，有人散了些匿名傳單，說我把持校務，任用河南人，統治清華。其實，當時在清華做事的河南人只有幾個，而且有些是我代理校務會議主席以前就來了的。這些匿名傳單所說的事實都是捏造。不過當時我想，這些匿名傳單，是一種信號，說明不知又有哪一方面的勢力要進清華了，我要見機而作。我就向南京教育部打電報，說學校秩序不能維持，請催羅校長返校，或另派新校長。」②

馮友蘭在主持清華校務期間，努力維持學校正常工作，在複雜的政治形勢下，堅持學術獨立與教育自主，保衛清華大學不受軍閥勢力控制。可以想像在當時情況下，如果無人維持或者維持不力的話，清華大學必將落入地方軍閥之手。

為了保證清華大學有正式的校長和穩定的領導，馮友蘭領導的校務會

①《清華大學學生會致校務會議函》，《國立清華大學校刊》一九三〇年第一九五期。

②馮友蘭：《三松堂全集》第一卷，第七一頁。

議多次電請南京國民政府委派校長主持校務。一九三〇年九月底，中原大戰結束，閻錫山失敗，退守山西，南京國民政府重新控制北平，清華大學和南京國民政府教育部都希望羅家倫再回清華，但羅家倫堅辭不受。十月十日，教育部回電給馮友蘭與校務會議，稱：「江電已悉，羅校長辭職，已懇切挽留，現狀仍由校務會議維持。」後來，南京政府曾任命周炳琳出任清華校長，也有意讓馮友蘭代理清華校長，但他們兩人都因自己不是清華出身而堅辭不受。

馮友蘭晚年回憶說：

周炳琳對我說：「現在清華人對於北大人就有這種想法，羅家倫走了，又一個北大人接，恐怕不好。」周炳琳沒有接受南京教育部的委派。又過了一段時間，南京教育部派人對我說：「周炳琳不接，那就由你接吧，不過還是代理校務的名義，以部令發表。」我想周炳琳說的那種情況是有的，他沒有接受南京教育部的委派，我更不能接了。我也向南京教育部辭謝了。①

①馮友蘭：《三松堂全集》第一卷，第七一頁。

到一九三〇年冬天，馮友蘭、周炳琳和郭廷以專程到南京，勸說羅家倫回清華，但羅家倫已經受命主政中央政治學校。這樣，清華大學新校長的任命就勢在必行了。馮友蘭代表校務會議於十二月二十四日致電教育部：「南京教育部蔣兼部長鈞鑒：屬校校長問題，務懇早日解決，以利進行。清華大學校務會議叩。」①相同的電文在此後一九三一年一月和三月又先後發往教育部，催促解決校長問題。一九三一年三月九日，馮友蘭起草《國立清華大學校務會議上教育部電》。電文說：「屬校校長虛懸已逾十月，校務會議維持校務，智力俱竭，所有困難情形另文詳呈；務乞即日解決校長問題，並俯准辭維持校務之責，不勝感激！」②在清華大學校務會議的反覆敦請後，三月十七日，南京國民政府在召開的十六次國務會議上，通過羅家倫辭職案，任命吳南軒為清華大學校長。

一九三一年四月二日，清華大學舉行第六十五次校務會議，議程之一是討論馮友蘭等辭職案。會議決定接受馮友蘭等辭去所代會議主席之職，

①存清華大學檔案館。

②馮友蘭：《三松堂全集》第十四卷，第八五頁。

對馮友蘭等維持校務勞績誠懇致謝，但要求在新校長到校之前仍舊維持校務。四月十三日，馮友蘭主持紀念周會議並報告代理教務長、各院代理院長辭職：「回想自校務會議維持校務以來，忽然已將一年。在這很長的時間中，校內外雖然有些風波，清華大學在各方面均能照常進行，校內各方面良好的習慣均能保持著。財政方面用款一百萬，還沒有生出什麼弊端。我們雖然受盡勞怨，幸喜尚無大過。這一次紀念週，也許就是校務會議維持校務時代的最後一次，所以談談這些回想。俗語：『當家三年，雞狗皆嫌。』校務會議當事雖不夠三年，而全校大家覺得我們討厭的人一定不少。但是我們對於大家非常感謝，因為只有全校合作，校務會議才能到今日功成身退的地步。」①對於馮友蘭領導校務會議的工作，學生們也十分感謝。四月十九日，學生會致函校務會議說：「敬啟者：本校自羅家倫先生辭職以來，迄今已將一載。在此期間，蒙諸先生不辭勞瘁，鼎力維持，校務進行如常，全體同學賴以安心就學，弦誦不輟。敝會謹代表全體同學向諸先生誠懇致謝，幸垂察焉。專此。敬請諸先生教安。」②

①馮友蘭：《三松堂全集》第十四卷，第九八頁。
②《清華大學學生會致校務會議函》，轉引自蔡仲德《馮友蘭先生年譜初編》，第一二〇頁。

自一九三〇年七月十日至此，馮友蘭主持清華校務達九個月之久，主持了四十九次校務會議，參加或主持十三次評議會議。有教授治校原則的保證，有教授們的大力支持，校務委員和衷共濟，馮友蘭領導清華大學度過了這段艱難時期，使清華大學得以正常運作，並取得了很多成就。除了上述抵制軍閥干涉校政，堅持由政府教育機關管理學校事務，堅持教授治校，維持學校正常運作和日常工作外，還做了以下大的事情：由教授會選舉代理教務長、秘書長和各院院長；趁一九三〇年美金高漲、餘額增加之際，先行撥還建築款項，節減利息支出；增建化學館、新體育館、新電燈廠，擴大學生宿舍；解決教員與學生宿舍的分配問題；為成府小學募捐；為撥還建築款項，函請清華基金會和教育部；新建築暖氣、衛生瓦斯和電線裝置招標；解決圖書館購書問題；聘請錢端升、聞一多、羅常培、吳文藻、陳省身、許地山、張崧年、史祿國、周先庚等著名學者；成立國內第一個綜合性研究院，招收各科研究生；改清華學報社為出版事務所；營救或保釋被捕學生馮仲雲、陳志安和吳作民等人。

但馮友蘭領導的校務會議維持校務的工作並沒有就此結束。一九三一年四月十六日，吳南軒剛到校視事，就任命陳石孚為教務長，朱一成為秘書長。可陳、朱二人均非清華大學教授。這就違反清華大學教授治校的原則。二十日，吳南軒宣誓就職。二十八日，馮友蘭出席了由金岳霖、張奚若、薩本棟、周培源、吳有訓、蔣廷黻等十五人提議召開的教授會臨時會議。金岳霖等人因吳南軒到校後「新改清華章程，規定院長不由教授中聘任，教授聘任取消聘任委員會，專由校長個人獨攬大權，使教授毫無保障，對學校前途有莫大危險」等事由，提請討論並「追究何人負蒙蔽教部，提請修改章程之責任」。①與會教授一致要求恢復清華大學原有條例精神，對吳南軒蒙蔽教育部、破壞清華傳統的行徑堅決反對，最後以三十八票對二票通過決議：「吳南軒到校以來，惟務大權獨攬，不圖發展學術，加以蔑視教授人格，視教授如雇員，同人等忍無可忍。為學校前途計，應請教育部另簡賢能來長清華，以副國府尊重教育之至意。」②會議又推舉張奚若、金岳霖、蔣廷黻、周炳琳、張子高、吳有訓、薩本棟七人代表教授會，起草聲明。五月二十八日，教授會還通過了《教授會上教育部呈文》。二十

①轉引自蔡仲德《馮友蘭先生年譜初編》，第一二二頁。
②轉引自蔡仲德《馮友蘭先生年譜初編》，第一二二頁。

九日，張奚若起草對外聲明，馮友蘭和其他教授在上面簽名。聲明說：「同人等因吳南軒蒙蔽教育部，破壞清華大學，除一面呈請教育部簡校長、重議規程外，特此鄭重聲明，倘此問題不能圓滿解決，定於下學年與清華脫離關係。」①當時，清華大學專任教授五十九人，其中外籍教授十九人，簽名者共有四十八人之多。同日，清華大學學生會也發表了驅逐吳南軒的宣言。

面對教授會和學生會的反對，吳南軒不僅沒有見好就收，知趣引退，反而一意孤行。他不僅在東交民巷設立什麼清華大學辦事處，還於五月三十日在《世界日報》和《華北日報》上刊登《清華啟事》，誣衊、攻擊清華師生說：「近日因反動分子違抗部令，煽動風潮，於二十九日晨唆使學生召集大會脅迫校長。……本校自即日起，在東交民巷利通飯店設立臨時辦事處。」②鑒於這種情況，清華大學教授會決定：㈠嚴詰吳南軒「反動」指何事何人，有何根據，限期答覆並要求教育部：「此次清華問題無論鈞

①轉引自蔡仲德《馮友蘭先生年譜初編》，第一一二頁。
②轉引自蔡仲德《馮友蘭先生年譜初編》，第一一二頁。

部作何處置，反動罪名何指，應求鈞部徹查辯白」；㈡推馮友蘭與張奚若、吳有訓赴南京向教育部及輿論界報告清華大學真相；㈢會員各捐四十元備馮友蘭等人南下之用；㈣請薩本棟、周炳琳、蔣廷黻、金岳霖、張子高、王力山、陳岱孫、錢端升、楊武之為臨時委員，主持校務。①

接下來，馮友蘭與張奚若、吳有訓赴南京向國民政府彙報情況，並向社會各界講明詳情。七月三日，教育部以吳南軒「暑病時侵」「亟宜調養」為由，調他離開清華。七月四日，教育部委派翁文灝到清華大學代理校務，馮友蘭仍為校務委員會主要成員。九月十四日，翁文灝辭職。教育部又電准翁文灝因事請假，清華學校校務由葉企孫代理，馮友蘭還是校務委員會主要成員。

在清華人事安排還不穩定、人心浮動的時候，一九三一年的九月十八日，震驚中外的九一八事變發生了。面對關係國家興衰、民族存亡的事變，馮友蘭和清華大學其他教授一道，積極參加抗日活動。一九三一年九月二十一日，馮友蘭主持教職員公會臨時緊急會議並報告：「自本月十九日日

①轉引自蔡仲德《馮友蘭先生年譜初編》，第一一二頁。

軍侵占瀋陽事件發生，北平各大學即發起組織平津學術團體對日聯合會，議定北平國立四大學、北平研究院、北平圖書館、南開、燕京及中國大學之負責當局為常務委員，並推舉蔣夢麟為主席，代表學術團體方面討論應付此次事變之方案。同時北平各大學教職員亦擬組織教職員聯合會，研究辦法，領導民眾，以作政府之聲援。本校教職員公會亦應有適當組織，一方面可作出席北平教職員聯合會之準備；一方面可自行研究救濟工作，故今日有此大會之召集。」①大會議決：由馮友蘭及張子高、蔣廷黻、錢端升、葉公超、陳岱孫、章曉初、吳有訓、王文顯、馬約翰、葉企孫、葉石孫、錢稻蓀、吳之椿、蕭蘧等十七人組成教職員公會對日委員會。當天晚上，馮友蘭在工字廳出席對日委員會第一次會議，被選為委員會主席。二十四日晚，他主持對日委員會第二次會議。會議議決：「㈠組織宣傳股編印英文小冊，說明日本強占東北之真相，宣示各國。㈡加推吳有訓為出席聯合會之代表。㈢請徐淑希（燕京大學）、錢稻蓀講演東北問題。」②

①轉引自蔡仲德《馮友蘭先生年譜初編》，第一一二五頁。
②轉引自蔡仲德《馮友蘭先生年譜初編》，第一一二六頁。

在舉行各種抗日集會活動的同時，馮友蘭組織抗日募捐。一九三一年十一月十六日，他主持對日委員會會議。會議決定：㈠以教職員公會名義致電黑龍江省主席馬占山，慰勞拒敵守土之功，並匯款一千元。㈡致電國民政府蔣總司令、張副司令，請速增援馬占山。會後即擬電文並發出：㈠「齊齊哈爾馬主席並轉全體將士勳鑒：拒敵守土，不屈不撓，神勇精忠，舉國同欽。同人等謹捐薪千元，由大陸銀行匯至哈爾濱，藉表慰勞微誠，務望奮鬥到底，為當世楷模。」①㈡「南京國民政府蔣總司令、北平張副司令鈞鑒：黑龍江馬代主席及將士孤軍守土，神勇精忠，舉國同欽，務望即派軍匯餉，火速援應，萬勿使忠義之士以援絕致敗，國家幸甚。」②一九三二年一月二十二日，馮友蘭召集對日委員會會議，決定為慰勞遼西戰役後來平傷兵向教職員發起募捐。他草擬募捐啟事：「遼西戰事，我國少數官兵及義勇軍，以微弱兵力，抗拒暴寇，犧牲慘烈，可歌可泣。雖錦州終於淪陷，然撤防命令發自長官，軍士奮勇殺敵，其職已盡，其志堪欽。死

①馮友蘭：《三松堂全集》第十四卷，第一〇五頁。
②馮友蘭：《三松堂全集》第十四卷，第一〇六頁。

者已矣，傷者呻吟爭命，不有撫慰，將何以勸忠義而振懦怯？本委員會職在對日，救國有願，卻敵無方，只得就力所能及之事多予提倡。茲經議決，擬向本校教職員同人募集捐款，慰勞來平傷兵。冀收集腋，聊當饋餉。素稔臺端恫瘝在抱，情深不忍；義憤填膺，志切同仇。瞻彼傷殘，實多矜憫。倘蒙慷慨解囊，踴躍輸將，嘉惠宏施，曷深企感！專頌仁安。」①

九一八事變後，學生運動空前高漲。馮友蘭在參加抗日活動的同時，作為國立大學領導人，他從維持大局和愛護學生的高度出發，盡力保護學生領袖，做學生的疏導工作，為學校正常運作和學生繼續學業竭忠盡力：「在學潮中，學校負行政責任的人和學生之間出現了尖銳的矛盾。這些負行政責任的人，是當時的政府任命的，他們不可能公開地同學生站在一起。但是他們和學生們又是師生的關係，站在這個關係上，他們對於學生又有愛護的責任。況且學生的主張，也往往是他們所贊成的。在這種情況下，他們只可以採取中立的態度，雖不公開地同學生站在一起反對當時的政府當局，也不同政府當局站在一起暗中迫害學生，蔡元培當北大校長時採取

①馮友蘭：《三松堂全集》第十四卷，第一一二頁。

的就是這樣的態度。……我在清華，也是採取這種態度。」①

一九三一年十一月，清華學生吳其昌為要求政府積極抗日，舉家絕食，自己要赴南京請願。學生會對吳其昌的行為大力支持並積極聲援。為此，清華大學校務委員會於十一月二十二日特別召集臨時會議，決定對吳其昌和學生會進行勸阻。當天晚上馮友蘭起草校務會議布告：

值此國難方殷，諸同學激於義憤，不辭犧牲，熱心毅力堪稱嘉尚。但吾人處此危難之局，頭腦尤宜冷靜。若使犧牲學業能得相當之代價，則尚可告無罪於國家社會；若不計結果，徒為學業上之犧牲，則諸同學少上一日之課，即國家多受一日之損失。知識即權力，此言可深念也。現諸同學對時局之主張各方均已詳告政府，並已有甚大之督促。諸同學對於各主張如有更新理由，可呈明政府，請其採納。否則，宜繼續學業，勿作無代價之犧牲。須知現在戰爭必須全國動員，所謂全國動員者非人人皆赴戰場之謂，乃全國人士皆努力以作其應有之事。所謂不有居者，誰守社稷？不有行者，誰捍牧圉？無論中國亡與不亡，十餘年後一切事皆在諸同學肩上，如今日犧牲學業，異日何能擔當大

① 馮友蘭：《三松堂全集》第一卷，第二九〇頁。

事？即謂此等說法太為迂闊，而北平方面直接抗日責任，亦豈枯坐總副司令門前所能擔負者？所望諸同學熟權此次南下對於國家之利害，取消前議，國家幸甚！①

十一月二十三日，因學生會仍決定南下請願，校務委員會再次召集臨時會議，決定准許學生個別請假南下，留校學生照常上課。晚上，馮友蘭草擬校務會議布告：

> 惟學生激於義憤，何有必欲赴京一行者，舉動雖嫌激越，熱情尚屬可嘉，應即准其個別請假以勵其志，並商准教授會，俟其返校後為之設法補課。至於在校並未赴京之學生，自應照常上課，以重學業。又，查昨晨有學生群向教授請求停課，並請簽字等事，此種舉動跡近要挾，即施之路人亦為不可，對於學生素所敬愛之師長，尤不應出此。此後務須各自檢點，不得再有此類情事發生，是為至要。②

①馮友蘭：《三松堂全集》第十四卷，第一〇七頁。

①馮友蘭：《三松堂全集》第十四卷，第一〇九頁。

馮友蘭主持和參加維持校務期間，充分體現出他對清華的熱愛和責任，展現了他做事的能力與幹才。清華大學學生、史學家何炳棣在談到這段歷史時指出：「馮係北大出身，與清華學堂毫無關係。北伐成功後，新被任命為清華校長的羅家倫從燕京大學延攬馮友蘭以為班底，馮初任秘書長，迅即為文學院院長，校務委員會成員，兼哲學系主任。雖然梅貽琦長校（一九三一年十二月）以前清華屢有學潮，校長迭換，而馮能屹然不撼者，主要由於：一、頭腦冷靜，析理均衡，明辨是非，考慮周至。二、深通世故，處世和平中庸，而觀點進步，學術上有高度安全感，故能與清華資深教授（如葉企孫、陳岱孫、吳正之等）合作無間，以延致第一流學者提高教研水平為共同鵠的。三、國學根底雄厚，文言表達能力特強，初則勇於起草，繼則眾望所歸，經常被推執筆。但凡任何政治或學術會議，意見紛紜，發言者眾，願做綜合報告者寡，凡執筆者往往被公認為最幹練『得力』之人。馮友蘭在清華及聯大正一貫是『得力』之人。」①

一九三一年十二月四日，新任命的清華大學校長梅貽琦到校視事，清

①何炳棣：《讀史閱世六十年》，廣西師範大學出版社，二〇〇五，第一九一頁。

華大學從此進入了一個相對穩定發展的歷史階段。此後，馮友蘭作為學校主要領導之一，襄助梅貽琦，又為清華大學的發展繼續作貢獻。特別是在一九四八年底，北平被圍，梅貽琦出走，清華大學群龍無首，再度陷入混亂和危機之中。清華大學師生再次推舉馮友蘭維持校務。他又臨危授命，不負眾望，把清華大學完好地保護下來。

馮友蘭管理清華大學的貢獻

王仁宇

在供職於清華大學的二十四年期間，馮友蘭作為清華主要領導之一，他襄助校長，竭誠盡力，貢獻甚多。在歷史的緊要關頭，他臨危授命，或代理校務或管理學校，擔當重任，不負眾望，使清華大學度過難關。他第一次代理清華校務是在羅家倫辭職到梅貽琦就職這段時間。對此，筆者已有詳文記述。第二次管理清華大學是在解放軍占領北平前後，從校長梅貽琦離校到中共軍代表吳晗接管清華校務這段時間。在炮聲隆隆、兵臨城下的歲月，在兵荒馬亂、人心惶惶的年代，馮友蘭領導清華校務會議，穩定清華局勢，團結教師隊伍，保護學校財產，把清華大學完好地保護下來並交給新政府。

一九四八年十一月初，國共兩黨在東北的決戰以國民黨的失敗而告終。十一月底，共產黨領導的解放軍揮師入關，攻下天津，包圍北平。在重兵重重包圍之下，北平成為一座危城。蔣介石知道國民黨在華北大勢已去，他決心把留在北平學術界和文化界主要人士接到南方。十二月初，蔣介石親自指示國民政府制訂「平津學術教育界知名人士搶救計畫」，並立即開始實行。具體負責人為蔣經國、陳雪屏和傅斯年，協助者為教育部長朱家驊、國防部長何應欽和華北「剿匪」總司令傅作義等。名列搶救名單的約五百人，他們主要包括：⑴北京大學、清華大學以及北平各大學之院、校、館、所各行政負責人；⑵中央研究院所有院士；⑶在學術上有重要貢獻者；⑷因政治關係必須離開者。自十二月十一日開始，朱家驊、陳雪屏、傅斯年等曾數十次函電催促上述人員乘搭國民政府專機南下。①馮友蘭無論以中央研究院院士的身分，還是清華大學文學院院長的身分，或者以研究中國哲學第一人的身分，他都絕對有資格乘專機離開北平。就在清華大學被解放軍占領的幾天前，直接負責搶救大知識份子的國民政府青年部部長陳雪屏，在清華大學校長梅貽琦家的筵席上，親自邀請馮友蘭與他一道乘專機

①蕭超然：《北京大學校史（一八九八—一九四九）》，上海教育出版社，一九八一，第三〇二頁。

南下。

然而，出乎蔣介石和國民政府意料的是，和當時北平很多大知識份子一樣，馮友蘭沒有乘機南下。這些知識份子選擇留在北平而沒有南下的原因很多，本文不便詳述。就馮友蘭個人來說，他是不願離開生養自己的祖國，不願離開自己的父母之邦。還是在一九四八年的春天，馮友蘭就辭退了美國一些院校的聘請，謝絕了親友的挽留，毅然決然地回到祖國。他後來回憶當時情況說：「在西方，研究古代文化的有『希臘學』『埃及學』等，研究中國文化的稱為『中國學』。這些『學』都是把他們所研究的對象作為博物館裏的東西來研究。這也難怪，因為在解放以前，外國學者來中國的，中國也無非是讓他們看看長城，逛逛故宮。除了這一類古的東西之外，再也沒有什麼新的東西可看。當時我有一種感覺，我在國外講些中國的舊東西，自己也成了博物館裏面的陳列品了，心裏很不是滋味。當時我想，還是得把自己的國家搞好。我常想王粲《登樓賦》裏的兩句話：『雖信美而非吾土兮，夫胡可以久留？』」①「到一九四七年，人民解放軍節節

①馮友蘭：《三松堂全集》第一卷，河南人民出版社，二〇〇〇，第一〇八頁。

勝利，南京政權搖搖欲墜，眼看全國就快解放了，有些朋友勸我在美國長期住下去。我說：『俄國革命以後，有些俄國人跑到中國居留，稱為『白俄』。我決不當『白華』。解放軍越是勝利，我越是要趕快回去，怕的是全中國解放了，中美交通斷絕。』於是我辭謝了當時有些地方的邀請，只在回國途中在夏威夷大學待了一學期。」①後來，「耶誕節過後，第一學期結束了。我就啟程回國。在上船以前過海關的時候，查護照的人看見上邊打的是一個『永久居留』的簽證，就說：『你可以保存這個簽證，什麼時候再到美國來都可以用。』我說：『不用了。』把簽證交給他就上船了」。②國外優越的生活條件吸引不了他、打動不了他，他不願飄零海外做僑民，他要回到自己祖國，根扎在自己祖國，為自己國家的富強和繁榮而努力。雖然後來歷經坎坷和磨難，但他對此無怨無悔，至死不渝。

這次國民政府派專機接他南下，他也拒絕了。之所以沒有跟著國民黨走，是因為在他心裏，「無論什麼黨派當權，只要它能把中國治理好，我

①馮友蘭：《三松堂全集》第一卷，第一〇九頁。
②馮友蘭：《三松堂全集》第一卷，第一一〇頁。

都擁護」。馮友蘭覺得共產黨當政以後，也還要建設國家，知識份子還有用處，他還能為建設國家作貢獻，這才留下，而不是別的原因。他說：「現在回憶我當時的思想情況，其中有三個思想比較突出。一個是，我是中國人，不管哪一黨執政，只要能把中國搞好，我都擁護。這個話我在昆明就已經說過。當時在知識份子中間，對於走不走的問題，議論紛紛。我的主意拿定以後，心裏倒覺得很平靜，靜等著事態的發展。有一次景蘭問我說：『走不走？』我說：『何必走呢，共產黨當了權，也是要建設中國的，知識份子還是有用的，你是搞自然科學的，那就更沒有問題了。』當時我心裏想的，還是社會主義『尚賢』那一套。」①後來，他更清楚地說：「現在回憶我當時的思想情況，其中有三個思想比較突出。一個是，我是中國人，不管哪一黨執政，只要能把中國搞好，我都擁護。……還有個思想是，『中國好比有兩個兒子，大的是國民黨，二的是共產黨。大的把中國搞糟了，應該讓二的試一試』。……還有一個思想是，我自以為對於社會主義有瞭解。我所瞭解的社會主義，其實就是蘇聯所謂的『技術官僚』、精神貴族

①馮友蘭：《三松堂全集》第一卷，第一一〇頁。

統治的社會。我想，我是專家、學者，在舊社會中，在政治上，專家、學者是附屬於帝王、資本家的，到社會主義社會中，他們就更升一級，豈不也好。……我之所以在解放時沒有走，主要是由於對於國民黨反動派的失望，並不是由於對共產黨的歡迎。」①

這裏講的是實情。共產黨和國民黨作為中國兩大黨派，或按照蘇共模式建立，或依照蘇共模式建立，同根同源，本在伯仲之間。可在沒有現代民主和政黨制度的情況下，它們勢同水火，相互廝殺。在這兩大政治黨派之間的自由主義知識份子處境尷尬，他們雖然有時被捲進去，但基本保持中立，超越政治黨派之上。馮友蘭就是這種自由主義知識份子。他任職於國立大學，並從事高校管理工作，沒有在國民黨政府機關裏工作過；他兩次加入國民黨，但都是在國共兩黨合作的時期，並且最後都脫離國民黨；他連任清華大學以及西南聯合大學的文學院院長，那是教授的選舉和校長的聘任，而不是政府的委任，這和國民黨沒有關係；他和不少學者一樣接受蔣介石的邀請吃飯，那是政府對於著名學者的禮遇，並非和蔣介石有什

①引自馮友蘭《自我揭發、自我批判——馮友蘭發言稿（一九六六年七月五日開始）》。

麼關係；他應邀給中央培訓團講課，但講的都是中國優秀的傳統文化和道德，這些道德為所有社會所共有，在當時能鼓勵抗戰的士氣，從來沒有講國民黨講義和蔣介石思想。他完全是憑自己辛勤的勞動和傑出的貢獻贏得學界的推崇、社會的讚譽和政府的禮遇。馮友蘭長期任職並領導的清華大學，無論是在抗戰前由宋哲元主政的北平，還是在抗戰期間由雲龍主政的昆明，都沒有受國民黨的真正控制。清華大學沒有因為政治原因解聘過教授、開除過學生，因而被譽為「民主堡壘」。馮友蘭教書育人，是為國家培養棟梁之才；馮友蘭著書立說，是為民族謀求自由之路和復興之道。這些都超越了政治和政黨之上。一九三四年底，馮友蘭在英國講學之後到歐洲大陸遊歷並順便訪問蘇聯，歸國後做題為《秦漢歷史哲學》的講演，以及在英國和蘇聯的見聞，內容涉及唯物史觀，就被國民黨當局視為共產黨份子而遭到逮捕，若不是傅斯年和梅貽琦等學界名流和社會賢達的極力營救，就有牢獄之災。這些都說明，馮友蘭不是國民黨的人。更為重要的是，馮友蘭關心的是中國社會的現代轉型和中國文化的全面復興，而大陸是中國社會的主體和中國文化的根基。他忠的是中華民族，愛的是中國文化，這和政治黨派無關。在當代文學、史學和哲學三大領域貢獻最大的分別是王國維、陳寅恪和馮友蘭。對王國維的自殺和陳寅恪的南下，馮友蘭說：「靜安先生與寅恪先生為研究、瞭解中國傳統文化之兩大學者，一則自沉，一則突走，其意一也。靜安先生聞國民革命軍將至北京，以為花落而春亦亡矣；不忍見春之亡，故自沉於水，一瞑不視也。寅恪先生見解放軍已至北京，亦以為花落而春亦亡矣，故突然出走，常往而不返也。義亦一也。一者何？仁也。愛國家、愛民族、愛文化，此不忍見之心所由生也。不忍，即仁也，孔子門人問於孔子：『伯夷、叔齊怨乎？』孔子回答說：『求仁而得仁，又何怨。』靜安先生、寅恪先生即當代文化之夷齊也。」①馮友蘭既稱許王國維的自沉、陳寅恪的出走為「仁」，而自己在北平被圍之日，既不自沉，也不出走，不是自己無「不忍」之心而居於「不仁」之地，而是對中國文化抱有信心，認為「花落」未必意味「春亡」。王國維、陳寅恪斷定「花落春亦亡」；而馮友蘭卻相信「花落春仍在」。一九四九年一月二十八日，正是農曆除夕，清華大學哲學系師生在馮友蘭寓所聚會。馮友蘭講話說：「歷史總是在創造，《詩經》上說『周雖舊邦，其命維新。』

①馮友蘭：《三松堂全集》第十四卷，第三〇九頁。

中國在創造，在日新。我們清華，我們系，我們的學業，也在創造，在日新。」①王國維自沉、陳寅恪出走，而馮友蘭淹留，三人行事雖然不同，但他們「求仁」之心則是一樣的。在以後漫長曲折、艱難坎坷的歲月裏，馮友蘭以自己的實際行動證明了他那種「愛國家、愛民族、愛文化」的「求仁」之心和「踐仁」之志。出於以上種種原因，馮友蘭留在大陸，沒有跟國民黨南下去臺灣。

在當時南下的少數人中間，梅貽琦是其中一位。除了政治方面的原因之外，梅貽琦離開北平南下的主要原因是為了保護清華庚款基金。當時按照規定，那筆基金只有梅貽琦親自簽字才能支付。十二月十四日，梅貽琦與馮友蘭見最後一面。「到了中旬，有一天晚上，校務會議在梅家開例會。散會後，別人都走了，只剩梅貽琦和我兩個人。梅貽琦說：『我是屬牛的，有一點牛性，就是不能改。以後我們就各奔前程了。』他已經知道我是堅決不走的，所以說了這一番告別的話。」②梅貽琦和馮友蘭共事多年，對馮

①蔡仲德：《馮友蘭先生年譜初編》，河南人民出版社，二〇〇一，第三六五頁。
②馮友蘭：《三松堂全集》第一卷，第一一一頁。

友蘭知之甚深，十分信任。他臨走前和馮友蘭單獨談話，是託馮友蘭以大任。在與馮友蘭談話之後，梅貽琦就離開清華園進城。梅貽琦秘書趙賡颺回憶，十五日，大批解放軍正式宣布圍城，梅不能返校，以電話通知，請校務會議代理校務，馮友蘭先生為主席，暫主持校內事務，設法維護校產及師生安全。十二月二十一日，他乘機離開北平到南京，從此再也沒有回到他經營多年的清華園。

在梅貽琦走後的第二天，清華大學就召開校務會議，馮友蘭出席會議。鑒於一九三一年羅家倫辭職後，馮友蘭代理校務出色地完成任務的經驗，按照梅貽琦的電話通知，會議決定，因梅校長離校未回，推舉馮友蘭為校務會議臨時主席；並決定，自本月二十日起照常上課，並成立學校保衛委員會，率領校衛隊維持治安，以周培源為主任。馮友蘭回憶說：

> 十四日早晨，聽見西北方面，大約是在南口一帶，炮聲大作，連續不斷地打起來。大家一聽，都知道解放軍已經到南口了。到了中午，解放軍已經進到清華北邊的清河鎮一帶。學生們都上到宿舍樓頂平臺上觀戰。到了下午，梅貽琦就坐車進城了。次日，校務會議成員自動集合，商量善後事宜。因為我在羅

家倫離開清華的時候，曾經擔任過校務會議主席，就推我再當一次校務會議主席，我也只好再做馮婦了。在會上成立了保衛委員會，率領校衛隊維持治安，以周培源為主任。①

就在馮友蘭擔任校務會議主席的當天晚上，清華大學就遭到兵火蹂躪。國民黨軍隊進駐清華大學校園，在生物館前面操場上布置了炮兵陣地，情形十分危機。馮友蘭臨危不驚，指揮若定，化險為夷：

我原來定於那天晚上在家裏請客，主客是一位新來的美國社會學教授，社會學系的教授作陪，意思是為那位美國教授接風，並介紹他同社會學系教授見面。廚房的人來問：「晚上的酒席是不是還開？」我說：「照常開。」到了晚上，那位主客沒有來，他大概是剛來北京，就看見北京要解放，所以就趕緊打退堂鼓，轉回美國去了。可是陪客全到了，校園牆外邊槍炮聲連續不斷，我們仍然吃飯談笑，一如平日。吃飯以後，有人來報告，說傅作義的軍隊退到校園

①馮友蘭：《三松堂全集》第一卷，第一一二頁。

以內了，並且在生物館前面操場裏布置了炮兵陣地。我看事情緊張了，清華可能成為戰場。我一面通知保衛委員會，請他們同傅作義的軍官們商量，請他們退出校園；一面通知各家眷屬，如果有需要可以到圖書館樓下躲避。後來聽說，傅作義的軍官們已經答應不在校園內布置陣地。①

次日早晨，傅作義軍隊全部撤走，退守白石橋、動物園防線。

與上次代理校務不同，那次只是清華大學出現一時的人事糾紛，而國家大局尚好，這次是面臨著重大的歷史變故，江山易主，兵臨城下，人心惶惶。馮友蘭首先要做的是穩定清華大學。十二月十六日，國民黨部隊已經撤走，共產黨也沒有進駐清華大學。早上，馮友蘭召集校務會議，會議決定召開全校職工大會，對願意留下工作的人員進行登記：「在大會上我代表校務會議宣布說：『現在傅作義軍隊已經全部撤走了，清華已經先北京城而解放了。我們校務會議的人都決定不走，繼續負責。諸位先生去留，各聽其便，願留的當場簽名登記。眼前的任務是維持校內秩序，保護學校

①馮友蘭：《三松堂全集》第一卷，第一一二頁。

財產，聽候接管。』當時到會的人都簽名登記，表示願意留下。這就是大家都同時參加革命工作了。」①

要做好學校穩定工作，首先要解決的是經費問題。十八年前，馮友蘭代理校務時，雖然學校人事不定，但資金充裕，馮友蘭主持校務，遊刃有餘。如今，他接管的清華大學卻是囊中羞澀，捉襟見肘。清華大學的經費主要來自美國庚子賠款。這筆美金特款存紐約華美協進社及銀行，由校長梅貽琦親自經管簽字支付。可梅貽琦臨走時並沒有將基金支配權移交給馮友蘭。梅貽琦離校時，他的助理秘書李天朴已於戰事發生前就已經辭職。後來經過查詢，收支賬目和餘款數目都不清楚，款項亦在美國，無法支用。這樣，清華大學經費沒有著落，陷入困境；加上物價飛漲，教師們的生活出現問題。校務會議遭到多方責難。浦江清《清華園日記》記述當時的情況說：「清華大學被解放後，梅校長既已南行，校務由校務會議諸公維持。各方頗多責難，一度在教授會中提出總辭職，教授會不討論辭職案。共方尚未正式接收，經濟來源無著，同人均窘。有些人家已經沒有買蔬菜的錢，

①馮友蘭：《三松堂全集》第一卷，第一一二頁。

天天吃白菜而已。」①為維持學校的治安秩序，二十一日，馮友蘭主持清華大學第九十六次校務會議，審議通過由燕京大學和清華大學兩校各出麵粉、煤炭慰勞海淀警察及偵緝隊人員以維持學校及周邊安定的方案，以鼓勵警察和偵緝隊維護學校治安。在東北戰事結束後，清華大學就作了應變準備，主要是積儲糧食。俗話說，手中有糧，心裏不慌。戰亂歲月尤其如此。當時，北平郊區局勢不定，學校經費來源斷絕，存糧僅能維持教職員工最低生活一兩個月。「而學校附近來校避難的民眾，以及工警眷屬不下數百人，均由學校供給食物。」②這樣，教職員工的生計成為問題。面對這種情況，馮友蘭接連主持校務會議，解決這些問題：二十二日，他主持清華大學第九十七次校務會議，決定成立存糧支配委員會，據最低需要原則，參考設計委員會以前擬定的計畫，積極籌措存糧並妥善分配。二十三日，他主持第九十八次校務會議，決定聘戴世光、陳新民、褚士荃、孫毓棠、何學綸等人組成存糧支配委員會。為了有效地維持學校秩序和教職員工生活。二

①浦江清：《清華園日記·西行日記》（增補本），三聯書店，一九九九，第二七四頁。
②馮友蘭：《三松堂全集》第十四卷，第一七五頁。

十五日，他主持第九十九次校務會議，決定由教授會、職員公會、工警團體、學生自治會推代表組成應變時期生活委員會，取代原來的存糧支配委員會。這個應變時期生活委員會與保衛委員會的巡邏委員會成為維持清華的兩大柱石。一九四九年一月四日，馮友蘭主持第一〇二次校務會議，討論清華園郵局、糧食問題及生活委員會所擬配供糧食暫行辦法。六日，他主持第一〇三次校務會議並報告：收中共北平市委工作團函，囑將清華員生工警及眷屬人數、本月份所需維持費用編具臨時預算三份送團，以便轉發軍管會核發臨時維持費。八日，他主持第一〇四次校務會議並報告，由校派員會同生活委員會前往中共北京市委工作團送交清華員生工警及眷屬本月所需之副食概算及洽詢情況；已補送員工十一月份薪津實物待遇數額表籍及該月發給學生會費標準，備中共工作團轉軍管會參酌。二月二日，馮友蘭主持校務會議並報告：軍管會文化接管委員會錢俊瑞來函稱，清華經費業經軍管會決定，自一月起按去年十一月標準發給，望即按此標準編造預算具報軍管會核發，並再發人民幣一百萬元及糧食十五萬斤，先作維持之用。會議並確定二月、三月份學生救濟費標準，每人每月按小米一百零六斤編制。

經馮友蘭等校務會議的努力和軍管會的支持，清華大學的經費總算有了著落，生活問題得到妥善解決，「清華的師生員工表現了充分合作團結與鎮定的精神」，局勢穩定下來，「社會秩序很好，人民安居樂業，清華校內，也很平靜，師生們生活正常」。①

儘管如此，馮友蘭領導的校務委員會的工作還遭到一些批評與指責。這些批評主要來自左派人士，內容主要涉及清華基金。一九四九年一月十七日，馮友蘭主持教授會，會議決定成立教授聯誼會，商討校委員會所擬的商討大綱。會上，「錢偉長提出責詢學校美金賬目。此美金賬目原由職員李天朴君經管，李君於戰事發生前數星期離校南去，戰事發動時學校及會計室賬目請示梅校長運進城中，今竟無人知道清楚。校務會議主席馮先生答應請接替李君經管之職員及出納組主任姚君出席報告，並未實行。至是錢氏又起責詢，詞鋒犀利」。②這種情況延續了很長時間，在北平軍管會接收清華大學後，情況依然如此。一月三十一日下午，馮友蘭主持教授會。

①馮友蘭：《三松堂全集》第一卷，第一一二頁。
②浦江清：《清華園日記・西行日記》（增補本），第二七六頁。

會上有人對於城鄉交通隔絕時留在城中清華同人聯絡會之處理分發城中同人維持費及一月份薪水有所責詢。《清華園日記》記此云，聯絡會「本應發給留城同人及眷屬經費，然而南京政府所給平津學校教員薪水一月份數目相當的大，尚有可以透支二月、三月份薪水的辦法。我們以前在教授會裏所瞭解，留校同人既然被解放，由人民政府給維持費，定出發薪辦法，城中的一份，便不能去拿了。至少須得請示人民政府以後再看」。「解放軍北平軍委會文化接管會答應我們在一月份底前要發薪一次，可是沒有發下，因而有人認為校務會議不夠努力。在陰曆過年前，卻發下南京政府所欠兩個半月的麵粉兩袋半代金圓券每人六百五十元。……事實上城中物價大漲，金圓券六百五十元只能買兩包紙煙。所以教授們因過年過得太窮，大發牢騷。說話不客氣，主席馮公多方辯護，也很失態。……清華各團體自解放後，盛行檢討之風，而檢討之習慣並未養成，所以多意氣和裂痕。馮公說了一舊話，說清華原有一句成語：『教授是神仙，學生是老虎，辦事人是狗。』校務會議在此刻無論怎樣總是錯，希望不久新政府即派校長來也！」①錢偉長等人

①浦江清：《清華園日記・西行日記》（增補本），第二八四頁。

的指責是沒有根據的。實際情況正如馮友蘭在二月十六日校務會議報告財務情況所說，美金特款（庚款基金）存紐約華美協進社及銀行，收支賬未獲確切，餘款數目不詳，款亦均在美國，無從查考支用。

在維持學校穩定的同時，馮友蘭盡力盡快恢復學校教學和科研工作。十二月二十七日下午，馮友蘭主持教授會，根據錢偉長和費孝通等人的提議，組織校制商討委員會，由教授會發起，聯合教聯會、研究生會、學生會、職工會代表組織，徵詢各方對於學校行政的制度以及教務課程的改進，收集商討材料及具體改革方案。根據教授聯合會催促早日復課的來信，會議議決，二十九日後起全校復課。二十九日下午，馮友蘭主持教授會議，決定仍按原來校曆上課至一月八日，大考取消，成績移到下學期開始計算。三十日，馮友蘭主持第十九次教務會議，決定本學期授課仍於一月八日結束，各項成績以小考及平時成績計算，下學期開學再進行補考。一九四九年一月五日下午，馮友蘭在科學館主持文學院教授會，商討各系課程設置問題。中國文學系浦江清提出修正聞一多、朱自清方案，主張在文學院設一普通文學系以造就通才，使中外名著合讀並鼓勵創作翻譯，中、外文系仍存在，中文系提高向學術性方面發展，外文系造就外國語言及專門研究外國文學之專才。馮友蘭極力贊同這一設想。歷史系擬設許多研究室，請文學院各系共同合作。然而，大家雖然留下來了，可對未來前途並不看好，對這些方案也無心思考，「多數沉默，不發一言」。①一月二十一日，馮友蘭致函浦江清，談文學院分系問題。浦江清日記記載：「照馮先生來信，歸納各方意見，文學院於語言文學方面可設文學系、語言學系、中國古典文學系、英美文學系、蘇聯文學系、法德文學系、東方文學系七系。」②這一段時間，教學儀器設備也有增加。這期間收到美國麻省理工大學贈送的一批機器，其中直流機十三部，並開始安裝調試。化工系設計一套流體輸送的實驗器械，兩套傳熱實驗器械，一套噴霧乾燥設備，一具間隔乾燥器，安裝五架碎壓機，兩架混合機，等等。工業化學方面增加一套製造香皂設備，一套製造甘油的器械，一具化學反應器，安裝自動開關調節的鍋爐，等等。這些設備的增添，使清華大學化學系這個在眾多學科中的後起之秀，實力陡增，後來居上。

①浦江清：《清華園日記·西行日記》（增補本），第二七二頁。
②浦江清：《清華園日記·西行日記》（增補本），第二七二頁。

在馮友蘭主持清華校務一段時間之後，一九四九年一月十日，中國共產黨北平區軍管會文化接管委員會主任錢俊瑞、教育委員張宗麟來接收清華大學。軍管會發布命令：設立清華大學校務委員會，以原來校務會議的成員為委員，馮友蘭為主任委員。清華大學校務由校務會議會同軍管會代表主持進行。下午二時，錢俊瑞、張宗麟在大禮堂召集全體教職員學生工警講話。馮友蘭主持大會。他宣布，「清華從今天起正式成為人民政府的大學，並且是人民解放軍第一個解放的大學」。①這是馮友蘭第一次和中國共產黨人接觸。如前所述，馮友蘭之所以在解放時沒有走，主要是由於對於國民黨的失望，不是由於對共產黨的歡迎。在此之前，他對共產黨人沒有什麼接觸。儘管他的妻姊任銳和妻妹任均都在延安，可據任均回憶，他和她們沒有什麼聯繫。一九四三年馮友蘭在重慶講學，中共學者趙紀彬曾多次到訪，新華日報社擬請他去談「新理學」，可他認為彼此間缺少共同語言，也就沒有去。②一九四八年春天，馮友蘭的妻姊任銳到北平時曾請

①馮友蘭：《三松堂全集》第一卷，第一一四頁。
②蔡仲德：《馮友蘭先生年譜初編》，第二八〇頁。

他去延安，可他也沒有去。他後來回憶說：「我回到北京以後，叔明告訴我，她的二姊任銳曾經隨著延安的軍調代表來到北京，也到過我們家。二姊說：『你們可以到延安去，現在延安、北京之間，常有飛機來往，如果你們決定去，全家都可以坐飛機去。』叔明說，二姊已經走了，走的時候交代說：『你們什麼時候決定了，可以去找葉劍英同志。』當時我們商量，作出了一個決定，反正我們是不走的，解放軍也快要打到北京了，我們就在這裏等著他們吧。」①馮友蘭早年就讀於北京大學、留學於美國哥倫比亞大學，後來長期執教於清華大學。這些教育和經歷，使他對政治和政黨產生一種疏遠感，無論是國民黨和共產黨，他都不去主動地接觸和靠攏。他這樣做無非是為了保護大學的自主與獨立，學術的尊嚴與自由。就在這年夏天，他在發表的一篇文章中強調：「一個大學應該是獨立的，不受任何干涉。現在世界的學問越進步，分工越精細，對任何一種學問，只有研究那一種學問的人有發言權，別人實在說來不能對專門知識發言，因為他沒有資格。」「所以國家應該給他們研究的自由。因此，一個大學也可以說

①馮友蘭：《三松堂全集》第一卷，第一一〇頁。

是獨立的，『自行繼續』的團體。」①「大學除了給人以一專門知識外，還能養成一個清醒的腦子、熱烈的心，這樣他對社會才能有瞭解、判斷，對已往及現在所有有價值的東西才可以欣賞。有了清醒的腦子、熱烈的心以後，他對於人生、社會的看法，那是他自己的事，他不能只接受已有的結論。」②這是馮友蘭的教育思想，也是清華大學的優秀傳統。面對著嚴峻的現實，他意味深長而又憂心忡忡地指出：「不管政治及其他方面的變化如何，我們要繼續著這個學術傳統，向前邁進。對於中國前途有瞭解底人，不管他的政治見解如何，對於這個傳統是都應該重視愛護底。」③馮友蘭的這些思想和中共意識形態大相逕庭，和中共高校政策方枘圓鑿。這種認識使馮友蘭在具體做法上和中共要求相差甚遠。一九四八年十二月十八日，國民黨部隊在清華園投擲炸彈，所幸都落在空地上，沒有造成人員傷亡和財產損失。為此，中共中央給清華電報表示慰問。身為校務委員會主席，馮友蘭既沒有大張旗鼓地宣傳，也沒有回電表示感謝，只是沿用民國時期

①馮友蘭：《三松堂全集》第十四卷，第一六一頁。
②馮友蘭：《三松堂全集》第十四卷，第一六二頁。
③馮友蘭：《三松堂全集》第十四卷，第一五七頁。

的舊例，把來電貼布告欄裏就完事了：「在清華遭到國民黨空襲以後，黨中央、毛主席打來慰問的電報，這是對清華的關心，應該大張旗鼓地宣傳，可是我是照舊辦法，把來電在學校布告欄內一公布，就算完事。」① 一九四九年一月三十一日，中共部隊進入北平，各界代表舉行盛大歡迎儀式。馮友蘭身為清華大學校務委員會主席，也沒有組織師生去歡迎解放軍入城。在中國共產黨在清華大學建立組織之後，馮友蘭從來沒有找過他們，有事情只是找中共北平區軍管會文化接管委員會接洽。文管會儘管也是中共的，但它畢竟是帶有政府的色彩，而不是純粹的政黨。

馮友蘭的這些做法自然會引起軍管會的不滿。清華大學校務雖然是由校務會議會同軍管會代表主持進行，但實際運作是由軍管會掌控，馮友蘭等校務會議只能奉命行事。二月十六日下午，馮友蘭出席第二十次教務會議。會議決定：㈠補考、註冊、開課仍按原校曆所定時間進行。㈡寒假前請假離校學生因交通梗阻未能於註冊日期如期來校註冊者其學籍暫行保留。㈢在本校解放前參加解放區工作逾期未註冊或離校時未經申請而受退學處

①馮友蘭：《三松堂全集》第一卷，第一一四頁。

理的學生經北平市文管會教育部證明者得准其恢復學籍。㈣各系必修課程三民主義及倫理學二門課程自本年度起予以取消。二十五日，馮友蘭奉命向中共軍管會文化接管委員會報送清華基本資料：㈠行政部門分設情況。㈡維持校務機構及校務會議人員姓名職務：主席馮友蘭（文學院院長），委員霍秉權（教務長）、沈履（秘書長）、葉企孫（理學院院長）、陳岱孫（法學院院長）、施嘉煬（工學院院長）、湯佩松（農學院院長）。㈢本學年各院系課程情況。㈣依據校曆於三月三日開學。三月一日，馮友蘭主持校務會議並報告：㈠文管會擬將二月份薪津部分先行核准，可於短期內將一月、二月份薪津一律發清。自一月起，教職員工警每人每月發小米九十斤，其餘款發人民幣。㈡軍管會西北郊分會來函稱，奉軍管會令已將達園撥交勞動大學使用，清華大學教職員在那裏居住的，擬設法分遷至喇嘛廟（清華西門外）等地。三日，在大禮堂主持本學期始業儀式，北平市軍管會文化接管委員會主任錢俊瑞、教育部長張宗麟及吳晗、白堅到會講話。十一日，馮友蘭主持校務會議並報告，文管會函告清華，因華北大學遷移北平，校舍不敷應用，擬暫借用清華校舍一部分，供一千人住宿及學習之用，請清華與華北大學商洽辦理。文管會又通知，各院校學生考入南下工作團者，應保留其學籍。所有這些事先沒有徵求清華大學校務會議的意見，都是先斬後奏。馮友蘭領導的校務會議只剩下傳達軍管會命令的份兒了。更為甚者，十三日，校務委員會接文管會通知，各機關學校因人事調動發布公文均須經軍管會代表批准同意，方可發布。這使校務會議純粹成了傳話筒。到了三月十八日，駐清華軍管會代表吳晗到校辦公，實際上主持校務。馮友蘭只是掛了個校務會議主席的虛銜。這使得馮友蘭等校務委員諸位資深教授形同虛設，讓這些敢於任事、勇於負責的清華元老處境難堪。

對於馮友蘭面臨的尷尬處境，中共高層是知道的。四月二十九日，馮友蘭主持清華校慶三十八周年紀念活動。當天，周恩來派人來問馮友蘭有什麼意見。可是，以研究哲學為終生志業的馮友蘭，搞不明白共產黨人所說的意見是指什麼，他只得說沒有意見：「清華舉行校慶的時候，周總理派人找我，問我有什麼意見。照我當時的瞭解，周總理所要問的『意見』，是對於國家大事有所『拾遺補闕』的那種意見，那時候的國家大事我看不出有什麼『遺』『闕』，實在是不知道有什麼該『拾』該『補』的地方，大只好說沒有意見。後來才知道，所謂『意見』比我所瞭解的廣泛得多，大至對國家大事有什麼看法，小至對個人工作、生活有什麼希望和要求，都可以作為『意見』提。如果我當時有這樣的瞭解，我就會向總理提出，請他把我調離清華，因為我當時覺得，我在清華處境很困難。」①類似這種情況在過去也出現過。清華剛解放時，馮友蘭主持校務，就因對解放區來的人進行登記而產生誤會：「那個時候吳晗還在解放區，他回來以後，向會計課領工資，會計課一查登記表沒有他的名字，就不發他的工資。吳晗在一個會上說，清華規定，凡是從解放區回來的都得登記。我不瞭解『登記』這個名詞的新的含義，大概新的含義是對於有問題的人才稱為『登記』。這樣一傳開了，就說是清華認為到解放區去的人有問題，引起了文管會的查問。在剛解放後的一段時期內，學校發不出工資，在教授會上有許多人質問，並要我向上面去催，我當時心裏很生氣，說我在這裏是辦學，並不是去討飯。吳征鎰說，這是個思想問題。我當時心裏想，我搞了幾十年哲學，還不知道什麼是思想？後來才知道，解放以後所謂的思想，和以前所謂的思想並不完全一樣。」②其實，這種誤會並非偶然。一直工作在推崇學

①馮友蘭：《三松堂全集》第一卷，第一一七頁。
②馮友蘭：《三松堂全集》第一卷，第一一六頁。

術自由、實行教授治校的清華大學，以研究和創作哲學為終生志業，沒有經過「江西肅反」和「延安整風」的馮友蘭，對中共所用名詞的特殊含義實在搞不明白：「在剛解放的時候，在當時我同共產黨接觸的時候，雖然說的都是一樣的字眼，可是各有各的瞭解，往往答非所問。」①這在當時比較普遍，就連最為博學的陳寅恪實在也搞不清楚共產黨講的「反動」到底是什麼意思。馮友蘭因為工作問題對此感受更深。「在解放之初，許多知識份子都有這種情況，不過我當時在清華處於領導地位，表現得更加明顯，更為突出。」②四月底，中共中央召集各界人士座談，周恩來出席會議，馮友蘭應邀參加。在談到定都問題時，馮友蘭說：「北平是學術中心，從學術觀點看，離政治遠一點好。」③他反對新政權定都北平，可理由是維護學術獨立，要政治距離學術遠些。這在共產黨人和左派人士看來，馮友蘭即便不是「反動」，那也是夠迂腐的了，不能再讓他繼續擔任清華大學領導職務了。

①馮友蘭：《三松堂全集》第一卷，第一一七頁。
②馮友蘭：《三松堂全集》第一卷，第一一七頁。
③蔡仲德：《馮友蘭先生年譜初編》，第三七〇頁。

果然，到了五月四日，文管會就任命周培源為清華教務長，陳新民為秘書長，馮友蘭只做文學院院長。接著第二天，文管會又通知：奉軍管會決定，成立清華大學校務委員會，葉企孫為主席兼常委，常委中還有一個助教和一個學生，馮友蘭只是一般委員，不在常委之列。這就免去了馮友蘭原來由校務會議推舉的主席職位，只擔任文學院院長。八月下旬，葉企孫向馮友蘭轉達軍代表錢俊瑞意見，說他的思想跟共產黨不合，馮友蘭當即就表示辭職。八月三十一日，馮友蘭致函校委會，辭去清華大學哲學系主任、文學院院長、校委會委員等職。九月二十三日，華北高教委批准馮友蘭辭職請求。新的校委會向馮友蘭轉達高教委有關批示：「馮友蘭、雷海宗准仍以教授名義任職，應好好反省自己的反動言行。」①馮友蘭回憶說：「在南京解放以後……我寫了一封信，辭去校務委員會委員和文學院院長，理由是能力不勝。校務委員會叫李廣田來對我說：『你說的這個理由不對，你擔任院長幹了幾十年，怎麼能說能力不勝，應該寫政治上的理由。』我另外又寫了一封信，說我曾經兩次參加過國民黨，雖其時均在國

①引自馮友蘭一九六七年一月四日所寫《解放以後我的反動思想、言論和行動的檢討》。

共合作時期，但言論行動錯誤實多，請辭去一切兼職。校務委員會通過了。派吳晗為文學院院長，我只擔任本職哲學系教授。」①

自一九二八年起，馮友蘭在清華大學（含國立西南聯合大學）前後擔任秘書長、文學院院長等職，襄助梅貽琦，辦好了清華大學和西南聯合大學。於時局危難之際，他還兩次被推舉為校務會議主席，以他學術的資歷與聲望，辦事的能力與經驗，出色地完成了歷史賦予的使命。後來事情的發展卻不如此。和那個時代很多著名的教育家一樣，馮友蘭管理大學之長才，在一九四九年以後便無用武之地，他從大學行政職位上永遠地退了下來。三年之後，全國院校大調整，清華大學文科取消建制，馮友蘭被調到北京大學接受改造，從此永遠離開清華大學這片安身立命、著書立說、建功立業之地。

① 馮友蘭：《三松堂全集》第一卷，第一一五頁。

漫記西南聯大和馮友蘭先生

馮鍾璞*

和幾個少年時的朋友在一起，總會說起昆明。總會想起那藍得無比的天，那樣澄澈，那樣高遠；想起那白得勝雪的木香花，從籬邊走過，香氣繞身，經久不散。更會想起名垂青史的國立西南聯合大學。北大、清華、南開三校聯合，在抗戰的艱苦環境中，弦歌不輟，培養了大批人才，成為教育史上的奇蹟。

今年是盧溝橋事變，我國家開始全民抗戰七十周年，也是西南聯大成立七十周年（包括前身長沙臨時大學）。八年抗戰，中華民族經歷了各種苦難，終於取得了最後的勝利，西南聯大也是這段歷史中極輝煌的一部分。

這些年來對西南聯大的研究已成為專門題目。記得似乎是在七〇年代

* 馮鍾璞，著名哲學家馮友蘭之女，當代著名作家。

末或八〇年代初，美國人易社強（John Israel）來訪問我的父親馮友蘭先生，請他談西南聯大的情況。這是我接觸到的第一個西南聯大的研究者。他是外國人，為西南聯大的奇蹟所感，發憤研究，令人起敬。可是他多年辛苦的結果聽說是錯誤很多，張冠李戴，鵲巢鳩占，讓親歷者看來未免可笑。歷史實在是很難梳理清楚的，即使是親歷者也有各自的局限，受到各種遮蔽，有時會有偏見，所以很難還歷史原貌。不過，每一個人都說出自己所見的那一點，也許會使歷史的敘述更多面、更真實。

余生也晚，沒有趕上入西南聯大，而是一名聯大附中的學生。只因是西南聯大的子弟，也多少算是親歷了那一段生活。生活是困苦的，也是豐富的。雖然不到簞食瓢飲的地步，卻也有家無隔宿之糧的時候。天天要跑警報，在生死界上徘徊，感受各種情緒的變化，可算得豐富。而在學校裏，轟炸也好，貧困也好，教只管教，學只管學。那種艱難，那種奮發，刻骨銘心，永不能忘！

現在有人天真地提出重建一所西南聯大，發揚她的精神。還是那幾個少年時朋友一起談論，都認為那是完全不可能的。情況完全不一樣了，環境也不一樣了，人更不一樣了。真的，連昆明的天也不像以前藍得那樣清澈了。現在昆明的年輕人，甚至不知道什麼是木香花。我們不再說話，各自感慨。

確實各方面都不一樣了。那是在國難當頭，民族危亡之際，一種生死存亡的緊迫感，讓人不能懈怠。這是大環境。從在長沙開始直到抗戰勝利，不斷有學生投筆從戎。學校和民族命運是一體的。據聯大校史載：先後畢業學生三千餘人，從軍旅者八百餘人。奔赴抗日前線和留在學校學習，是一個事物的兩個方面。馮友蘭先生曾在他為學校撰寫的一次布告中對同學說：「不有居者，誰守社稷？不有行者，誰捍牧圉？」不論是直接參加抗日還是留校學習，「全國人士皆努力以做其應有之事」。前者以生命作代價，後者怎能不以全身心的力量來學習。學習的機會是多少生命換來的，學習的成績是要對國家的未來負責的。所以聯大師生無論遇到怎樣的困難，從未對教和學有一點鬆懈。一九三八年，師生步行從長沙經貴陽，跋涉千里，於四月二十六日到昆明，五月四日就開始上課。一九四二年以前，昆明常有空襲，跑警報是家常便飯，是每天必修之課。師生們躲警報跑到郊外，在亂墳堆中照常上課。據聯大李希文校友（現任雲南大學外語系教授）記憶，馮友蘭先生曾站在炸彈坑裏上課。並不是沒有別的教室，而是炸彈坑激勵著教與學，這種不屈不撓的精神，上昭日月。

西南聯大的子弟從軍旅者也不乏人，這也體現了父輩的愛國精神。梅貽琦先生之子女，梅祖彥從軍任翻譯官，梅祖彤參加國際救護隊；馮友蘭先生之子馮鍾遼、熊慶來先生（當時任雲南大學校長）之子熊秉明、李繼侗先生之子李德寧都參軍任翻譯官。當時，梅祖彥、馮鍾遼都在聯大二年級，未被徵調，他們是志願者。西南聯大紀念碑碑陰刻錄了參軍同學的名字，但因當時條件限制，未能完全收錄。在這裏，我願向碑上有名或無名的所有參軍的老學長們深致敬意！

我的母校聯大附中屬於聯大師範學院，為六年一貫制，不分高中初中，有實驗性質，計畫要將中學六年縮短為五年，但終未實現。因為學校是新建的，沒有校舍，教室是借用的，借不到教室，就在大樹底下上課。記得地理課的「教室」便是在樹下。同學們各帶馬紮（帆布小凳），黑板靠在樹上。閆修文老師站在樹下，用極濃重的山西口音講課，帶領我們周遊世界。課後我們笑鬧著模仿老師的口音：「伊拉K（克）、K（克）拉K（克）」。伊拉克現在是人所共知的了，但克拉克在什麼地方，我卻不記得。下雨時，幾個人共用一柄紅油紙傘，一面上課，一面聽著雨點打在傘上，看著從傘邊流下的串串雨珠。老師一手拿粉筆，一手擎傘，上課如常。有時雨大，一堂課下來，衣服濕了半邊。大家不以為苦，或者說，是根本不考慮苦不苦，只是努力去做應該做的事。

管理學校，校方要和政府打交道，這可以說是一個中環境。在這個環境裏，學校當局有多少自由，以實行自己的規劃，對辦好學校來說是關鍵性的。一九四〇年六月，陳立夫以教育部長的身分三度訓令聯大務必遵守教育部核定的應設課程，統一全國院校教材，統一考試等新規定。聯大教務會議以致函聯大常委會的方式，駁斥教育部的三度訓令。何炳棣先生認為此函執筆者非馮友蘭莫屬。全文如下：

敬啟者，屢承示教育部二十八年十月十二日第二五〇三八號，二十八年八月十二日高壹三字第一八八九二號、二十九年五月四日高壹一字第一三四七一號訓令，敬悉部中對於大學應設課程及考核學生成績方法均有詳細規定、其各課程亦須呈部核示。部中重視高等教育，故指示不厭其詳，但準此以往，則大學將直等於教育部高等教育司中一科，同人不敏，竊有未喻。夫大學為最高學府，包羅萬象，要當同歸而殊途，一致而百慮，豈可刻板文章，勒令從同。世界各著名大學之課程表，未有千篇一律者；即同一課程，各大學所授之內容亦未有一成不變者。惟其如此，所以能推陳出新，而學術乃可日臻進步也。如牛津、劍橋即在同一大學之中，其各學院之內容亦大不相同，彼豈不能令其整齊劃一，知其不可亦不必也。今教部對於各大學束縛馳驟，有見於齊無見於畸，此同人所未喻者一也。教部為最高教育行政機關，大學為最高教育學術機關，教部可視大學研究教學之成績，以為賞罰殿最。但如何研究教學，則宜予大學以迴旋之自由。律以孫中山先生權、能分立之說，則教育部為有權者，大學為有能者，權、能分職，事乃以治。今教育部之設施，將使權能不分，責任不明，此同人所未喻者二也。教育部為政府機關，當局時有進退；大學百年樹人，政策設施宜常不宜變。若大學內部甚至一課程之興廢亦須聽命教部，則必將受部中當局進退之影響，朝令夕改，其何以策研究之進行，肅學生之視聽，而堅其心志，此同人所未喻者三也。師嚴而後道尊，亦可謂道尊而後師嚴。今教授所授之課程，必經教部之指定，其課程之內容亦須經教部之核准，使教授在學生心目中為教育部之一科員不若。在教授固已不能自展其才，在學生尤啟輕視教授之念，於部中提倡導師制之意適為相反。此同人所未喻者四也。教部今日之員司多為昨日之教授，在學校則一籌不准其自展，在部中則忽然周智於萬物，人非至聖，何能如此。此同人所未喻者五也。然全國公私立大學之程度不齊，教部訓令或係專為比較落後之大學而發，欲為之樹一標準，以便策其上進，別有苦心，亦可共諒，若果如此，可否由校呈請將本校作為第……號等訓令之例外。蓋本校承北大清華南開三校之舊，一切設施均有成規，行之多年，縱不敢謂為極有成績，亦可謂為當無流弊，似不必輕易更張。若何之處，仍祈卓裁。此致常務委員會。

此函上呈後，西南聯大沒有遵照教育部的要求統一教材，仍是稟承學術自由兼容並包的原則治校。這說明鬥爭是有效果的。

學術自由，民主治校，原是三校共同的理念。現在三校聯合，人才薈萃，更有利於實踐，由此形成一個小環境。西南聯大在管理學校方面，沿用教授治校的民主作風，除校長、訓導長由教育部任命，各院院長都由選舉產生。以梅貽琦常委為首，幾年的時間，形成一個較穩定的、有能力的領導班子。這是聯大獲得卓越成績的一大因素。他們都是各專業舉足輕重的人物，又都是幹練之才，品格令人敬服。另一個益處可以幫助我們增加瞭解。

一九四二年，昆明物價飛漲，當時的教育部提出要給西南聯大擔任行政職務的教授們特別辦公費，這應該說是需要的，但是他們拒絕了。也有一封信，已由清華檔案館查出。信為文言繁體字，字跡已經模糊，經任繼愈先生辨認，我們得到準確的信文。任先生認為此信明白曉暢，用典精當，顯然為馮友蘭先生手筆。全文如下：

敬啟者：承轉示教育部訓令總字第四五三八八號，附「非常時期國立大學主管人員及各部分主管人員支給特別辦公費標準」，奉悉一是。查常務委員總攬校務，對內對外交際頻繁，接受公費亦屬當然。為同人等則有未便接受者：蓋同人等獻身教育，原以研究學術啟迪後進為天職，於教課之外肩負一部分行政責任，亦視為當然之義務，並不希冀任何權利。自北大清華南開獨立時已各有此良好風氣。五年以來，聯合三校於一堂，仍秉此一貫之精神未嘗或異。此為未便接受特別辦公費者一也。且際茲非常時期，從事教育者無不艱苦備嘗，而以昆明一隅為尤甚。九儒十丐，薪水猶低於輿臺，仰事俯畜，饔飧時虞其不給。徒以同嘗甘苦，共體艱危，故雖啼飢號寒，尚不致因不均而滋怨。當局尊師重道應一視同仁，統籌維持。倘只瞻顧行政人員，恐失均平之誼，且令受之者無以對其同事。此未便接受特別辦公費者二也。此兩端敬請常務委員會見其悃愫，代向教育部辭謝，並將原信錄附轉呈為荷。專上常務委員會公鑒。

簽名人：馮友蘭　張奚若　羅常培　雷海宗　鄭天挺　陳福田　李繼侗　陳岱孫　吳有訓　湯用彤　黃鈺生　陳雪屏　孫雲鑄　陳序經　燕樹棠　查良釗　王德榮　陶葆楷　饒毓泰　施嘉煬　李輯祥　章明濤　蘇國楨　楊石先　許湞陽

簽名者共二十五人。他們擔任各院院長、系主任等行政職務，付出了巨大勞動，不肯領取分文補貼。「同人等獻身教育，原以研究學術啟迪後進為天職，於教課之外肩負一部分行政責任，亦視為當然之義務，並不希冀任何權利。」難得的是，這樣想的不是一兩個人，而是一群人。除這二十五位先生外，還有許多位教授，也同樣具有這樣光風霽月的精神。有這樣高水平的知識群體，怎麼能辦不好一所學校。

今年，有人問我，七十年前，日本人打來了，你們為什麼離開北平？這個問題真奇怪，我們怎麼能不離開北平！留下來當順民嗎？那時不要說文化人，就是老百姓，也奔向大後方，要去為保衛國家盡一份力量。離開北平不是逃避，而是去盡自己的一份責任。當然，留在淪陷區的人也會有所作為。教師們肩負的傳遞文化的重任，他們可以在轟炸聲中上課，在炸彈坑裏上課，可以在和政府的周旋中上課，他們能在淪陷區上課嗎？能在淪陷區辦出一所國立西南聯合大學來嗎？

馮友蘭先生在西南聯大期間，不僅擔任教學，而且參加學校領導工作，從一九三八年一直擔任文學院院長。馮先生是西南聯大的「得力之人」，西南聯大校友、旅美歷史學者何炳棣在他的《讀史閱世六十年》一書中這樣說：老友聞立雕說「得力之人」的說法很好，但還不能充分表現馮先生對西南聯大的貢獻。應該指出，馮先生為西南聯大付出大量心血，是當時領導集團的中堅力量。雲南師範大學雷希教授對西南聯大校史研究多年，在《馮友蘭先生在西南聯大校務活動考略》一文中說：「從有案可查的歷史記載來看，馮先生在西南聯大是決策管理層的最重要成員之一，教學研究層的最顯要教授之一，公共交往層的最重要人物之一。」這是符合實際情況的。

據《馮友蘭先生年譜初編》載，除了上課，馮先生每天都開會，每週的常委會，院系的會，還有各種委員會。在繁重的工作之餘，他著書立說，建立了自己的哲學體系。他的「貞元六書」，與抗戰同終始。第一本《新理學》寫在南渡之際，末一本《新知言》成於北返途中。在六本書各自的序言中，表達了他對國家和民族深切宏大的愛和責任感。他引橫渠四句「為天地立心，為生民立命，為往聖繼絕學，為萬世開太平」，說「此為哲學家所自期許者也」。聽說有一位邏輯學者教課時，講到馮先生和這四句話，為之泣下。馮先生的哲學，不屬於書齋和象牙之塔，他希望它有用。哲學不能直接致力於民生，而是作用於人的精神。在這方面，已經有了廣泛的影響。社會科學工作者李天爵先生說，他在極端困惑中看到馮先生的書，知道人除了自己的社會地位，還應當考慮自己在宇宙中的地位。一個普通工人告訴我，他看了《中國哲學簡史》，覺得心胸頓然開闊。最近在報上看見，韓國大國家黨前黨首、下屆國家總統候選人朴槿惠在文章中說，在她人生最困難的時候，讀了馮友蘭的書，如同生命的燈塔，使她重新找回了內心的平靜。

四〇年代，一天我在昆明文林街上走，遇到羅常培先生。他對我說：「今晚你父親有講演，題目是《論風流》，你來聽嗎？」我那時的水平，還沒有聽學術報告的興趣。後來知道，那晚的講演是由羅先生主持的。很多年以後，我讀了《論風流》，深為這篇文章所吸引。風流四要素：玄心、洞見、妙賞、深情是「真名士自風流」的極好賞析，讓人更加瞭解名士風流的審美的自由人格。這篇文章後來收在《南渡集》中。《南渡集》顧名思義，所收的都是作者在抗戰時寫的論文，一九四六年已經編就，後來收在全集中。

最近三聯書店出版《貞元六書》和《南渡集》的單行本。《南渡集》是第一次單獨出版。它和《貞元六書》一樣，凝聚著作者對國家民族的滿腔熱情。它們距寫作時已超過半個世紀，仍然可以感到作者的哲學睿智和詩人情懷，化結成巨大的精神力量，撲面而來。

西南聯大這所學校雖然已不復存在，但它的精神不會消失，總會在別的學校得到體現，在眾多知識份子、文化人身上延續。對此我深信不疑。馮友蘭先生在他撰寫的《國立西南聯合大學紀念碑碑文》中為這一段歷史作出了深刻而全面的總結，指出可紀念者有四。轉述不如直接閱讀，現節錄如下：

我國家以世界之古國，居東亞之天府，本應紹漢唐之遺烈，作並世之先進，將來建國完成，必於世界歷史，居獨特之地位。蓋並世列強，雖新而不古；希臘、羅馬，有古而無今。惟我國家，亙古亙今，亦新亦舊，斯所謂「周雖舊邦，其命維新」者也。曠代之偉業，八年之抗戰已開其規模，立其基礎。今日之勝利，於我國家有旋乾轉坤之功，而聯合大學之使命，與抗戰相終始。此其可紀念者一也。

文人相輕，自古而然，昔人所言，今有同慨。三校有不同之歷史，各異之學風，八年之久，合作無間。同無妨異，異不害同；五色交輝，相得益彰；八音合奏，終和且平，此其可紀念者二也。

萬物並育不相害，道並行而不相悖，小德川流，大德敦化，此天地之所以為大。斯雖先民之恒言，實為民主之真諦。聯合大學以其兼容並包之精神，轉移社會一時之風氣，內樹學術自由之規模，外來「民主堡壘」之稱號，違千夫之諾諾，作一士之諤諤，此其可紀念者三也。

稽之往史，我民族若不能立足於中原，偏安江表，稱曰南渡。南渡之人，未有能北返者：晉人南渡，其例一也；宋人南渡，其例二也；明人南渡，其例三也。「風景不殊」，晉人之深悲；「還我河山」，宋人之虛願。吾人為第四次之南渡，乃能於不十年間，收恢復之全功，庾信不哀江南，杜甫喜收薊北，此其可紀念者四也。

此文不僅內容豐富且極富文采，可以擲地作金石聲。不止一個人建議，年輕人應該把它背下來。我想，記在心上的是這篇文章，也就是對西南聯大的永恆的紀念。

二〇〇七年六～七月

（原文載於《我心中的西南聯大——西南聯大建校七十周年紀念文集》，清華大學出版社，二〇〇八）

日寇統治下的白米斜街三號

徐　恒*

白米斜街三號，近幾個月來受到人們的關注。《北京青年報》和《百年潮》都發表了文章。好友宗璞對我說：「你在那裏住的時間很長，何不也寫一篇？」想一想，卻也是，我在那裏度過了近十年青少年時光，應該有所見證。

大約是一九三三、一九三四年間的某一天，馮友蘭夫婦從清華園進城來看望我的父母。我的父親徐旭生（炳昶）在辭去北師大校長職務後，當時任北平研究院歷史研究所所長。他和馮先生是小同鄉，還有一點遠親，又都活躍於北平學術界，因此經常有來往。馮先生談起想在城內買一處房子，以備不時之需，父親就向他推薦了白米斜街三號的張之洞故居，並邀

* 徐恒，中國傳媒大學副教授。

前院住的民俗學家常維鈞（惠）陪馮先生一起去看房子。不久房屋成交。馮先生說等房子修繕好以後，就請我父親和常先生兩家搬過去住，還是常先生住前院，我家住後院。就這樣，我們成了張之洞後人賣房以後——白米斜街三號的第一批住戶。

房子油飾一新，相當氣派。門外八字牆，大影壁，一間房寬的黑漆大門。門內是刻磚照壁，上面好像是刻有「鴻禧」二字。往西是一個偏院，中間有垂花門，進去就是常家住的第一進房子。在兩進房子間又有一個偏院，兩棵大藤蘿爬滿架，遮天蔽日。後面就是我家住的正院了。正院北房是「鉤連搭」，雙屋脊建築，共十四間，加上東西廂房共有二十間。院中有槐樹、海棠、丁香等植物，兩邊遊廊，我們下學一進垂花門就可以沿著遊廊一路小跑到家，下雨天一滴雨也淋不著。我們還可以踩著粗大的藤蘿枝幹爬到房頂上，但堂屋後面近半畝的園子卻有些荒涼。北面的樓房早已倒塌，只剩下一個樓基。在這個花木較多、前後幾層的大院落裏，我們兄弟姊妹過了幾年平靜而愉快的生活，特別是後門外的什剎海給了我們極大歡樂。

隨著日寇對華北的入侵，時局越來越不穩。父親和朋友們組建的「通俗讀物編刊社」出版抗日年畫，編寫抗日鼓詞，並在家宴請劉寶全、白鳳鳴等藝人，請他們用曲藝形式宣傳抗日。母親在堂屋支起案子，和傭人一起趕製皮背心，捐給前方的抗日戰士。哥哥和我不再唱《茶花女飲酒歌》，而改唱「流亡三部曲」。一九三七年夏天，盧溝橋的炮聲徹底改變了我們的生活。

馮友蘭一家從清華園搬進城來，還有馮先生的堂妹馮讓蘭、張岱年夫婦，當時他們就住在清華園乙所馮家，所以隨同進城。十四間北房騰出了十間，馮先生一家住堂屋六間，張先生夫婦住東耳房四間，我家住東西廂房和西耳房。遠遠傳來大炮聲，頭上不時響起日本飛機的轟鳴。為了躲避轟炸，借用了西鄰孫家（原張之洞家花園）後樓的地下室，從後門旁的牆頭上用梯子爬過去。父親開始燒一些有關抗日的書刊，大批的書早已運走，家裏只剩下兩櫃書。在日寇進城後不久，父親就用化名離開北平南下，輾轉到了昆明。

院子裏，聽不到父親與友人們的高談闊論，卻添加了孩子們的喧鬧聲。我家六個，馮家四個，常家二個，湊起來正好一打。除馮大姊鍾璉已上大學、我的小妹小弟太小，不能在一塊兒玩外，其餘的一起玩得熱鬧。三個大男孩子上初中，回家就刻圖章。我和鍾璞（宗璞）在一起，她雖才不到十歲，卻能熟背《紅樓夢》中林黛玉的葬花詞，學唐詩也比我背得快。有時我們聚在一起，就一些古典文學作品中的人物進行辯論，比如說《紅樓夢》中的薛寶釵是好還是壞，有的說她好，有的說她奸，各執一詞，互不相讓。當然，也免不了對《水滸傳》人物的褒貶。

馮先生的親友不時來訪。他的弟弟馮景蘭夫婦及他們的大女兒馮鍾雲，他的妹妹馮沅君、陸侃如夫婦，清華的教授們也常來。對我們孩子們來說，印象最深的是潘光旦教授，他一條腿、拄著雙拐，上臺階卻比普通人還快。

為了不受日寇的奴化教育，父親來信要哥哥和我離開北平南下，那時我十一歲，哥哥十四歲。正在準備行裝時，我病倒了，經診斷為結核性肋膜炎、肺門腫大。在當時還沒有對結核病特效藥的情況下，只能臥床休息。這一躺就是一年半，休學兩年半。哥哥一個人走了，誰也沒想到他這一走竟再也沒回來。

清華南遷，馮先生走了，張先生夫婦也遷出。約一年後，馮家全家離平，臨行前把白米斜街三號的房子託付給我母親。院子裏一下子空落起來。我們又搬回北屋，西廂房堆放著馮家的家具什物。

沒多久，院子裏來了新鄰居，李戲漁（濂）先生，住在垂花門外南屋。當時他也在輔仁大學任教，他曾多年隨馮先生工作。另一家鄰居和我們過從很密，那就是李霽野夫婦。他們住在正院內。李先生是應輔仁大學英語系之聘從天津搬來的。那時他結婚不久，夫人已懷孕了，兩個男孩方平、方仲的接連降生使院子裏又有了新氣象。母親成了李太太的育兒顧問，事無巨細都要照料。晚上，母親到李家一起聽重慶廣播，討論時局的發展。

來李家拜訪的大多是輔仁大學的教授，記得英千里先生（英若誠之父）就來過。此外還有每月來一次的特殊客人：魯迅的母親或元配夫人。原來，周老夫人只承認元配長媳，始終與她生活在一起，而不承認許廣平。但是次子周作人當了文化漢奸卻不負擔母親的生活，老人的生活費每月還得由許廣平從上海寄到李霽野處，她們再從李先生處取回去。開始周老夫人來過，後來就是由她的兒媳來取了。那一時期，許廣平先生正在上海編輯出版魯迅著作集，每出版一部分就寄給李先生一套。我就是從李先生的書架上讀到魯迅全部著作的。同時也讀了李先生的譯作《簡・愛》及《被侮辱與被損害的》。

站在我家堂屋窗下，可以清楚地看到來東廂房李家的客人。有一次母親忽然說：「這來的像是韋叢蕪。他不是到後方去了嗎？」我知道，韋叢蕪與李先生同樣是魯迅支持的「未名社」的成員。晚上從李家回來，母親高興地說：「真是韋叢蕪。他帶來了好消息，甘肅玉門發現了大石油礦，這對抗戰大有幫助。」

我和妹妹進入貝滿女中上學，李霽野先生是我們的保證人。當太平洋戰爭爆發，這所美國教會學校被迫停課期間，李太太義務為我補習英語。

經常到李先生家來的有不少青年學生，這引起了日本軍警的注意。風聲越來越緊，李先生不得不拋妻別子離家南下，李太太帶著孩子回到天津娘家。一天，忽然有日本憲兵來李家搜查，這才知道李太太及她的弟弟都被天津日本憲兵抓了去。若干日子以後，李太太帶著孩子回來了。她談到被捕的情況，她的弟弟受到坐老虎凳、灌辣椒水等酷刑……一九四五年冬，當我在四川江津紅豆樹再見到李先生的時候，他一頭白髮，據說就是聽說李太太被捕，一夜之間急白了頭的。

更出人意料的是前院常維鈞先生的被捕。他在日寇進入北平後就沒有出去工作，也沒見他進行什麼活動，兒子已離開北平南下，來往的朋友也不多，除了已故劉半農的夫人和孩子外，好像很少人來。原來，他是在去探望沈兼士先生時，被在沈家盯梢的特務捉去的。由於不是日寇要抓的主犯，不久就被放了出來。

一次，母親要我去探望住在朝陽門大街的舅母。剛到不久，家裏忽然叫人從附近的商家打來電話，聲音很急促：「你娘讓你趕快回來，不用問為什麼！」等我趕回來，白米斜街三號門口徘徊著幾個不三不四的人。到家裏，母親神色緊張地告訴我：「剛才日本憲兵來搜查過，說是要逮捕輔仁大學一個姓徐的女學生。他們因你姓徐，又是女學生，就問你到哪去了，並記下你舅母家的地址。我怕連累到你舅母家，才趁他們不注意讓人打電話叫你回來。」

這一時期，白米斜街三號的前後門都有特務狗腿子盯梢，人像是在一個大囚籠裏。

沒想到房子也有意外發生，有一年夏天，陰雨連綿，後院牆忽然坍塌，在房間裏就能看到滿湖的荷花。堂堂大學士的宅院，後牆竟是碎磚砌起來的。

日寇占領期間，大街上可以看到「土藥店」「土膏店」——鴉片煙館。在白米斜街內的冰窖胡同有一家「白面兒館」——吸食海洛因的地方。那些吸毒的人骨瘦如柴，面如灰土，走起來搖搖晃晃，當缺錢買毒時，搶劫、盜竊以至賣妻，無所不為。在我們門前的大影壁下，就不時可以看到躺在地上犯毒癮鬼怪一般的人。

更煩人的是，東鄰張之洞家最後一處宅院（白米斜街甲三號）賣給了一個漢奸。這下可遭了殃，來訪他家的人經常錯敲白米斜街三號的門。可能是因為他家的門只是普通大小，沒有三號正宅門這麼氣派吧。

一九四三年初夏，我和兩個較大的妹妹弟弟都在上初中，小妹小弟由母親在家課讀。父親的一封來信傳來了壞消息：哥哥因肺病吐血已終止學業，回到我們從來沒見過的老家河南南陽。哥哥離家後因路費不夠並沒有到父親工作生活的昆明，而是在陝西城固停了下來，進入遷到那裏的師大附中。他在高三快要畢業時倒了下來。母親急壞了，怎麼能讓重病的兒子獨自在人生地不熟的地方生活？於是她決定帶我們五個孩子回她也沒去過的老家。變賣東西籌備路費，離開了生養我們兄弟姊妹的北平。離開了居住近十年、飽嘗著我們童年歡樂與悲愁的白米斜街三號。遺憾的是，我們的到來並沒有留住哥哥的生命。一九四五年春，日寇最後一次侵入家鄉時，我帶著妹妹徒步西逃，穿伏牛山過秦嶺，來到陝西藍田，經歷了幾乎死亡的「回歸熱」病，輾轉到了四川。在與家鄉音信隔絕半年多以後，接到母親的一封電報，上面只有八個字：「汝兄病故，餘皆平安」。

抗戰勝利，我和妹妹隨父親回到北平。最後一次進入白米斜街三號是在離開這裏的三年後，也就是一九四六年的夏天。這次回到熟悉的院落，不是回家，而是到馮友蘭先生家去看望鍾璞。他們那時剛從昆明回來不久。鍾璞帶我去拜望了住在前院的聞一多夫人。待馮先生一家搬回清華園乙所後，我就再也沒有進入過那兩扇黑漆大門了。

（原文載於《百年潮》二〇〇四年第一期）

白米斜街三號與聞一多遺囑

聞黎明*

讀到《北京青年報》三月二十六日風俗地理版刊登的關於張之洞私宅的文章，想到這可能就是祖母住過的地方，只是不敢肯定。五月七日，該報又刊登了王合佳的《張之洞府邸住過馮友蘭》，文中說「抗戰結束後，聞一多先生的夫人高孝真也曾在這裏居住」。這句話，證明了我的推測沒有錯。

二十世紀八〇年代初，我們家搬到南鑼鼓巷的帽兒胡同九號（即《北京青年報》三月二十六日文中提到的「可園」）。帽兒胡同西口，就是鼓樓前的後門橋，橋的西南側是白米斜街。祖母在世時，不止一次地說到白米斜街的院落，可見她對這裏印象極深。

* 聞黎明，中國社會科學院近代史研究所研究員。

一九四六年七月十五日，祖父聞一多在昆明被國民黨特務暗殺。祖父殉難時，祖母因過分緊張和悲痛而心臟病發作，大伯聞立鶴以身體掩護祖父，連中五彈負了重傷，兩人都住進了醫院。十月上旬他們基本康復，祖母帶著一家在中共地下黨、民盟和先祖父的一些學生的幫助下，經上海回到北平，暫安置於國會街北大分院。

其時，清華校方竟因祖父殉難，將已經分配給我們的戰前我家舊居——新南院七十二號分配給了別人。這樣，祖母一家一時無房可住，幸好中共地下黨徐冰同志（新中國成立後曾任中央統戰部副部長、部長）來探視祖母得知此情況後，幫我們住到了西單附近前京畿道一處小四合院內，這才解決了一家七口的住房問題。

那所小四合院原係一位共產黨人士的家族私產，抗戰勝利後國共和談時曾為軍調處中共工作人員住宿使用。和談破裂後中共的同志撤走，房東自己住用了大部分，其餘的空在那裏。祖母帶孩子們住在這裏，條件雖然不太理想，但在無處安家的情況下，能有這麼個地方遮風擋雨、吃飯睡覺，也可謂難得了！

然而，沒想到這條胡同的中部駐紮著國民黨憲兵隊某部，大門口一天二十四小時站著全副武裝的衛兵，那些傢伙整天如臨大敵目不轉睛地盯著過往行人。祖母自從經歷了昆明事件後，一見到國民黨軍警、特務就情不自禁地緊張、害怕，遷住前京畿道之後，出門上街恰好必須經過憲兵隊的大門，而每次經過這裏，她的神經都特別緊張，心跳加速、手發顫，回家後像又受過一次刑一樣，好半天恢復不過來。再加上員警不時前來查戶口，鬧得她也常常心神不安。為此，住了不久身心就受不了了，不得不另尋安身之處。馮友蘭夫人知道後，熱情地邀請祖母搬到白米斜街三號他們家去住，祖母覺得這裏房子比較寬敞、安靜，又有馮太太做伴，便欣然答應了，但一定要付租金，說白住於心不安，馮太太表示這是朋友間的互相幫助，無論如何不能要，爭來爭去最後只好象徵性收費而告妥協。

馮友蘭是祖父在清華時的老同事、老朋友。一九三二年暑後，祖父回到清華大學中文系，那時的文學院院長就是馮先生。從那時起，直到祖父殉難，十幾年中一直在一起共事。抗戰初期，清華南遷昆明，第二年祖父接替朱自清先生擔任了清華大學中文系系主任，和馮先生的來往也就更多了。

一九四五年初，聞、馮兩家都搬到了昆明西倉坡的西南聯大教職員宿舍，住在同一排房子，幾乎天天見面。兩家的孩子也都在聯大附中讀書，馮先生的女兒馮鍾璞（即宗璞）和我大伯同在一個班，馮先生的小兒子馮鍾越與我的父親聞立雕同班，兩家大人孩子過從都相當密。其間，祖父與馮先生雖然不時在某些政治觀點上有分歧，但並未影響他們之間的友誼。祖父長於篆刻，馮先生題詩寫字需要落款鈐印，祖父慨然為之鐫刻了大小三方印章。一九四五年寒假，聯大學生中的「悠悠體育會」組織去石林等地遊覽，祖父帶著我大伯、我父親和馮鍾璞一同參加了這次旅行。一九四六年春，美國加州大學邀請祖父前去講授中國文學，馮先生那時也接到美國賓夕法尼亞大學邀請，他曾特約祖父一路同行。

祖父遭暗殺時，馮先生一家剛離開昆明，他是七月十七日在重慶等候飛機北返時獲悉噩耗的。十八日，馮先生和途經重慶的王遵明、王憲鈞、江澤涵、吳素萱、邵循恪、李鯨石、周炳琳、周作仁、金岳霖、荀清泉、姚從吾、姚圻、徐仁、陳康、高華年、馬大猷、許維遹、張清常、張懷祖、郭沂曾、陰法魯、馮式權、馮至、湯用彤、費青、傅樂淑、黃子卿、湯佩松、葉企孫、葉楷、劉俊潮、劉鈞、蔡樞衡等三十四位聯大教授，聯名致函國民政府教育部部長朱家驊，提出嚴重抗議。函中稱：「同人等復員過渝，留滯陪都，方悵行路之艱難，而昆明噩耗頻傳，聯大教授聞一多先生父子又被狙擊。聞先生治中國文學成績卓著，一代通才，竟遭毒手，正義何在？紀綱何存！同人等不勝悲憤驚愕，祈主管當局務緝凶歸案，嚴究主使，政府在道德上法律上之責任決不能有所規避，對於其所屬人員亦自不能有所曲護，並祈從速處理，以平公憤，無任企禱。」

也是七月十八日這天，馮先生還致函清華大學校長梅貽琦說：「昨日始悉一多消息，不勝悲愕。此間同人已聯名致教育部一電，原稿由錫予寄呈一閱。校中對於一多家屬撫恤不知已有決定否？弟意可先決定下學年續發薪津，其餘以後再說。」八月，馮先生再次寫信給梅貽琦，認為「一多之死，就清華言，亦為莫大之損失」，同時指出：「見報載校中有撫恤委員會之組織，不知有何決定？在平時，聞家駟（按：聞家駟即我的二爺爺）屢次來打聽弟言，以弟度之，可繼發薪津數年，至少一年是不成問題的。家駟又表示望清華仍為一多家眷留一房子，俾其子女不致離開清華團體。弟意以一多在學術上之貢獻及其死之情形，此點似應亦為撫恤條款之一，望酌定。如以為可行，並乞告一多太太，俾其放心北上。」

馮先生的幾封信裏，都建議清華大學應解決聞一多家屬的生活問題，其中也包括祖母的住所。言詞間不難看出馮先生對祖母的關懷。儘管馮先生那時已經赴美，馮太太仍然將祖母接到了白米斜街的私宅。

馮友蘭先生的白米斜街私宅，當時的門牌是三號，曾是張之洞的府邸，這些我都是從《北京青年報》上才瞭解到的。但是，這所院子與中共地下黨的關係，卻很少有人知道。

馮先生的住宅，是個一進兩重的四合院。馮家自己住後院，我們一家住前院。大門在白米斜街，後院有個小後門，一開門就是什剎海。

解放戰爭時期，中共北平地下黨分作南系和北系兩個系統。北系為抗戰時期堅持在平津地區的地下黨，由彭真、劉仁領導；南系則為抗戰勝利後從國統區回平津的地下黨組織，直接受周恩來主持的南方局領導。一九四七年冬，我的六伯黎智（聞立志，抗戰期間在重慶南方局做青年工作，「文革」後任武漢市委書記、市人大常委會主任）來到北平，擔任中共平津地區青年工作委員會書記，負責南系學生運動，六伯母魏克也隨之來平，根據黨的指示，從事上層人士家眷的統戰工作。

大概是考慮到馮友蘭的社會地位和影響有助於掩護自己的行動，我六伯他們到北平後，就看中了白米斜街三號祖母的家。他們白天外出開展工作，晚上回來睡覺。祖母早就知道六伯是共產黨，但心照不宣，他們每天出去做什麼，也從不過問，心裏明白反正他們幹的都是共產黨的事。馮太太只知道聞家來了個侄兒和侄兒媳婦，殊不知他們這個大宅子無意中掩護了一個中共地下黨頭子！一九四八年，剛過了年三十的一天上午，幾位老朋友手提禮品從清華來向祖母拜年，我六伯和這些人不熟，又不便於與更多的人交往，就躺在裏屋床上休息。就在這個時候，一群國民黨警察、保甲人員突然前來查戶口，幸虧那幾位客人出面應付，說我們是來給師母拜年的，並且手指桌上的禮品盒子說，你們看這不是我們帶來的賀禮。你一句、我一句把那些傢伙打發走了。事後祖母想到如果那些傢伙掀開門簾進裏屋去查，真還不太好對付哩！六伯他們也感到有些後怕，覺得這白米斜街三號馮宅也不是太平之地，就轉移到中老胡同北京大學教職員宿舍我二爺爺聞家駟家去了。

六伯父他們走了，利用這白米斜街三號暗中為革命作貢獻的事並沒有中止。隨著革命形勢的發展，蔣管區大批青年追求進步，紛紛前往解放區，於是，祖母的家就成了南方青年經北平去晉察冀解放區的中轉站。當時，從華東一帶去解放區的人，都要在北平接頭，掌握這個關係的有吳晗。吳晗常常介紹一些青年住在祖母家，一直住到護送人來接走。白米斜街三號門口常有這樣的情況，門鈴響了，打開一看，或是一個，或是兩個，有時是男的，有時是女的，素昧平生，根本不認識，幾句話一說家裏人便知道又是去那邊的，立即迎進來，祖母總是像又遇見親人一樣熱誠相待。不幾天，來人滿心歡喜、樂呵呵地向祖母告別，衷心感謝；祖母也為他們將到那光明的地方去而高興，向他們表示祝賀。這些人走了，過兩天又是一批。後來說起這件事，祖母說她也記不清一共送走了多少批。我所在的中國社會科學院近代史研究所的陳霞飛同志告訴我，她就是在祖母家住過十多天後才轉往解放區的。她說我祖母對待她像親人，熱茶熱飯，噓寒問暖。

一九四八年春天，祖母帶著全家告別白米斜街三號，也投奔到解放區去了。如今馮家二老早已仙逝，他們一直也不知道這所白米斜街三號，曾為全國解放作出過貢獻！

（原文載於《百年潮》二〇〇三年第八期）

馮友蘭在哲學鬥爭中的個人掙扎史

陳徒手*

一

細觀北大哲學系一九四九年後的思想鬥爭歷程，就可看出馮友蘭始終是一位不可或缺的重要出場角色、屢批屢不倒的奇特人物，幾十年來不知被扣了多少頂「反動」帽子，幾番陷入落魄無援的境地，卻還能在誠懇檢討之餘一再反批評、再三與人「商榷」。最高領導人與各個時期的文教主政者有時又待他如上賓，基層執行者囿於統戰政策又時而敬畏，令他在嚴酷的政治運動之後不時游離、逃脫，但是他的人生整體狀態還是呈現不堪、悲愴的底色。

* 陳徒手，原名陳國華，《北京青年報》副刊編輯。

五〇年代初期，馮友蘭對政治性事件的表態還是相當隨意和大膽，但多少又帶有一點自省之意，無形中又增添一層保護色彩。一九五三年三月史達林去世，中方先後舉辦多種悼念儀式，北京高校的部分教授就表示不願戴黑紗，馮友蘭卻巧妙地提出一點異議：「如果在過去我就會想，好像鄰居死了家長，為什麼要將靈堂設在我們堂屋裏呢？不過現在我不這樣想，知道這想法不對。」（見一九五三年三月二十五日市高校黨委《史達林同志逝世後群眾中的一些思想問題》）

經歷學校「三反」運動的激烈衝擊後，馮友蘭對政治運動本能地滋生躲避和迎合，開始熱心參加學校民盟的學習活動，因其發言適宜，屢次被學校行政方面選為典型，參加全校心得座談會。一九五三年七月，市高校黨委在一份民主黨派基層組織工作調研總結中表述道：「教授馮友蘭、任華聯係《實踐論》，批判個人在哲學思想上的唯心觀點，抽象概念和反動的思想立場均較深刻具體，會後一般反映甚好。」一九五三年一月，高校黨委統戰部制訂半年工作計畫，其中很重要的一條即是：「幫助一部分右派分子如馮友蘭等作一些檢討批判，幫助我黨團結改造他們。」翌年四月二日，高校黨委統戰部總結民主黨派工作時稱：「那些我們有意識地（讓民主黨派）吸收進來的右翼分子，如馮友蘭、吳景超等，由於思想改造運動後，覺悟有所提高，大體上比較積極。」

一九五四年一月，高校黨委統戰部對馮有一個內部定位，就是列入「力圖表現進步的中右」一類，在當時算是一個不錯的思想評價，能多少抵擋一點外界的襲擾：中右分子人數最少，他們自知在黨派內部地位處於劣勢，很想通過黨派多有表現的機會，好丟包袱摘帽子，躋於「統戰」之列。如馮友蘭、潘光旦等都力圖表現進步，主動檢討自己過去的反動學術思想（見高校黨委統戰部《關於北京市高等學校中民主黨派工作的報告》）。

五〇年代初期，在市委、高校負責人的內部講話中，一涉及統戰工作，往往都會提及「馮友蘭」大名，沒有帶什麼惡意。譬如市委宣傳部長楊述一九五三年十月在高校黨委幹部會上作題為《高等學校中黨組織的任務》的報告，承認了馮的學術價值和長期鬥爭的意義：「有些教師有學問，掌握不少資料，即掌握不少過去的文化遺產，我們讓他們教書研究對我們有好處，讓馮友蘭教哲學……讓他們教書並不是說他們已有馬列主義，思想改造是長期的，最終要靠他思想鬥爭的成功。」這是一段難得、特殊的磨合期，雙方角色都在砥礪、變換之中，醞釀已久的主政者似乎在尋找出手的機會。

二

一九五四年底隨著批判《紅樓夢》研究及胡適思想的運動展開，馮友蘭難堪的命運就已經宿命般地預定了。北大一些青年教師批評學校過去過分重視「權威」教授，忽略培養新的力量，以致不少青年人心虛、膽怯，沒有勇氣對教授的一些錯誤的學術觀點提出批評。很快炮火就打到馮友蘭身上，彈痕點顯明。北京市委一九五四年十二月三十一日給中央寫出第一份運動報告，就首先點到馮友蘭的名字：「北大哲學系教授馮友蘭，講課的內容仍然是舊的，只是形式上用一些馬列主義名詞裝潢門面。」而且當助教朱伯崑對馮的觀點提意見時，馮忽略助教的批評，不在意地表示：「輔導時只能講材料，不能講觀點。」（見北京市委《關於北京市高等學校教師對批判紅樓夢研究中資產階級觀點的思想情況的報告》）

市高校黨委辦公室一九五五年一月三日編出最新一期《動態簡報》，內中稱：「北大哲學系教師目前都在閱讀胡適的書籍，進行專題研究。」系裏出面組織二百多人參加的報告會，馮友蘭、任繼愈在會上發言顯眼，簡報編寫者用了這樣的詞句來描述：「任、馮二人英勇地就自己在學術研究中與胡適資產階級學術思想相同的錯誤觀點作了自我批評。」竟然用了「英勇」二字，頗感唐突，或許是放鬆警惕的編寫者隨意、好心之筆。

一九五五年鬥爭起起伏伏，一九五六年又逢雙百方針提出，一度呈現和緩的氛圍，讓學人有一種苦樂不均的感受。哲學系教師支部有一個內部分析：雙百方針宣傳熱鬧時，系主任鄭昕在《人民日報》發表了《開放的唯心主義》一文，好像對老教師學術思想的改造估計得保守一些；而張岱年在《人民日報》發表的《如何對待唯心主義》一文，又可能對老教師的思想估計打高了一些，張岱年就以為自己和馮友蘭基本上已經是馬克思主義者了。馮友蘭認為自創的「新理學」中有合理的內核，客觀唯心主義也有其合理的內核。黨支部對此評價道：「老教師一方面願意思想改造，另一方面對他們自己的舊觀點盡量保留，或用馬克思主義附和自己的思想，或是留在心中不敢提出。」

面對生硬批評，馮友蘭頓時手足無措，應對難免失當。他提出韓非的思想中有唯物主義的因素，說這是一個可以研究的具體問題。但有人提了一條：「在馬克思主義以前歷史觀中都是唯心主義。」這既封住他的嘴，還迫使他不得不在教研室中作了檢討。有時批評者扣了一個帽子，認真的馮友蘭還得閉門讀幾天的書去求解。

三

一九五七年一月，北大召開中國哲學史座談會，鑒於學界的無序狀態，會前分管哲學的中科院社科學部潘梓年、中宣部相關領導還指示，不要從抽象概念出發，要和風細雨以理服人，不要扣帽子，要坐下來談。結果，按慣性還是開成「一邊倒」的會議，北大哲學系張岱年、李世繁不滿地說：「不是一個哲學討論會，而是馮友蘭、賀麟的思想批判會。」

或許就是從那時開始了這麼一個開會模式，以馬克思主義掛帥的黨內專家胡繩、艾思奇、孫定國等一出場，基本上便把握了會議的話語權，由他們製造老套的批判陣勢和語言定式，輪番對舊式教授進行「轟炸」。系主任鄭昕在會後說：「這次艾思奇同志、孫定國同志的發言恐怕一般老先生是不會滿意的，一定覺得你說的那些我都知道，老一套，不聯繫實際問題，還是一般化，解決不了什麼問題。」他有點嘲諷地表示：「這次會上，唯心主義與唯物主義鬥爭，我們是不是勝利呢？也可以估計是『勝利』，但好像勝得太快，有些勉強，好像是以聲勢取勝，說服分析是不夠的。」北大哲學系教授周輔成也說：「會上一討論就空了，空的原則的爭論是沒有意義的。」（見一九五七年三月二日《中國哲學史座談會後的一些反映》）

中國哲學史教研室支部也認為：「在理論上打了一個沒有準備的仗」，事後支部整理了一份總結，不無擔憂地表示：「在黨內應該說是在理論上準備不夠，發言比較空洞，不能滿足群眾的要求，沒有完全擺脫教條主義。」（見一九五七年四月《北京大學中國哲學史座談會的工作總結（草案）》）會上居然還有許多人不同意艾思奇的看法，即認為唯物主義的特點只有三種基本形式。處於挨批的位置，馮友蘭是不敢說此意見的，他只是嘟囔著說，沒有解決他的問題——即在哲學遺產的繼承問題，因為大家解決的是繼承什麼的問題，而不是解決怎樣解決的問題。他這麼一表態，一些與會者反而認為在一定意義上應承認他的意見是對的。

值得注意的是，馮友蘭在會場中得不到應有的學術尊敬，有幾個年輕發言者批判他時，指著名說：「我提醒你注意……」讓相熟的老學者看了傷感不已，鄭昕則感慨地說：「有的人發言像是吵架。」在關鋒大炮式發言之後，他那咄咄逼人的氣勢就讓有些老教師後來的發言有些保留，顧慮甚多。而同系教授洪謙的發言涉及私人糾結，東北人民大學助教吳錦東不快地表示：「洪先生發言態度不好，是對馮友蘭先生進行人身攻擊。」

雖然在會上受到「自覺或不自覺地保護著自己舊有觀點」的指責，作為被批判主角的馮友蘭依然保持平和的心態，問及意見，他只是淡然地說出一句：「這次討論的都是真問題。」

四

一九五二年院系調整時，為了便於思想改造，有意從全國範圍內調來一大批哲學資深教授集中在北大哲學系，使哲學系成為北大老教師最多的單位。因此高層就始終認為，這個系天然就存在著嚴重的兩條道路鬥爭。沒想到，部分哲學系黨政負責人迎合教授們的意見，也主張單純搞哲學史、邏輯學。後任學校黨委書記陸平曾惱怒地指責說：「在一九五八年以前，自己還不能開歷史唯物主義課。本來在哲學系資產階級唯心主義就占據上風，我們已很少作鬥爭，加上國際修正主義的影響，結果資產階級思想任意氾濫，一時造成學生不願學習馬列主義哲學，興趣反在於唯心主義。羨慕崇拜資產階級教授，甚至有的學生抱著這樣的志願，一生只要學到半個馮友蘭也就心滿意足了。」（見一九六六年一月五日《北大哲學系黨員幹部整風學習會議簡報》第一一一期）

陸平還責怪自己的前任江隆基患了嚴重的右傾錯誤，在《人民日報》六八反右社論發表之前，沒有有意識地組織老教授鳴放，引蛇出洞的措施不力，沒有適時暴露右派言行，因而錯失打擊的良機。陸平他們後來想以補課的形式誘人入網，但已無人中招。他說：「按哲學系的實際情況，有一些老教師本來是右派，但因放得不夠，放得差，劃不上右派。實際上保留了一部分資產階級右派陣地，留下了禍根。」

整個哲學系共處理了三十六名右派，但多是青年學生。在二十九名老教授中，僅僅劃了一個張岱年為右派，戰績微小，讓後任的黨委成員追悔莫及。陸平和反右班子曾經分析說，馮友蘭他們從鬥爭中學到了經驗，看形勢辦事，鬥一鬥，就縮一縮，因而不易抓到他們右派的證據。心理專業教授桑燦南在六月七日剛露了一點攻擊肅反的苗頭，第二天一聽六八社論發表，便不再講了。

黨委常委、人事處處長伊敏曾在全系黨員大會上披露，學校曾經暗地裏搜集過哲學系幾個老教授的材料，但在黨委會逐個研究時，終究覺得他們暴露不夠，材料不足，未能成為劃右派的根據。只能怪江隆基當初領導鳴放太差，決心不大，動手不狠，一念之差，被動地造成荒廢戰機的全校性錯誤。

馮友蘭他們僥倖地逃過右派一劫，但一直沒有擺脫政治性的歧視和追擊。一九五九年十一月，系總支向上匯總說：「中國哲學史教研室主任馮友蘭，為老牌的唯心論者，政治上中右。外國哲學史教研室主任洪謙，政治上是中右，學術上反馬克思主義。心理學教研室主任沈廼璋，政治上是中右，學術上唯心論一套不肯動……」而搞馬克思主義哲學的新生力量不足，青年助教只有寥寥十六人，不要說「旗鼓相當」，連「通風報信」也顧不過來。（見一九五九年十一月十日《北京大學哲學系中層骨幹師資情況和意見》）

這就是北大黨委最為擔憂的戰鬥不力的局面。陸平曾總結說：「哲學系資產階級唯心主義的勢力是強大的，不僅有首屈一指的大師馮友蘭，還有一些國內的第一位的資產階級哲學家。這些人的資產階級世界觀是根深蒂固的，絕不要看見他們一時的進步表現，就放鬆同他們之間的鬥爭，過去幾年學校黨委因此吃過大虧。」為此，北大黨委始終對馮友蘭他們高掛「督戰牌」，時時不得鬆懈。

五

反右之後北大黨委系統始終保持窮追之勢，一刻沒有放鬆收集敵情。對於重點人物馮友蘭的點滴信息，黨委及統戰部門要求馮所在的教研室支部每週口頭匯報一次，雙週書面匯報一次。譬如一九六一年初秋系裏反映，馮友蘭否定「大躍進」的成績，說「大躍進」有些像竭澤而漁，一次把魚撈光，再撈就沒有魚了。

「與黨爭奪青年」是馮友蘭所得的罪名之一，舉出的一例是為吸引助教莊印編書，馮分給莊大量稿費，對莊加以腐蝕。市委大學部部長吳子牧稱之為「按照自己的面貌精心培養他們」。

一九五九年，系裏就抓住馮友蘭教學中的內容，如「中國哲學史的特點是沒有資產階級的哲學」「孔子講的仁是超階級的」等，列為學術批判的重點內容（見一九六一年八月市委大學部《北京大學在反右派鬥爭後對教授進行批判的情況》）。哲學系一九五六級學生為運動的激盪氣氛所鼓動，以教學檢查的名義，準備面對面地批判馮友蘭，為此悄悄地醞釀了好長時間。有一天馮友蘭講完課夾著書包要走，學生要求他留下聽意見，馮友蘭當即顯露慌亂的神情。哲學史教研室黨支部負責人孔繁聞訊趕來，對這樣突然襲擊的方法表示不贊同，一九五六級幾位黨員學生當即找到系總支辦公室，在場的總支副書記任寧芬也希望學生背靠背搞，學生堅決不答應，只好又打電話向上級請示，最終同意他們的請求。結果這個臨時批判大會就在教室裏倉促舉行，擠滿了一百多位激情難抑的學生。

面對這樣強勢的學生，馮友蘭只有唯諾順從。他已習慣了這樣的躲閃，內心不斷累積政治風險感而漸趨無奈。一九六一年五月在中宣部的一次會上，他大膽地講了一段話，最能顯示他這一段的痛楚和不安：

我對學生不敢管，不敢有要求。有一次，要求學生在考試時記住一些事實。教學檢查時，他們認為這是因為平時對我提了意見，在考試時進行報復。並且說，你那些資料是資產階級的資料。現在的教師相當於過去皇帝的侍讀，你到學生宿舍去，學生問：「你來幹嗎？」你闖一個房間「候駕」，學生不來，若問為什麼，學生說：「太麻煩了，還是你到我們宿舍來吧。」（見一九

六一年五月八日市委大學部《高等學校部分黨外教授在中宣部召開的文科教材編選計畫會議上發表的意見》）

在檢查一九六二年到一九六四年的講義中，系裏再次高調宣布，發現馮友蘭提倡超階級的人性論，提出什麼「死無對證」的歷史觀，反對古為今用；在強調客觀的幌子下宣揚封建主義，還宣揚「你中有了我，我中有了你」的矛盾調和論。一九六四年五、六月間，學校黨委進行階級鬥爭情況調查，向哲學系布置調查任務的第一項就是馮友蘭爭奪青年研究生的情況。一九六四年春節，毛澤東曾作了有關教育工作的指示，哲學系總支就寫了兩份有關馮友蘭發表的與毛主席教育指示相對立的系統觀點的匯報。一九六四年秋，報刊批判「合二而一」，系總支再次詳細上報馮友蘭在這個問題上的看法。

馮友蘭是反面的標準件，是政治運動必須的參照物、說明書。他的學術觀點是眾人習慣性的炮轟目標，他曾力爭的學術訓練辦法也最遭人非議、打擊，譬如他曾安排研究生第一年要學習一九〇〇多頁的古典著作，做畢業論文要對一本古書作校注等。在政治風暴眼中，馮友蘭是無處遁藏，無一是處。細細回想一遍，能煎熬著扛過那樣幾十年的黯淡歲月，大師確實不易。

（原文載於《隨筆》二〇一二年第四期）

後記

如果編纂自己的作品不計在內，我平生只編過兩本書，一本是《永遠的清華園》，那已經是十幾年前的事了。另一本便是現在的《走近馮友蘭》。我從清華園裏走出來，走過漫長的人生道路，越來越走近馮友蘭。

去年秋天，我在《哲學分析》雜誌上讀到一篇文章《馮友蘭先生是如何看待形式邏輯的》，作者陳曉平。文中記述的很平常的小事中，表現出一種境界。如作者寫到他來我家看望馮先生，不需寒暄，談話開始即問哲學問題；馮先生給予回答，三言兩語他便恍然大悟，退出書房。主人也不問他來歷，有問便答，答後由他自去。主客都處於一種超實際的境界中，大有晉人風度。陳來對馮友蘭是深有瞭解的，近來接連讀到他的幾篇文章，覺得確實說得很清楚。香港理工大學翟志成研究馮學多年，這一篇文章《師不必賢於弟子——論胡適和馮友蘭的兩本中國哲學史》許多人說好，我讀後真也有一種猛省的感覺。我想，這些文章應該讓更多人讀到。

一次，見報上有關於一九五七年中國哲學史討論會的記載，想多知道一些。和牟鍾鑒討論，他提出了孔繁的文章《為「抽象繼承法」正名》，又引出余敦康的《馮友蘭先生關於傳統與現代化的思考》一文，這篇文章對馮學研究有極重要意義，值得人深思。這些文章已發表了十來年，而我現在才知道它們的存在。

怎樣不讓好文章淹沒，讓更多的人讀到它們，將它們收集起來匯編成書是一個好辦法。

於是，我便著手編這本《走近馮友蘭》。我只有一個樸素的願望，讓人們多瞭解一些史實，把真實留在歷史的長河中。我知道自己的聲音很微弱，但是我要說出自己的話，並讓有意義的文字更為流傳。在此期間，陳曉平又寫了《李約瑟問題與馮友蘭問題》，這是一個大家都關心也需要深入討論的問題。余敦康又寫了《馮友蘭先生的「抽象繼承法」》；蒙培元寫了《關於樹立一個對立面》；他們兩位都是那一段歷史的親歷者。翟志成寫了《馮友蘭學思歷程述要》。這幾篇文章均為初次發表。

整個編纂的過程仍是螞蟻銜沙，一點一點堆積起來，成了現在的模樣。而我自己也對馮友蘭有了更深的瞭解，覺得離父親更近了。我深深感到父親對祖國和祖國文化的熱愛，他為「闡舊邦以輔新命」所作的畢生努力令人淚下。他要把祖國文化中最優秀的有用的東西挖掘出來，成為現代化的營養，使我們的國家成為有舊根基又有新成就的亙古亙今的偉大國家。他的使命是偉大的神聖的。只有身心健康的人才能成為社會的健康細胞，只有身心健康的民族才能屹立於世界民族之林，從而促進全人類的發展。

蘇東坡的《留侯論》中有句云：「天下有大勇者，卒然臨之而不驚，無故加之而不怒，此其所挾持者甚大，而其志甚遠也。」父親就是這樣，各項運動榨不死他，誹謗、攻擊毒不死他，謾罵謠言壓不死他。他活下來，不僅「照著講」，研究中國哲學史，使人得見往聖先賢的思想的本來面目；還要「接著講」，寫哲學創作，創造新文化。在沒有任何言語空間的時代，也要從磚縫裏冒出一點點生命的綠色。

父親有幸。世上有不少明白人，他們有睿智的哲學頭腦，清醒的社會眼光，不隨波逐流，忠實於自己的研究。他們理解他，寫了這些好文章。我有責任把這些文章編輯成書，讓它們流傳下去。我以為這是除我的寫作之外，最大的最有意義的工作。這也是我對中國文化在盡力。

因健康關係，這些年我做任何事幾乎都是做做停停，編這本書也是如此。然而終於編成了。首先要感謝的是作者，這是不待言的。編輯過程中，得到牟鍾鑒的很多具體幫助，還有陳來的意見，他的博士生趙金剛做了許多工作。社會科學文獻出版社二〇〇二年出版過《解析馮友蘭》《追憶馮友蘭》，收集了一些文章，現在又出《走近馮友蘭》，可謂有出版關於馮著研究的傳統。本書的責編吳超，便是《舊事與新說》的責編。對於這一切，我心中充滿了感謝，而且有一種說不出的安慰。

據瞭解，近十年來有一百多家出版社出版了馮友蘭的著作，可見有相當的讀者。也許這本《走近馮友蘭》能夠對讀懂馮學有所幫助。

一九九五年，世界哲學大會為馮友蘭百年誕辰在雙年會上舉行了紀念活動，我有一個發言，最後一句是「馮友蘭不是孤獨的」。

現在我要再說一遍：

「馮友蘭不是孤獨的。」

附記：文中提到的學者，本來都有或教授或先生的稱謂，他們提意見說：「以你現在的年紀，對誰都可以直呼其名，不用這樣囉唆。」再看看果然累贅，便簡化了。我素以小字輩自居，不料，不知不覺間已成為「老人家」了。

新岫廬

走近馮友蘭

叢書主編◆王學哲
策劃◆叢書整理小組
編者◆馮鍾璞
發行人◆施嘉明
總編輯◆方鵬程
主編◆葉幗英
責任編輯◆吳素慧
校對◆趙蓓芬、鄭秋燕
美術設計◆吳郁婷

出版發行：臺灣商務印書館股份有限公司
編輯部：10046 台北市中正區重慶南路一段三十七號
電話：(02)2371-3712 傳真：(02)2375-2201
營業部：10660 台北市大安區新生南路三段十九巷三號
電話：(02)2368-3616 傳真：(02)2368-3626
讀者服務專線：0800056196
郵撥：0000165-1 E-mail：ecptw@cptw.com.tw
網路書店網址：www.cptw.com.tw
網路書店臉書：facebook.com.tw/ecptwdoing
臉書：facebook.com.tw/ecptw 部落格：blog.yam.com/ecptw

局版北市業字第 993 號
初版一刷：2013 年 10 月
定價：新台幣 420 元

本書經社會科學文獻出版社授權出版
文化部部版壹陸字第 102008 號

ISBN 978-957-05-2860-2

走近馮友蘭／馮鍾璞編．--初版．-- 臺北市：
臺灣商務，2013. 10
面； 公分. --（新岫廬）
POD 版
ISBN 978-957-05-2860-2(平裝)

1. 馮友蘭 2. 學術思想 3. 哲學

128.6 102014515

OPEN系列／讀者回函卡

感謝您對本館的支持，為加強對您的服務，請填妥此卡，免付郵資寄回，可隨時收到本館最新出版訊息，及享受各種優惠。

■ 姓名：________________ 性別：□ 男 □ 女

■ 出生日期：______年______月______日

■ 職業：□學生 □公務(含軍警) □家管 □服務 □金融 □製造 □資訊 □大眾傳播 □自由業 □農漁牧 □退休 □其他

■ 學歷：□高中以下（含高中）□大專 □研究所（含以上）

■ 地址：

____

____

■ 電話：(H) ________________ (O) ________________

■ E-mail：________________________________

■ 購買書名：______________________________

■ 您從何處得知本書？

□網路 □DM廣告 □報紙廣告 □報紙專欄 □傳單

□書店 □親友介紹 □電視廣播 □雜誌廣告 □其他

■ 您喜歡閱讀哪一類別的書籍？

□哲學・宗教 □藝術・心靈 □人文・科普 □商業・投資

□社會・文化 □親子・學習 □生活・休閒 □醫學・養生

□文學・小說 □歷史・傳記

■ 您對本書的意見？（A/滿意 B/尚可 C/須改進）

內容________編輯________校對________翻譯________

封面設計________價格________其他________

■ 您的建議：________________________________

____

※ 歡迎您隨時至本館網路書店發表書評及留下任何意見

臺灣商務印書館 The Commercial Press, Ltd.

台北市100重慶南路一段三十七號 電話：(02)23115538

讀者服務專線：0800056196 傳真：(02)23710274

郵撥：0000165-1號 E-mail：ecptw@cptw.com.tw

網路書店網址：http://www.cptw.com.tw 部落格：http://blog.yam.com/ecptw

臉書：http://facebook.com/ecptw